LA FRANCE

W9-AGT-582

Langues maternelles

☐ Le français langue maternelle majoritaire

■ Le français langue maternelle d'une minorité importante

Langues officielles

☐ Le français est la seule langue officielle

☐ Le français est une des langues officielles du pays ou de l'état

☐ Le français est la langue de culture ou des affaires pour une partie importante de la population

LE ROYAUME-UNI

LA MER DU NORD

LES PAYS-BAS (m. pl.)

LA BELGIQUE
la Wallonie

LE LUXEMBOURG

LA MANCHE

Dunkerque
Calais
Boulogne
Lille
LA PICARDIE
Amiens
Dieppe
Cherbourg
Le Havre
Rouen
Charleville-Mézières
Verdun
Metz
LA LORRAINE
Nancy
Strasbourg

Caen
la Seine
LA CHAMPAGNE
Paris
⭐ l'ÎLE-DE-FRANCE (f.)
Reims

L'ALSACE (f.)
L'ALLEMAGNE (f.)

St. Malo
LA NORMANDIE
Versailles
Chartres
Fontainebleau
Troyes
LES VOSGES
Colmar

Brest
le Mont-St. Michel
Rennes
LA BRETAGNE
Le Mans
Orléans
la Loire
Dijon
la Saône
Besançon

Angers
Blois
Tours
la Loire
Bourges
LA BOURGOGNE
LE JURA
LA SUISSE

Nantes
LA TOURAINE

LA VENDÉE
Poitiers
LA FRANCE
le Val d'Aoste
L'ITALIE (f.)

LE POITOU
La Rochelle

L'OCÉAN ATLANTIQUE (m.)
Limoges
Clermont-Ferrand
Lyon

L'AUVERGNE (f.)
Rocamadour
Grenoble
LES ALPES

Bordeaux
LE MASSIF CENTRAL
le Rhône
LE DAUPHINÉ

la Garonne
Moissac
Albi
Nîmes
Avignon
LA PROVENCE
Nice
Cannes
MONACO

Toulouse
Montpellier
Arles
Aix-en-Provence
Marseille

LE PAYS BASQUE
Biarritz
Lourdes
Carcassonne

LES PYRÉNÉES (f. pl.)
LE LANGUEDOC
Perpignan
LA MER MÉDITERRANÉE
la Corse

L'ANDORRE (f.)

L'ESPAGNE (f.)

0   50   100 MILLES
0 50 100 150 KILOMÈTRES

LE MONDE

À L'ÉQUATEUR

0   1,000   2,000 MILLES

0   1,000   2,000   3,000 KILOMÈTRES

LE GROENLAND

L'OCÉAN
ARCTIQUE (m.)

LA
FÉDÉRATION
RUSSE

l'Alaska (m.)
(LES
ÉTATS-UNIS)

le
Yukon

les Territoires
du Nord-Ouest
(m.)

LE CANADA

la Colombie
Britannique

l'Alberta
(m.)
Saskatchewan

la
Manitoba

le
Québec

le
Maine

Terre-
Neuve (f.)

Saint-Pierre-
et-Miquelon
(LA FRANCE)

L'AMÉRIQUE
DU NORD (f.)

l'Ontario
(m.)

le New-Hampshire

le Vermont

le Nouveau-
Brunswick

la Nouvelle-Écosse

le Massachusetts

LES ÉTATS-UNIS (m. pl.)

la Louisiane

le Rhode Island

le Connecticut

Les Îles Hawaii (m. pl.)
(LES ÉTATS-UNIS)

LE
MEXIQUE

L'AMÉRIQUE
CENTRALE (f.)

LE
BELIZE

LES
CARAÏBES
(m. pl.)

L'OCÉAN
ATLANTIQUE
(m.)

LE GUATEMALA
LE SALVADOR
LE HONDURAS
LE NICARAGUA
LE PANAMA

LE COSTA
RICA

LE VENEZUELA

LA
COLOMBIE

la Guyane
française
(LA FRANCE)

VANUATU (m.)

Wallis-et-Futuna
(LA FRANCE)

TUVALU   KIRIBATI

LES SAMOA
(f.pl.)

LA POLYNÉSIE
FRANÇAISE

FIDJI   TONGA
(m.)   (m.)

la Nouvelle-Calédonie
(LA FRANCE)

LA GUYANA

LE SURINAM

L'ÉQUATEUR
(m.)

L'AMÉRIQUE
DU SUD (f.)

LE PÉROU

LA
BOLIVIE

LE BRÉSIL

LE PARAGUAY

L'ARGENTINE (f.)

LE CHILI

L'URUGUAY (m.)

L'OCÉAN
PACIFIQUE (m.)

LA NOUVELLE-ZÉLANDE

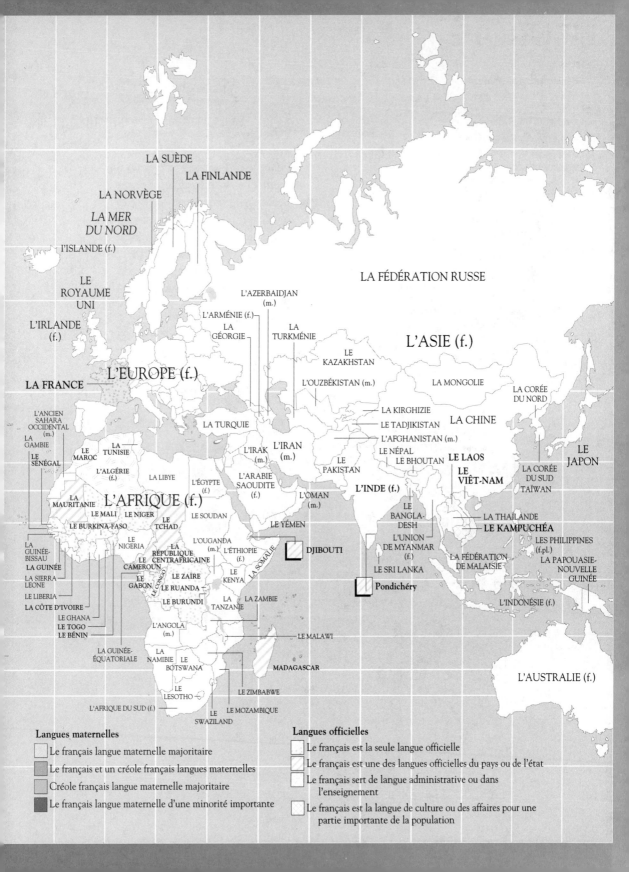

LA SUÈDE

LA FINLANDE

LA NORVÈGE

LA MER
DU NORD

l'ISLANDE (f.)

LA FÉDÉRATION RUSSE

LE
ROYAUME
UNI

L'AZERBAIDJAN
(m.)

L'IRLANDE
(f.)

L'ARMÉNIE (f.)

LA
GÉORGIE

LA
TURKMÉNIE

L'ASIE (f.)

LE
KAZAKHSTAN

L'EUROPE (f.)

L'OUZBÉKISTAN (m.)

LA MONGOLIE

LA CORÉE
DU NORD

LA FRANCE

LA KIRGHIZIE

LA CHINE

LE JAPON

L'ANCIEN
SAHARA
OCCIDENTAL
(m.)

LA TURQUIE

LE TADJIKISTAN

LA GAMBIE

LE
MAROC

LA
TUNISIE

L'IRAK
(m.)

L'IRAN
(m.)

L'AFGHANISTAN (m.)

LE NÉPAL

LE BHOUTAN

LA CORÉE
DU SUD

LE SÉNÉGAL

L'ALGÉRIE
(f.)

LA LIBYE

L'ÉGYPTE
(f.)

L'ARABIE
SAOUDITE
(f.)

LE
PAKISTAN

LE LAOS

LE
VIÊT-NAM

TAÏWAN

LA MAURITANIE

L'AFRIQUE (f.)

L'OMAN
(m.)

L'INDE (f.)

LA CORÉE
DU SUD

LE MALI

LE NIGER

LE
TCHAD

LE SOUDAN

LE YÉMEN

LE
BANGLA-
DESH

LA THAÏLANDE

LE BURKINA-FASO

LE NIGERIA

L'OUGANDA
(m.)

L'UNION
DE MYANMAR
(f.)

LE KAMPUCHÉA

LA
GUINÉE-
BISSAU

LA
RÉPUBLIQUE
CENTRAFRICAINE

L'ÉTHIOPIE
(f.)

DJIBOUTI

LES PHILIPPINES
(f.pl.)

LA GUINÉE

LE
CAMEROUN

LA
SOMALIE

LA FÉDÉRATION
DE MALAISIE

LA PAPOUASIE-
NOUVELLE
GUINÉE

LA SIERRA
LEONE

LE
GABON

LE ZAÏRE

LE KENYA

LE SRI LANKA

Pondichéry

LE LIBERIA

LE RUANDA

LA CÔTE D'IVOIRE

LE BURUNDI

LA
TANZANIE

LA ZAMBIE

L'INDONÉSIE (f.)

LE GHANA

LE TOGO

LE BÉNIN

L'ANGOLA
(m.)

LE MALAWI

LA GUINÉE-
ÉQUATORIALE

LA
NAMIBIE

LE
BOTSWANA

MADAGASCAR

L'AUSTRALIE (f.)

LE ZIMBABWE

LE
LESOTHO

L'AFRIQUE DU SUD (f.)

LE
SWAZILAND

LE MOZAMBIQUE

Langues maternelles

☐ Le français langue maternelle majoritaire

☐ Le français et un créole français langues maternelles

☐ Créole français langue maternelle majoritaire

☐ Le français langue maternelle d'une minorité importante

Langues officielles

☐ Le français est la seule langue officielle

☐ Le français est une des langues officielles du pays ou de l'état

☐ Le français sert de langue administrative ou dans
l'enseignement

☐ Le français est la langue de culture ou des affaires pour une
partie importante de la population

L'EUROPE

Langues maternelles

☐ Le français langue maternelle majoritaire

■ Le français langue maternelle d'une minorité importante

Langues officielles

☐ Le français est la seule langue officielle

▨ Le français est une des langues officielles du pays ou de l'état

☐ Le français est la langue de culture ou des affaires pour une partie importante de la population

LA FINLANDE

LA FÉDÉRATION RUSSE

LA NORVÈGE

L'ESTONIE (f.)

LA MER BALTIQUE

LA SUÈDE

LA LETTONIE

LA LITUANIE

LA FÉDÉRATION RUSSE

LE DANEMARK

LA BIÉLORUSSIE

LA MER DU NORD

LES PAYS-BAS (m. pl.)

LA POLOGNE

L'UKRAINE (f.)

LE ROYAUME-UNI

L'ALLEMAGNE (f.)

LA MOLDAVIE

Bruxelles **LA BELGIQUE**
la Wallonie

LA RÉPUBLIQUE TCHÈQUE

LA SLOVAQUIE

Paris

LE LUXEMBOURG

L'AUTRICHE (f.)

LA HONGRIE

LA ROUMANIE

Bern **LA SUISSE**

LA SLOVÉNIE

LA CROATIE

LA FRANCE

Genève

le Val d'Aoste

LA BOSNIE-HERZÉGOVINE

LA SERBIE

LA BULGARIE

L'OCÉAN ATLANTIQUE (m.)

Monté Carlo

L'ITALIE (f.)

LE MONTÉNÉGRO

LA MACÉDOINE

MONACO

L'ALBANIE (f.)

LA TURQUIE

L'ANDORRE (f.)

la Corse

LA GRÈCE

L'ESPAGNE (f.)

la Sardaigne

CHYPRE

LA MER MÉDITERRANÉE

0   50   100 MILLES

0   50   100   150 KILOMÈTRES

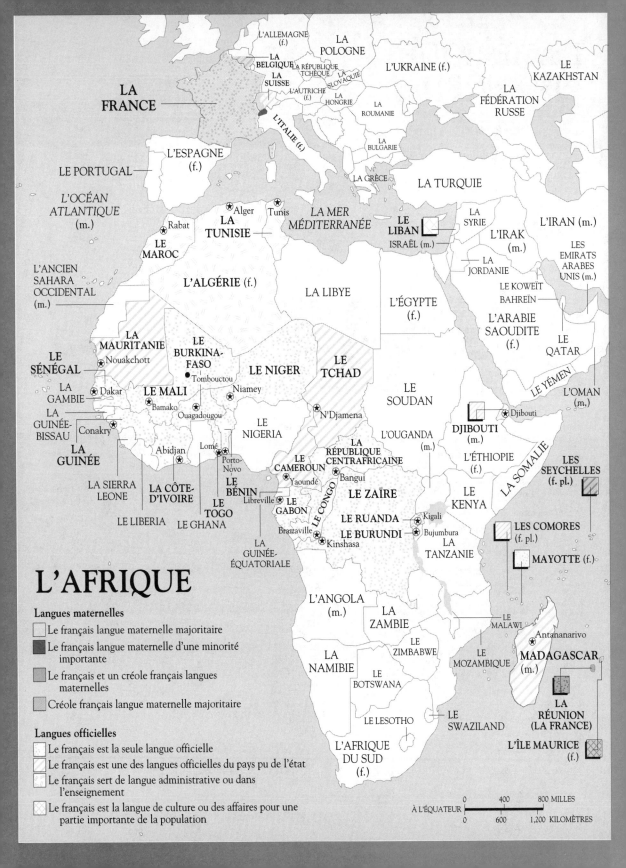

L'ALLEMAGNE (f.)
LA POLOGNE
LA BELGIQUE
LA SUISSE
LA RÉPUBLIQUE TCHÈQUE
LA SLOVAQUIE
L'AUTRICHE (f.)
LA HONGRIE
L'UKRAINE (f.)
LA ROUMANIE
LE KAZAKHSTAN
LA FÉDÉRATION RUSSE
LA FRANCE
L'ITALIE (f.)
LA BULGARIE
L'ESPAGNE (f.)
LE PORTUGAL
LA GRÈCE
LA TURQUIE
L'OCÉAN ATLANTIQUE (m.)
Alger
Tunis
LA MER MÉDITERRANÉE
LE LIBAN
LA SYRIE
L'IRAN (m.)
Rabat
LA TUNISIE
ISRAËL (m.)
L'IRAK (m.)
LES EMIRATS ARABES UNIS (m.)
LE MAROC
LA JORDANIE
LE KOWEÏT
BAHREÏN
L'ANCIEN SAHARA OCCIDENTAL (m.)
L'ALGÉRIE (f.)
LA LIBYE
L'ÉGYPTE (f.)
L'ARABIE SAOUDITE (f.)
LE QATAR
LA MAURITANIE
LE BURKINA-FASO
LE NIGER
LE TCHAD
LE SOUDAN
LE YÉMEN
L'OMAN (m.)
Nouakchott
Tombouctou
Niamey
Djibouti
LE SÉNÉGAL
LE MALI
N'Djamena
L'OUGANDA (m.)
DJIBOUTI (m.)
Dakar
Bamako
Ouagadougou
LA GAMBIE
LA GUINÉE-BISSAU
Conakry
LE NIGERIA
LA RÉPUBLIQUE CENTRAFRICAINE
L'ÉTHIOPIE (f.)
LES SEYCHELLES (f. pl.)
LA GUINÉE
Abidjan
Lomé
LE CAMEROUN
Yaoundé
Bangui
LA SOMALIE
LA SIERRA LEONE
LA CÔTE-D'IVOIRE
LE BÉNIN
Porto-Novo
LE ZAÏRE
LE KENYA
LES COMORES (f. pl.)
LE LIBERIA
LE TOGO
LE GHANA
Libreville
LE GABON
LE CONGO
LE RUANDA
Kigali
MAYOTTE (f.)
LA GUINÉE-ÉQUATORIALE
Brazzaville
Kinshasa
LE BURUNDI
Bujumbura
LA TANZANIE
L'ANGOLA (m.)
LA ZAMBIE
LE MALAWI
Antananarivo
LA NAMIBIE
LE ZIMBABWE
LE MOZAMBIQUE
MADAGASCAR (m.)
LE BOTSWANA
LA RÉUNION (LA FRANCE)
L'AFRIQUE DU SUD (f.)
LE LESOTHO
LE SWAZILAND
L'ÎLE MAURICE (f.)

L'AFRIQUE

Langues maternelles

Le français langue maternelle majoritaire

Le français langue maternelle d'une minorité importante

Le français et un créole français langues maternelles

Créole français langue maternelle majoritaire

Langues officielles

Le français est la seule langue officielle

Le français est une des langues officielles du pays pu de l'état

Le français sert de langue administrative ou dans l'enseignement

Le français est la langue de culture ou des affaires pour une partie importante de la population

À L'ÉQUATEUR

0   400   800 MILLES

0   600   1,200 KILOMÈTRES

L'AMÉRIQUE
DU NORD

L'OCÉAN
ARCTIQUE (m.)

LE GROENLAND

L'Alaska
(LES ÉTATS-UNIS)

les Territoires
du Nord-Ouest
(m.)

le
Yukon

Saint-Pierre-
et-Miquelon
(LA FRANCE)

L'AMÉRIQUE
DU NORD (f.)

LE CANADA

le Québec

la Colombie
Britannique

l'Alberta
(m.)

le
Manitoba

la
Saskatchewan

l'Ontario
(m.)

le Maine

Terre-
Neuve (f.)

Langues maternelles

Le français langue maternelle
majoritaire

Le français et un créole français
langues maternelles

Créole français langue maternelle
majoritaire

Le français langue maternelle d'une
minorité importante

le New-Hampshire

le Vermont

Québec
Montréal
Ottawa

l'Île du
Prince-
Edouard (f.)

la Nouvelle-Écosse

le Nouveau-
Brunswick

Langues officielles

Le français est la seule langue officielle

Le français est une des langues officielles
du pays ou de l'état

Le français sert de langue administrative
ou dans l'enseignement

LES ÉTATS-UNIS (m. pl.)

la Louisiane

le Massachusetts

le Rhode Island

le Connecticut

L'OCÉAN
ATLANTIQUE (m.)

Les Îles Hawaii (m. pl.)
(LES ÉTATS-UNIS)

LE
MEXIQUE

GOLFE DU
MEXIQUE
LE BELIZE

CUBA
(m.)

LES CARAÏBES

LA JAMAÏQUE

HAÏTI
(m.)

LA GUYANE
FRANÇAISE
(LA FRANCE)

L'AMÉRIQUE
CENTRALE

LE GUATEMALA
LE SALVADOR
LE HONDURAS
LE NICARAGUA

LE COSTA
RICA

LE
VENEZUELA

LA
COLOMBIE

Cayenne

LES CARAÏBES

CUBA
(m.)

LA RÉPUBLIQUE
DOMINICAINE

la Guadeloupe
(LA FRANCE)

Port-au-
Prince

Pointe-à-Pitre

Fort-
de-
France

HAÏTI
(m.)

DOMINIQUE (f.)

la Martinique
(LA FRANCE)

SAINTE-
LUCIE (f.)

LA MER DES CARAÏBES

0   150   300 MILLES

0   200   400 KILOMÈTRES

LE PANAMA

L'OCÉAN
PACIFIQUE (m.)

L'ÉQUATEUR
(m.)

LA GUYANA

LE SURINAM

LE BRÉSIL

L'AMÉRIQUE DU SUD

LE PÉROU

LA
BOLIVIE

À 45°
LATITUDE

0   400   800 MILLES

0   600   1,200 KILOMÈTRES

ENSEMBLE

Culture et Société

SIXIÈME ÉDITION

Raymond F. Comeau
Harvard University

Normand J. Lamoureux
College of the Holy Cross

Marie-Paule Tranvouez
Wellesley College

Holt, Rinehart and Winston
Harcourt Brace College Publishers

Fort Worth   Philadelphia   San Diego   New York   Orlando   Austin   San Antonio
Toronto   Montreal   London   Sydney   Tokyo

Publisher	Christopher Carson
Marketing Strategist	Kenneth S. Kasee
Project Editor	G. Parrish Glover
Art Director	Sue Hart
Production Manager	James McDonald

Cover image: Robert Delaunay, *Formes circulaires*, 1912, Kunstmuseum, Bern, Switzerland.

ISBN: 0-03-022246-X
Library of Congress Catalog Card Number: 98-87999

Address for Orders
Holt, Rinehart and Winston, 6277 Sea Harbor Drive, Orlando, FL 32887-6777
1-800-782-4479

Address for Editorial Correspondence
Holt, Rinehart and Winston, 301 Commerce Street, Suite 3700, Fort Worth, TX 76102

Web Site Address
http://www.hbcollege.com

Printed in the United States of America

8 9 0 1 2 3 4 5 6 7   039   9 8 7 6 5 4 3 2 1

Holt, Rinehart and Winston
Harcourt Brace College Publishers

Contents

Preface

Ensemble presents an integrated approach to the study of French language, literature, and culture. It has been designed as a complete Intermediate French course, although it may profitably be used in more advanced courses as well. In concrete terms, *Ensemble* consists of four texts: a review grammar (with accompanying language laboratory program), a literary reader, a cultural reader, and a historical reader. Although the four texts have been thematically and linguistically coordinated with one another, each text may be used independently of the others.

Ensemble : Culture et Société responds to the interest that students have in the human aspects of a culture of which thus far they have experienced primarily the language. The material is organized around a number of themes of permanent relevance (education, the family, politics, communication, the arts, etc.), with an emphasis on issues of current interest in the French-speaking world (urban renewal, immigrant workers, French-Canadian nationalism, *nouvelle cuisine*, etc.). Each of the eleven chapters of the reader includes the following features:

The introduction presents the background information about the issues discussed in the selections. It is written in English in order to offer immediate access to the subjects at hand and to eliminate unnecessary guesswork and contextual misunderstanding.

The *Orientation* prepares students for the reading by easing them into the proper thematic context. Students are asked to respond to a number of personal questions, giving them the opportunity to reflect on the theme and develop certain expectations even before they address the text.

The selections have been chosen for their intrinsic cultural value. They include newspaper and magazine articles, excerpts from essays, literary works, travel guides, interviews, and cartoons. To help students with their reading, certain items are glossed; they are marked by small circles in the text. Words marked with a superscript ^{c} are explained in the *Index culturel* at the end of the text.

The *Qu'en pensez-vous ?* sections test the students' understanding of the French text. Students are asked not only to say whether those statements relating to the text are correct or not, but also to comment further and explain the reasons for their responses. In elaborating on their answers, students must have a good grasp of the context of the paragraph as well as of the individual sentence.

The *Nouveau Contexte* exercises select certain key words and expressions from each excerpt and highlight them in a new contextual setting. By choosing the right word to complete the sentence, students learn to transfer vocabulary words from one setting to another and become aware of exact meaning and correct usage. Since these exercises are presented in dialogue form, students can act them out and bring the vocabulary to life in a meaningful context. The answers are found in the back of the book.

A basic vocabulary section, *Vocabulaire satellite*, consists of an associative grouping of terms needed for the activities outlined in the following two sections. Students should master this vocabulary before doing the subsequent exercises.

The *Pratique de la langue* encourages students to express articulate opinions on the topics introduced by the various selections. A large number of role-playing activities are also proposed at this point. Collective writing assignments (signs, slogans, pamphlets) are suggested for the purpose of testing the group's ability to combine writing competence with oral effectiveness.

The *Sujets de discussion ou de composition* are intended to promote a more substantial development of students' ideas in the form of written or oral essays.

In addition to the divisions outlined above, the cultural reader also includes an *Index culturel*, which supplies basic factual information about a number of cultural terms requiring explanation in the context of modern French society. There is also a French-English vocabulary.

Note to the Sixth Edition

Dealing as it does with contemporary France, a cultural reader must remain up-to-date. Like its predecessors, the present volume has been substantially revised. Approximately thirty percent of the material is new to this edition, complementing the articles retained from the previous edition because of their substance and continued relevance.

The new features examine a broad variety of trends in today's French society: the difficulties of young adults as they seek their roles in the contemporary social structure; the problems of feeding the homeless; the special privileges regularly enjoyed by some in the land of "liberté, égalité, fraternité"; the best strategies to effectively assure women their rightful place in society; the challenges in maintaining the vital link between good food and good health; the problems of immigrants in a newly adopted country; the role of computers in the modern classroom; recent religious trends in the traditionally Catholic country that is France; reading shortcuts for people in a hurried world; and the nineties' contribution to the French music scene, the rap generation. Thus, as students develop their reading abilities in French through a variety of current sources in *Culture et Société*, they also acquire an appreciation of the problems, preoccupations, and interests of today's French society.

About the *Ensemble* series

The four books that comprise the *Ensemble* series—*Ensemble : Grammaire, Ensemble : Culture et Société, Ensemble : Littérature,* and *Ensemble : Histoire*—can each stand alone; but, more importantly, they fit together to form an "ensemble." The review grammar and the workbook with cassettes integrate grammar and theme by incorporating thematic vocabulary in the examples and exercises. The three readers, in turn, treat the same chapter themes in their selections and exercises. The first program of its kind in French, *Ensemble*'s integrated approach encourages lively and meaningful student participation and fosters a mature treatment of the subject.

For most intermediate classes it is recommended that instruction begin with a chapter in the grammar and proceed to the same chapter in whichever readers are adopted. Instructors may wish to vary the reading selections within a given chapter by alternating between readers. An instructor teaching an advanced course may wish to assign the grammar text as outside work and spend class time with readings and oral activities. Since the four texts are thematically and grammatically coordinated, a lesson may even begin with the readings and end with a rapid grammar review.

Acknowledgments

We wish to express our appreciation to the staff of Holt, Rinehart and Winston, in particular, to Nancy Siegel for her thoughtful guidance throughout the development process and her careful reading of the manuscript, to Sue Hart for her cooperative attitude regarding the cover design, and to Susan Marshall and G. Parrish Glover for their concerned supervision. We also thank Diane Ratto of Michael Bass and Associates for shepherding the project through its final stages, Charlotte Jackson for her thorough copyediting, and Jeanne Pimentel for her mediculous and informed proofreading. Finally, we thank our spouses, Jean Comeau, Priscilla Lamoureux, and P.K. Aravind, for their unfailing support, their endless patience, and their willingness to make the many personal sacrifices that a project of this kind requires.

R.F.C./N.J.L./M.-P.T.

1ère

PARTIE

Vie sociale

1

Les Jeunes

Génération vingt ans

Young French adults in their 20s are being forced to adapt their lifestyles to modern social realities such as AIDS, unemployment or underemployment, and the weakening of the traditional family. Members of this generation are more likely to live at home and hold part-time or insecure jobs.

Faced with a fragile economic future, they are also inclined to extend their stay in school. In 1975, only 16% of the 20- to 24-year-old cohort were students; in 1996, 43% were.

Referred to as the "Kleenex Generation" in the following reading, these young adults are making personal and career choices that set them apart from earlier generations, including their "baby-boomer" parents.

Orientation

Pensez aux problèmes que doivent affronter les jeunes de la « Génération X ». A votre avis, lesquels sont les plus importants ?

1. les familles désunies (les parents divorcés)
2. l'incompréhension des parents
3. l'incompétence des professeurs
4. le stress
5. le chômage
6. le manque de débouchés *(job opportunities)*
7. le racisme
8. la violence
9. le SIDA *(AIDS)*
10. les guerres

Génération Kleenex[1]

« Je ne comprends pas cette société qui met le travail au centre de ses valeurs° ! On ne veut pas devenir des yuppies ! » Elodie, 25 ans, regard futé,° petit sourire en coin° et longs cheveux sages,° revendique° haut et fort° le droit à la paresse.° Pourtant,° elle n'a rien d'une flemmarde° : successivement baby-sitter, standardiste° à la GMF,°
5 vendeuse de chouchous° sur la plage,° de journaux à la criée,° standardiste dans une boîte° de transports routiers,° bac + 4° en poche,° elle est maintenant caissière° à la Fnac° deux jours par semaine, fait des courts métrages° sans être payée et passe son temps à monter des coups° avec des copains.° Le dernier ? La création d'une petite boîte de vêtements° en laine polaire.° Elodie s'est improvisée° styliste,° son

la valeur value / **futé** sly, cunning / **le sourire en coin** half smile / **sage** neatly combed / **revendiquer** to claim / **haut et fort** loud and strong / **la paresse** laziness / **pourtant** however / **elle n'a rien d'une flemmarde** she does not have a lazy bone in her body / **le, la standardiste** switchboard operator / **la GMF** *la compagnie d'assurances en France (Garantie Mutuelle des Fonctionnaires)* / **les chouchous** *m* pastry (kind of donut) / **la plage** beach / **à la criée** by hawking / **la boîte** company / **le transport routier** trucking company / **bac + 4** = *quatre années d'études universitaires après le baccalauréat* (high school diploma) / **en poche** in hand / **la caissière** cashier / **FNAC** = *chaîne de librairies en France* / **le court métrage** documentary / **monter des coups** to hatch projects / **le copain** *(fam)* = *ami* / **la petite boîte de vêtements** = *le petit magasin de vêtements* / **la laine polaire** arctic wool / **s'improviser** to act as / **la styliste** fashion designer

[1]En référence à la célèbre marque de mouchoirs en papier

10 père, chômeur° depuis deux ans, fait le comptable,° et les autres donnent un coup de main° pour coudre° les sweat-shirts. Elodie, plutôt heureuse de la manière dont sa vie s'est goupillée,° se marre° : « On est tous des Kleenex. Si on attend que les autres changent les choses pour nous, on peut toujours se gratter° ! » Elle ne trouve pas de place dans cette société qui la prend,° le temps° d'°un CDD (contrat à durée

15 déterminée°), d'un stage° ou d'un petit boulot,° puis qui la jette.° Corvéable à merci,° simple pion° parmi les autres, elle s'adapte en enchaînant° les situations précaires.° Elodie appartient à la génération Kleenex : celle des 20–30 ans. Tous se comparent à des mouchoirs° qu'on prend et qu'on jette. Plus tout à fait ado,° pas encore adulte, grandie avec la crise,° cette génération se cherche sur les ruines d'un système libéral

20 essoufflé.° Son maître mot° : l'insécurité. Matérielle (26 % de chômage dans cette tranche d'âge°), familiale (un jeune sur deux a des parents divorcés) et sexuelle (sida).°

La génération Kleenex, moins « frime° » que les précédentes, hyper-lucide, iro- nique mais pas cynique, est plus sereine° que prévu.° Bien sûr, le climat social n'est

25 pas des plus joyeux : pour échapper° au chômage, les Kleenex accumulent les an- nées d'études et les diplômes. L'âge moyen° d'entrée dans la vie active° a reculé° de trois ans en moins de dix ans, et plus d'un million et demi de jeunes ont un niveau° bac + 4. Sans illusion sur l'éventuelle° rentabilité° de leurs études, de plus en plus de jeunes prennent le parti° d'en profiter,° tant qu'à faire,° et de faire ce qui leur

30 plaît° : ainsi,° ils se sont précipités° l'an dernier sur les cursus° de psycho° et, cette année, sur les filières° sportives. S'intégrer au monde du travail, c'est une autre his- toire : le seul moyen° reste les stages,° système dont abusent parfois les entre- prises,° maquillant° ainsi de vrais emplois.° Jamais les jeunes n'auront été aussi bien formés, mobiles, disposés à faire de leur mieux. Jamais on ne leur aura autant°

35 fermé les portes. Alors, comme il faut bien vivre, les Kleenex font des petits boulots°

---

le chômeur unemployed person / **le comptable** bookkeeper, accountant / **donner un coup de main** to give a hand, lend aid / **coudre** to sew / **se goupiller** to turn out / **se marrer** *(argot)* to laugh / **se gratter** *(argot)* = *on n'obtiendra rien* (**se gratter :** to scratch oneself) / **prendre** to take on / **le temps** for a period / **le contrat à durée déterminée** = *le contrat* (contract) *de travail temporaire* / **le stage** training period / **le boulot** = *le travail* / **jeter** to cast off, to throw away / **corvéable à merci** = at everyone's beck and call / **le pion** pawn / **enchaîner** to string together / **les situations précaires** precarious jobs / **le mouchoir** handkerchief / **l'ado** = *l'adolescent m* / **la crise** crisis / **essoufflé** out of breath / **le maître mot** defining word / **la tranche d'âge** age group / **le SIDA** AIDS / **la frime** *(argot)* bluff / **serein** serene / **prévu** expected / **échapper à** to escape / **moyen** average / **la vie active** = *la vie de travail* / **reculer** to decrease / **le niveau** level / **éventuel** possible / **la rentabilité** return (on investment), applicability / **prendre le parti** to opt for / **profiter** to take advantage of / **tant qu'à faire** might as well / **plaire** to please / **ainsi** thus / **se précipiter sur** to rush at / **le cursus** program / **la psycho** = *la psychologie* / **la filière** track, path / **le moyen** means / **le stage** internship / **l'entreprise** *f* firm, business / **maquiller** to disguise / **l'emploi** *m* job, employment / **autant** so much / **le petit boulot** = *le petit travail sans avenir*

que Douglas Copland, auteur américain de « Génération X » , appelait des « McJobs » en 1991. Perspectives° et investissement° zéro.

En plus de ce climat pas vraiment euphorique, la génération Kleenex doit affronter° un autre obstacle tout aussi° délicat : leurs parents. Crise oblige,° plus de la
40 moitié des 20 – 30 ans habitent encore chez papa-maman. Selon l'Insee,° 15 % reviennent même dans le nid° familial après l'avoir quitté. Et quand ils vivent seuls, ils sont financièrement assistés par la famille : ainsi, le nombre d'étudiants de 20 ans habitant sous un toit° payé par les parents a augmenté de 80 % en dix ans.

Avec les parents, pas ou très peu d'affrontements° directs ; dans une société qui
45 fuit° les conflits, le bras de fer° est bien plus sournois.° Car les parents baby-boomers ont, c'est bien connu, le monopole de la jeunesse. Qui oserait° dire que Mai 68[c1] et Woodstock n'ont pas prouvé leur total esprit de liberté ? Qui pourrait prétendre° à plus de rébellion que ces aînés° qui ont bousculé° une société endormie° en descendant dans la rue ? Economiquement, les baby-boomers avaient tout et ne
50 voulaient rien. Les Kleenex sont dans la situation inverse. Alors, forcément,° ils ne font pas le poids,° et on le leur fait comprendre° : « On met les jeunes dans des zones d'attente° pour différer° le moment où ils vont devenir des rivaux, par crainte de se voir vieillir » , explique Patrice Huerre, psychiatre et psychanalyste. Les baby-boomers refusent de faire le deuil° du mythe de la jeunesse éternelle. Ils s'habillent
55 et vivent pratiquement comme leurs enfants. Ils ont fait de la jeunesse une « valeur » sans âge, une référence sociale, un état revendiqué à vie.°

Dossier mené par Dorothée Werner avec Martine Kurz, Marie-Pierre Lannelongue,
Amélie de Turckheim et Sylvia Jorie, *Elle*

Qu'en pensez-vous ?

Etes-vous d'accord ou non avec les déclarations suivantes ? Justifiez votre réponse.

1. Le travail est au centre des valeurs de la « génération Kleenex » .
2. Les jeunes sont flemmards.
3. Les 20 – 30 ans exercent beaucoup de petits boulots.
4. L'insécurité est le maître mot de cette génération.
5. Les « Kleenex » reculent leur entrée dans la vie active.

la perspective prospect / **l'investissement** *m* investment / **affronter** to confront / **tout aussi** every bit as / **crise oblige** because of the crisis / **l'Insee** *m* = *l'Institut national de statistiques* / **le nid** nest / **le toit** roof / **l'affrontement** m confrontation / **fuir** to flee, to avoid / **le bras de fer** *la dispute, la confrontation* / **sournois** underhanded / **oser** to dare / **prétendre** to lay claim / **l'aîné** *m* = *l'enfant le plus âgé de la famille* / **bousculer** to shove / **endormi** asleep / **forcément** of course / **faire le poids** = *avoir du pouvoir* / **on le leur fait comprendre** it's made clear to them / **l'attente** *f* waiting / **différer** to put off / **faire le deuil de** to mourn / **revendiqué à vie** claimed for life

[1]Words marked with a [c] are explained in the *Index culturel* at the back of the book.

6. Les jeunes ne doutent pas de la rentabilité de leurs études.
7. Les jeunes ne veulent pas vivre avec leurs parents.
8. Les affrontements avec les parents sont rares et directs.

Nouveau Contexte

Complétez le dialogue suivant en choisissant les termes appropriés (employez chaque terme une seule fois). Puis, jouez le dialogue.

Noms :   stages *m*, valeurs *f*
Adjectifs :   flemmards, paresseux
Expressions idiomatiques :   petits boulots, bac + 4, contrats à durée déterminée, ne faisons pas le poids, vie active

Dialogue entre Elodie et sa mère :

MERE   Dis donc, Elodie, quand vas-tu exercer une véritable profession ? Tu as fait des études supérieures, tu as le _____*1* et, jusqu'à présent tu n'as trouvé que des _____*2*.

ELODIE   Tu sais, maman, la crise économique ne facilite pas les choses. Les jeunes, les entreprises ne leur offrent que des _____*3*.

MERE   Je crois que les jeunes de ta génération sont un peu _____*4*. Vous ne voulez pas travailler. Le travail n'est pas au centre de vos _____*5*.

ELODIE   Non, nous ne sommes pas _____*6*. Il n'y a pas d'emplois et nous devons accepter des _____*7*.

MERE   Non, je crois que vous ne voulez pas entrer dans la _____*8* par peur des responsabilités.

ELODIE   Pas du tout, c'est parce que les baby-boomers gardent tout pour eux que nous _____*9*.

Vocabulaire satellite

la **jeunesse**   youth
le **chômage**   unemployment,
    être au chômage   to be un-
    employed
le **chômeur**   unemployed person
la **profession**, le **travail**, le **boulot**
    work
le **stage**   internship
    gagner sa vie   to earn a salary
    l'insécurité *f* **matérielle**
    financial uncertainty

la **crise économique**   economic
    crisis
les **études** *f* **supérieures**   gradu-
    ate studies
les **diplômes** *m*   degrees
la **formation professionnelle**
    professional training
le **SIDA**   AIDS

Pratique de la langue

1. Expliquez l'expression « génération Kleenex ». Qu'est-ce qui distingue cette génération de jeunes ?
2. Quelles sont les valeurs de la « génération Kleenex » ?
3. Comment la société traite-t-elle les jeunes ?
4. Quels sont les problèmes que doivent affronter les jeunes aujourd'hui ? A votre avis, quel est le plus sérieux ?
5. Beaucoup de jeunes choisissent leurs études en fonction de leurs goûts et non plus en vue d'une future carrière. Est-ce une bonne idée ?
6. Votre ami vient de perdre son travail et se retrouve au chômage. Que lui conseillez-vous ?
7. Que faut-il faire pour pouvoir s'intégrer au monde du travail ? Y a-t-il des techniques qui facilitent l'entrée dans la vie active ?
8. Vivre avec ses parents quand on a entre 20 et 30 ans, est-ce une bonne idée ?
9. Décrivez les relations des jeunes avec leurs parents (les baby-boomers).
10. Comparez la « génération Kleenex » avec les « baby-boomers ». Qu'est-ce qui importe pour chaque génération ?

L'Enseignement secondaire

The French school system, which is overseen by the *Ministère de l'Education nationale*, plays an influential role in molding the career options of young people. All students leaving elementary school are admitted to a *Collège d'enseignement secondaire (CES)*,[c] which corresponds roughly to an American junior high school. At the end of the *troisième* (ninth grade), students go on to attend either a *lycée d'enseignement professionnel (LEP)*, where they are trained for a specific profession, or a *lycée d'enseignement général et technologique*. At the *lycée d'enseignement général*, they undertake one year of general studies, and then (in the *première* or eleventh grade) choose between humanities (L), sciences (S), economics and social studies (ES), or sciences and technology (ST) and its subcategories.

Each field prepares the student for a nationally administered exam: the *baccalauréat*[c] (*bac* or *bacho*, as it is familiarly called). Comprehensive and feared, this exam tests both the students' general and specialized knowledge. The *bac* is a crucial hurdle, for only those who pass it (approximately 75%) can go on to the university or enter the preparatory classes leading to the *Grandes Ecoles*.[c] Although all tracks lead to the *baccalauréat*, a distinction must be made between the *bac professionnel* and the *bac général et technologique*. While the latter, which is not as demanding academically, opens the door to vocational activities, the former is the key to *études*

supérieures longues (Licence, Maîtrise, Doctorat) or *courtes (Brevet de technicien supérieur, Diplôme universitaire de technologie, etc.).* But what is the real value of a *baccalauréat?* Very demanding in the past, and successfully completed only by the elite, it has become, with diversity and the proliferation of its tracks, a mass degree that leads to the university, where the real academic competition now takes place.

Orientation

Mettez-vous en groupe et posez-vous les questions suivantes :

1. Combien d'étudiants y avait-il dans votre lycée ?
2. Est-ce que ce lycée était public ou privé ?
3. Etait-il mixte *(co-ed)* ?
4. Etiez-vous interne *(boarder)* ou externe *(day student)* ?
5. Quel moyen de transport utilisiez-vous pour aller au lycée si vous étiez externe ?
6. A quelle heure commençait votre premier cours ?
7. Combien de cours aviez-vous par jour en général ?
8. Combien d'élèves y avait-il par classe ?
9. Quelle était votre activité extra-scolaire *(extracurricular)* préférée ?
10. Lesquels des adjectifs suivants décrivent le mieux votre lycée et l'enseignement qui y était donné : compétitif, facile, chaleureux *(warm)*, très structuré, impersonnel, permissif ?

Les Jeunes et l'Ecole

Ecoutons le point de vue des professeurs :

De plus en plus, on doit prendre en charge des élèves dont le niveau° est faible et le manque de motivation pour les études si évident qu'on se demande comment on peut leur être utile : instabilité, passivité, inaptitude à l'effort, pauvreté et confusion
5 de la pensée, surtout à l'écrit,° vocabulaire approximatif,° ignorance des règles° de la grammaire et de l'orthographe° deviennent des choses courantes° auxquelles on nous demande de nous adapter. Si les élèves ne veulent plus ou ne peuvent plus fournir° l'effort intellectuel, il faut trouver les moyens° de les intéresser autrement : organiser des débats, regarder des films, faire des sorties,° animer des clubs... se dis-
10 perser dans de multiples activités para-scolaires° dont il ne restera pas grand-chose° dans l'esprit des jeunes. J'ai l'impression que, mis à part° quelques îlots° privilégiés, les lycées sont en train de se transformer en garderies° où l'on ne vient plus pour apprendre mais pour passer le temps entre copains.

Maurice T. Maschino, Voulez-vous vraiment des enfants idiots ?

15 Les nouveaux lycéens « flottent comme des feuilles mortes » dit un professeur de français, « ils sont indifférents, je ne peux pas apprécier ce que leur apporte mon enseignement.° » Les élèves de G sont « gentils » mais « ils ne travaillent pas. » « Ils n'ont pas d'intérêt pour les idées. Ils sont un peu tristes, je les trouve scolaires,° ils sont là avec leurs cahiers,° ils attendent, parfois je dis n'importe quoi pour les faire
20 réagir.° »

François Dubet, Les Lycéens

Et le point de vue des élèves :

« Souvent les profs ne s'intéressent pas à nous. Dès qu'on expose nos idées, ils les refusent et pensent qu'on est nuls.° De toute façon,° les cours, c'est du bourrage de
25 crâne° : il y a trop de trucs° à apprendre, » se lamente Bertrand, élève de première A dans un lycée urbain.

Enquête° sur les lycéens par Martine Valo, Monde de l'Education

---

le niveau level (of performance) / **à l'écrit** in written form / **approximatif** = *imprécis* / **la règle** rule / **l'orthographe** *f* spelling / **courant** common / **fournir** furnish / **le moyen** means / **la sortie** field trip / **para-scolaire** extracurricular / **pas grand-chose** = *pas beaucoup* / **mis à part** apart from / **l'îlot** *m* small island / **la garderie** day-care center / **l'enseignement** *m* teaching / **scolaire** schoolish / **le cahier** notebook / **réagir** to react, to move / **nul** = *stupide* / **de toute façon** in any case / **le bourrage de crâne** cramming of the brain / **le truc** (*fam*) = *la chose* / **l'enquête** *f* survey

« ...J'ai un peu peur, l'année prochaine, j'ai peur de faire quelque chose qui m'embarque vers un métier° que je ne veux pas faire, et ça pendant toute ma vie, » expli-
30 que Nadège qui prépare un bac professionnel.

Enquête sur les lycéens par Martine Valo, *Monde de l'Education*

S'il existe parmi les lycéens une attitude commune, c'est bien cette angoisse° de l'avenir. Pour ces enfants de la crise,° nés au moment du premier Krach pétrolier,° le chômage° n'est pas un vain mot.° Globalement, ils sont près de 9 sur 10 à estimer
35 que c'est une menace réelle pour eux. Générale,° présente° pour toutes les catégories de lycéens, ceux de centre-ville ou de banlieue,° élèves des filières° classiques ou technologiques, cette peur de l'avenir explique l'attitude des jeunes dans tous les domaines. Pas question pour eux, par exemple, de voir dans les études une période heureuse de la vie où on a envie de refaire le monde.° Terre à terre,° les lycéens sont
40 plus de la moitié à penser qu'elles° sont d'abord faites pour permettre de trouver un travail ; un quart seulement, en particulier les filières littéraires, privilégient° l'acquisition d'une « culture générale » et moins d'un sur six estime que le plus important dans les études est de former la personnalité. (Voir tableau ci-dessous.)

Gérard Courtois, *Le Monde — Dossiers et documents*

TABLEAU

Avec laquelle de ces opinions vous sentez-vous le plus d'accord ?	
— Les études sont d'abord faites pour permettre de trouver un métier	51%
— Le plus important dans les études, c'est la formation de la personnalité	9%
— Le plus important dans les études, c'est d'acquérir une culture générale	26%
— Le plus important dans les études, c'est d'acquérir une méthode de travail	11%
— Sans opinion	3%
Pour vous, un lycée doit être :	
— Juste un endroit où l'on étudie	18%
— Un endroit où l'on peut faire aussi d'autres activités	76%
— Sans opinion	6%

Le Monde—Dossiers et documents

le métier = *la profession* / **l'angoisse** *f* = *la grande peur* / **la crise** = *la crise économique* / **le Krach pétrolier** oil crisis / **le chômage** unemployment / **n'est pas un vain mot** = *est quelque chose de très réel* / **générale, présente** *Ces adjectifs modifient* « *cette peur* » . / **la banlieue** suburb / **la filière** track / **refaire le monde** = *changer le monde* / **terre à terre** down to earth / **elles** = *les études* / **privilégier** to attach importance to

Qu'en pensez-vous ?

Etes-vous d'accord ou non avec les déclarations suivantes ? Justifiez votre réponse.

1. Les professeurs pensent que leurs élèves sont très motivés pour les études.
2. Les lycéens français ignorent souvent les règles de grammaire et d'orthographe.
3. Les activités para-scolaires sont toujours des activités intellectuelles.
4. Les élèves ont l'impression que les profs ne s'intéressent pas à eux.
5. Les lycéens pensent que le chômage n'est pas une menace réelle pour eux.
6. Tous les lycéens ont envie de refaire le monde.
7. La majorité des étudiants pensent que les études vont leur permettre d'abord d'acquérir une bonne culture générale.

Nouveau Contexte

Complétez le dialogue suivant en choisissant les termes appropriés (employez chaque terme une seule fois). Puis, jouez le dialogue.

Noms :   avenir *m*, bourrage *m* de crâne, chômage *m*, culture *f* générale, enseignement *m*, filière *f*, matières *f*, métier *m*

Verbes :   inscrire, trouverai du travail

LUC   Tu passes en S l'année prochaine ?

HERVE   Oui, je sais qu'il y aura beaucoup de travail et que c'est un peu du
_____[1] mais j'aime les _____[2] scientifiques. Et toi ?

LUC   Moi, je pense aller en L. J'aime la littérature et les langues étrangères
et pour moi c'est la _____[3] idéale. J'obtiendrai ainsi une bonne
_____[4] qui me préparera aux études supérieures.

HERVE   Tu as déjà une idée du _____[5] que tu veux exercer plus tard ?

LUC   Pas encore, l'_____[6] est toujours incertain. Je songe sérieusement
à l'_____[7]. Mon père et ma mère sont profs et sont très heureux de
leur profession.

HERVE   Prof, jamais de la vie ! Plus tard, je vais m'_____[8] en prépa et faire
une école d'ingénieur ; comme ça je _____[9] sans difficulté et ne
risquerai pas d'être au _____[10].

Vocabulaire satellite

l' **enseignement** *m* **secondaire**
  secondary education
  enseigner   to teach
l' **enseignement** *m*   teaching
  apprendre   to learn

le **collège** = *l'école secondaire,*
  le CES
le **cours**   class, course
  suivre des cours   to take
  courses

assister à un cours   to attend
   a class
faire des études   to study, to
   get an education
la **matière**   subject matter,
   content (of a course)
l' **emploi du temps** *m*   schedule
faire ses devoirs   to do one's
   homework
se **spécialiser en**   to major in
l' **orientation** *f*   tracking
la **filière**   track
passer un examen   to take
   an exam
rater, échouer à un examen
   to fail an exam

réussir à un examen   to pass
   an exam
l' **échec** *m*   failure
être bon (nul) en maths   to be
   good (bad) in math
**avoir de bonnes (mauvaises)
   notes**   to have good (bad)
   grades
la **concurrence**   competition
compétitif, -ive   competitive
exigeant   demanding
acquérir une culture générale
   to get a general education
penser à l'avenir   to think of
   the future

Pratique de la langue

1. Faites une liste des critiques énoncées par les professeurs et de celles énoncées par les élèves. Puis mettez les « accusés » face à face et imaginez un dialogue entre les deux camps.
2. Improvisez les situations suivantes :
   a. Vous êtes un professeur de lycée, vous êtes découragé(e) et déprimé(e) par vos élèves qui ne semblent pas s'intéresser à ce que vous faites en classe. Vous discutez avec un(e) collègue qui a les mêmes problèmes que vous et vous essayez ensemble de trouver des solutions.

   b. Un conseiller d'orientation *(student adviser)* discute avec un(e) élève qui veut quitter l'école avant 16 ans. L'élève a toujours été en situation d'échec (*flunking*) et déteste l'école. Imaginez leur discussion.
3. Pouvez-vous faire le portrait d'un professeur que vous avez eu au lycée et dont vous vous souvenez particulièrement ? Quelle influence a-t-il eue sur vous ?
4. Comparez l'emploi du temps d'Olivier, élève de Terminale S, avec celui que vous aviez en dernière année de *high school*.

nom: Olivier   Terminale S

Emploi du temps

	LUNDI	MARDI	MERCREDI	JEUDI	VENDREDI	SAMEDI
8h	Piscine	Physique	Sciences naturelles		Physique	
9h	Histoire	Chimie	Maths.	Anglais	Physique	Maths.
10h	Géographie	Maths.	Physique	Sport	Maths.	Maths.
11h	Anglais	Histoire		Sport	Maths.	Maths.
	Pause du déjeuner					
13h30	Espagnol	Espagnol		Maths.	Espagnol	
14h30	Philosophie			Maths.	Philosophie	
15h30	Philosophie			Sciences Naturelles		

L'Enseignement supérieur

Many aspects of the French postsecondary school system may puzzle Americans. The system is almost entirely state-run, state-supported, and practically free, yet it is by no means open to everyone. After the *bac*[c] a student may choose to attend (subject to residence requirements) one of the seventy universities where courses offered by the *facultés*[c] (schools or departments) are not general but specialized, leading to a specific degree and career.

Enjoying even greater status are the *Grandes Ecoles*.[c] These schools, however, take only a limited number of students, whom they recruit on the basis of a highly selective entrance examination *(le concours)* for which a long and arduous preparation is necessary. Some *lycées* offer such candidates special advanced classes. Enrolled for two years in these *classes préparatoires*, the college-bound students *(les élèves des classes préparatoires)* cram to meet the demands of the particular type of *grande école* they want to enter. Some of the most prestigious of these schools, such as *l'Ecole Polytechnique, l'Ecole des Arts et Métiers*, and *l'Ecole Normale Supérieure*, date back to Napoléon. Others such as *l'ENA (Ecole Nationale d'Administration)* or *l'ESSEC* and *HEC* (business schools) are more recent, but all guarantee their graduates interesting and well-paid careers.

Orientation

Expliquez pourquoi vous avez choisi l'université dans laquelle vous êtes maintenant en répondant par « oui » ou « non » à chacun des segments de phrase suivants.

Vous l'avez choisie :   OUI   NON

1. à cause de la réputation de ses professeurs
2. parce qu'elle est située sur un joli campus
3. à cause de la réputation de ses équipes sportives *(sports teams)*
4. parce qu'elle est située dans une grande ville
5. à cause de l'originalité et de la variété des cours offerts
6. parce que les étudiants y sont sérieux
7. parce qu'on s'y amuse bien

Vous l'avez choisie :   OUI   NON

8. parce que vous avez des ami(e)s ou quelqu'un de votre famille
   qui sont des anciens élèves *(alumni)* de cette université.

Des étudiants de ces classes préparatoires parlent ici des problèmes qu'ils rencontrent pendant ces années difficiles, mais aussi de leurs motivations.

L'Angoisse° des élèves de « prépa° »

« Pourquoi est-ce que je suis là ? Parce que je n'ai pas envie de bouffer des pâtes° à la fin du mois quand je serai dans la vie active.° » C'est un argument solide. Dans la cour° du Lycée Saint-Louis, qui n'accueille que° des élèves de « prépa », Jean-François se tourne vers ses copains. Ils sont quatre, élèves de « math sup° ». Tous avaient passé
5 de bons bacs, C selon l'usage, et ils ne sont pas plus boutonneux que la moyenne.°
   « La première semaine, c'était vraiment dur. J'essayais de me raccrocher° aux autres mais on était tous au même point. A la fin du premier week-end quand je suis rentré chez moi, j'ai failli ne pas° revenir ». Et puis Stéphane a pris le rythme° du boulot° (trente heures de cours, quinze heures de travail personnel par semaine), de
10 l'internat° avec ses petites cellules° tristes, de la camaraderie très « sport » qui résiste aux classements affichés° après chaque interro° écrite. Un rythme qui ne permet pas les amourettes° et les envies° de cinéma, et Stéphane conclut : « Il faut partir du principe° qu'on n'est pas là pour se faire plaisir° ».
   Un « taupin° » a 80% de chance d'entrer dans une école d'ingénieurs dont il sor-
15 tira, dans 90% des cas, avec un diplôme en poche, une dizaine de propositions de travail et un haut salaire. « Il faut bosser° là où ça rapporte,° avant les interros. Après l'école, tu commences à vivre ». Tant de renoncements° pour décrocher,° les yeux cernés,° une place° de cadre moyen ou supérieur° !

---

l'angoisse *f* anxiety / **la « prépa »** = *classe préparatoire à l'entrée dans une Grande Ecole* / **bouffer des pâtes** to eat pasta *(ici : manger des choses pas chères parce qu'on n'a pas beaucoup d'argent)* / **la vie active** real world / **la cour** yard / **n'accueille que** = *reçoit seulement* / **math sup** = *classe préparatoire de mathématiques supérieures* / **pas plus boutonneux que la moyenne** with no more pimples than average / **se raccrocher à** to hang on to / **j'ai failli ne pas** I almost didn't / **a pris le rythme** got into the routine / **le boulot** *(fam)* = *le travail* / **l'internat** *m* residence hall, dorm / **la cellule** cell / **les classements affichés** posting of grades by order of rank / **l'interro** *f* test / **les amourettes** *f* flirtations / **les envies** *f* = *les désirs* / **partir du principe** = *comprendre* / **se faire plaisir** = *s'amuser* / **le taupin** *(fam)* = *l'étudiant de math sup* / **bosser** *(fam)* = *travailler dur* / **où ça rapporte** where it pays off (counts) / **le renoncement** = *le sacrifice* / **décrocher** = *obtenir* / **les yeux cernés** with rings under one's eyes / **une place** = *un emploi* / **le cadre moyen ou supérieur** middle- or top-level executive

||| D'autres témoignages° :

20   Véronique prépare le concours d'une Grande Ecole de Commerce : « Je suis
ici avant tout pour l'intérêt des études. Même si je ne décroche pas HEC° je ne

le témoignage testimony   /   **HEC** = *Ecole des Hautes Etudes Commerciales*

regretterai rien. Je suis toujours aussi nulle° en math, mais maintenant je peux lire *Le Monde*° et comprendre ce qui se passe ».

25 Laurent lui aussi apprécie la valeur des études qu'il reçoit. Il prépare l'entrée dans une Ecole Normale Supérieure.° « Ici, c'est la vraie interdisciplinarité. On fait sérieusement de tout. Même si on ne réussit pas à intégrer Fontenay ou Saint-Cloud,° on aura acquis une culture générale et des méthodes de travail qui nous seront utiles partout... On n'est pas des bûcheurs,° plutôt des lutteurs.° Il faut lutter° contre la politique de découragement que pratiquent certains profs. Par exemple : le premier 30 jour un prof est arrivé : « Vous êtes 70 aujourd'hui, vous serez 50 à Noël et 25 passeront à la fin de l'année ».

Qu'est-ce qui motive ces étudiants ? Un professeur de Saint-Louis conclut : « C'est plutôt contre eux-mêmes qu'ils se battent,° contre la peur de l'échec,° la peur de décevoir° leurs parents et, surtout, de ne pas être à la hauteur de° l'image qu'ils ont 35 d'eux-mêmes ».

Odile Cuaz, *Le Nouvel Observateur*

Qu'en pensez-vous ?

Etes-vous d'accord ou non avec les déclarations suivantes ? Justifiez votre réponse.

1. Jean-François est en « prépa » parce qu'il veut gagner beaucoup d'argent quand il sera dans la vie active.
2. Dans les grandes écoles on trouve les étudiants les plus brillants.
3. Tous les étudiants de « prépa » sont des intellectuels boutonneux.
4. Le rythme du boulot en « math sup » est intense.
5. A l'internat du lycée Saint-Louis, les étudiants ont une vie sociale très agréable et très décontractée.
6. Véronique pense qu'elle ne perd pas son temps en « prépa » parce que les études sont intéressantes.
7. Laurent pense qu'il va acquérir une bonne culture générale.
8. Les profs de « prépa » ont une attitude positive et encouragent toujours leurs étudiants.
9. De nombreux étudiants de « prépa » sont éliminés avant la fin de l'année.
10. Les étudiants de « prépa » sont des bûcheurs parce qu'ils aiment se battre.

---

nulle very weak / **Le Monde** the most highbrow of French daily newspapers / **Ecole Normale Supérieure** = *une Grande Ecole* / **intégrer Fontenay ou Saint-Cloud** to enter the *Ecoles Normales Supérieures* in Fontenay or Saint-Cloud outside of Paris (now one single school located in Fontenay) / **le bûcheur** (*argot*) grind, hard-working student / **le lutteur** fighter / **lutter** to struggle / **se battre** = *lutter* / **la peur de l'échec** the fear of failure / **décevoir** = *désappointer* / **être à la hauteur de** to be equal to

Nouveau Contexte

Complétez le dialogue suivant en choisissant les termes appropriés (employez chaque terme une seule fois). Puis, jouez le dialogue.

Noms : boulot *m*, concours *m*, cours *m*, grande école *f*, interros *f* écrites, lutteur *m*, salaire *m*

Verbes : décevoir, motive

Adjectif : découragé

Stéphane parle avec un copain, Laurent, au début de son année de « prépa ».

LAURENT   Es-tu content de tes premières semaines en « prépa » ?

STÉPHANE   C'est dur, tu sais. J'ai énormément de _____*1* : trente heures de _____*2* par semaine, plus à peu près quinze heures de travail personnel. Je ne me couche jamais avant minuit.

LAURENT   Tu as eu de bonnes notes aux _____*3* ?

STÉPHANE   Pas toujours ; les profs sont exigeants et quelquefois je suis très _____*4*.

LAURENT   N'oublie pas que, si tu réussis au _____*5* et que tu entres dans une _____*6*, tu es sûr d'avoir un bon métier et un haut _____*7*.

STEPHANE   Je sais, c'est ce qui me _____^{8} et aussi le désir de ne pas _____^{9} mes parents. Mais ce n'est pas facile quand on n'a pas un tempérament de _____^{10} !

Vocabulaire satellite

l' **université** f   university, college

la **fac,** la **faculté**   school or department

aller à la fac   to go to the university

la **Fac de Droit**   law school

la **Fac de Médecine**   medical school

suivre les cours de Paris III   to attend the University of Paris III

faire des études   to study, to get an education

faire ses études (de médecine, de droit, etc.)   to study (medicine, law, etc.)

le **cours obligatoire**   required course

obtenir, décrocher un diplôme   to graduate

la **résidence universitaire**   student housing

le **dortoir**   dorm

le, la **camarade de chambre**   roommate

le **restaurant universitaire (resto-U)**   cafeteria

la **bibliothèque**   library

Pratique de la langue

1. A votre avis, quelles sont les qualités les plus importantes d'un bon prof ? Choisissez vos réponses dans la liste suivante.
   Il faut :
   a. être enthousiaste
   b. avoir de l'autorité
   c. respecter ses étudiants
   d. bien connaître la matière que l'on enseigne
   e. être disponible (*available*) après le cours
   f. être exigeant
   g. être sympathique
   h. être bon pédagogue
   i. être amusant.

2. Etes-vous bûcheur, lutteur ? Si oui, qu'est-ce qui vous motive à travailler ? Si non, expliquez pourquoi.

3. Vous venez de passer un semestre dans une Fac en France ; parlez de la différence entre le système universitaire français et le système américain à un(e) ami(e) qui n'a jamais étudié à l'étranger.

4. Demandez à vos camarades de classe ce qu'ils (elles) aimeraient faire après leurs études universitaires de premier cycle *(undergraduate studies)*. Choisissez vos réponses dans la liste suivante.

Est-ce que tu aimerais :

a. poursuivre des études supérieures ?
b. trouver un métier dans ta spécialité ?
c. te marier ?
d. faire le tour du monde ?
e. faire n'importe quel métier pour acquérir de l'expérience ?
f. autres choix ?

Le Café français

The café has been a gathering place for the French since the first Parisian coffee house was established in the late seventeenth century to sell a newly introduced exotic beverage, coffee. In 1715 there were 300 cafés in Paris, and by 1789, some 900, each a place where friends and associates could meet to read papers, play games, and discuss the political, literary, and social issues of the day. Although modern social trends, such as TV watching and eating out in fast-food restaurants, have reduced the café clientele (the share of the café-going leisure budget has decreased from 40% to 22% in recent years), thousands of cafés still dot the streets of the small and large cities of France.

Certain cafés have become famous because of their patrons. The Café Procope, founded in the Latin Quarter well before 1700 and still serving customers today as a restaurant, was frequented by scientists, intellectuals, and social reformers such as Buffon, Voltaire, Diderot, and Rousseau. The Café anglais, founded at the beginning of the nineteenth century, welcomed English tourists, dandies, famous actresses, and visiting European royalty. Many cafés have gained prominence in the twentieth century, including the Closerie des Lilas, where Hemingway and other writers of the American "Lost Generation" gathered, and the Deux Magots, a favorite meeting spot for the existentialist writers Jean-Paul Sartre and Simone de Beauvoir.

But it is the typical, unpretentious street café that has created a French institution. Workers, professionals, students, shoppers, foreigners stop in to have a café au lait and croissant in the morning, a sandwich or *croque-monsieur*[1] for lunch, an apéritif before dinner, a beer, soft drink, hot chocolate after a movie, or just to buy stamps, cigarettes, or lottery tickets.

The café holds a special fascination for students, who find it a refuge from their large lecture classes and impersonal housing complexes called *cités universitaires*. They go to this "home away from home" to discuss their courses, join clubs, listen to

---

[1] a ham sandwich with a cheese topping

music, play pinball machines (called *baby-foot*), have heart-to-heart talks with friends, or just to sit alone thinking or reading a book. The following excerpt describes the role of the café in the lives of French students.

Orientation

Où rencontrez-vous vos ami(e)s quand vous voulez vous distraire ? Après avoir indiqué vos réponses, faites une enquête parmi les autres étudiants pour trouver les endroits mentionnés le plus fréquemment.

Je rencontre mes ami(e)s :
a. à la bibliothèque
b. dans un café
c. dans un bar
d. dans des clubs ou des associations d'étudiants
e. à la cafétéria de l'université
f. dans mon dortoir
g. sur les terrains de sport
h. dans les différents cours.

Le Café dans la vie des étudiants

Dans la vie sociale des étudiants français, le café joue un rôle important. Le temps important que tant d'étudiants passent au café, peut apparaître comme une « perte° de temps. » Il répond, à vrai dire, en grande partie, à tout un ensemble de° besoins que l'étudiant cherche à satisfaire, en dehors du° temps consacré au travail. Aller au
5 café, ce n'est pas uniquement chercher un refuge entre deux cours quand la bibliothèque est pleine, ou éviter° un déplacement° lorsqu'on habite une chambre éloignée de la Faculté,ᶜ ou trop exiguë,° ou mal chauffée,° ou encore coûteuse° à chauffer. Il semble que le café réponde avant tout à un besoin de contacts que les structures universitaires n'ont pas satisfait jusqu'à maintenant. Le café est bien souvent le seul
10 lieu° où fuir° la solitude, où nouer des connaissances° et se faire des amis.

Des étudiants, habitués° du Quartier latin,° expriment leurs opinions sur le rôle du café dans la vie de l'étudiant :

« S'il n'y avait pas de café, on se sentirait lâché dans la nature.° » « On se sent moins seul. La chaleur° humaine fait du bien. C'est gai,° on oublie ses idées noires,° » vous
15 diront les habitués du Quartier latin.

---

la perte waste / **un ensemble de** a body of / **en dehors de** outside of / **éviter** to avoid / **le déplacement** trip / **exigu, -uë** = *très petit* / **chauffé** heated / **coûteux** costly / **le lieu** = *l'endroit* / **fuir** = *échapper à* / **nouer des connaissances** to make acquaintances / **l'habitué** regular visitor (or customer) / **le Quartier latin** = *le centre de la vie universitaire parisienne* / **lâché dans la nature** = *tout à fait désorienté* / **la chaleur** warmth / **gai** cheerful / **les idées noires** depressing moments

Les plus esseulés° vont toujours au même café. Ils s'y sentent un peu chez eux, ils prennent plaisir à retrouver les mêmes habitués, à être traités amicalement par les garçons.° A l'âge où les relations amicales ou amoureuses commencent à prendre plus d'importance que les relations familiales, les étudiants apprécient tout ce que

20 peut leur apporter l'ambiance° d'un café familier. « L'amitié, la camaraderie, ne peuvent pas se trouver dans la famille. Au café, on n'est pas forcé de répondre à tous les appels.° Ça détend,° on est entre jeunes, c'est mieux que d'être en famille. »

Au café, l'étudiant devient un être sociable. Il goûte° l'imprévu des rencontres,° qu'elles soient° de peu d'importance ou marquantes.°

25 Il se sent disponible,° détaché de toute contrainte. Le fait d'inviter des amis chez soi suppose une sélection, alors qu'°au café on ne se sent pas engagé vis-à-vis de ceux que l'on y fréquente.° C'est souvent là que se racontent le film à voir,° le livre à lire, le disque à acheter. C'est aussi l'endroit où rencontrer des gens qui peuvent vous indiquer du travail, une chambre à louer, bref, c'est sortir du monde clos des

30 cafétérias de Facultés^c ou de Résidences.°

Au cours d'une enquête° sur les loisirs° faite par la Mutuelle des Etudiants,° un garçon déclarait : « On acquiert au café une culture générale, bien mieux qu'à la Faculté, parce qu'on y rencontre des non-étudiants. On écoute les conversations des voisins, on regarde vivre les autres. C'est le lieu où se forme l'intelligence de la vie,

35 pas seulement la connaissance : on se dépolarise.° »

Catherine Vallabrègue, *La Condition étudiante*

Qu'en pensez-vous ?

Etes-vous d'accord ou non avec les déclarations suivantes ? Justifiez votre réponse.

1. Les étudiants considèrent qu'ils perdent leur temps au café.
2. Ils vont au café pour fuir la solitude et se faire des amis.
3. Ils ne vont jamais au même café parce que ce serait trop ennuyeux.
4. Dans un café que l'on connaît bien, on a l'impression d'être en famille.
5. Au café, on peut parler avec n'importe qui.
6. On ne parle jamais de choses intellectuelles au café.
7. En rencontrant des non-étudiants au café, on apprend à connaître le monde.
8. Les cafés sont importants en France parce qu'il n'y a pas beaucoup d'autres lieux de rencontre et de détente à l'université.

---

esseulé = *solitaire* / **le garçon** = *garçon de café* / **tout... l'ambiance...** = *tout ce que l'ambiance... peut leur apporter* / **l'appel** *m* call / **détendre** to relax / **goûter** = *apprécier* / **l'imprévu** *m* **des rencontres** chance encounters / **qu'elles soient** whether they be / **marquant** = *mémorable* / **disponible** = *libre* / **alors que** whereas / **que... fréquente** whom you meet there / **que se racontent le film à voir...** = *que le film à voir... se racontent* / **la Résidence** student housing, dormitory / **l'enquête** *f* survey / **les loisirs** *m* leisure time / **la Mutuelle des Etudiants** social service agency run by students / **se dépolariser** *(fam)* = *ouvrir l'esprit*

Nouveau Contexte

Complétez le dialogue suivant en choisissant les termes appropriés (employez chaque terme une seule fois). Puis, jouez le dialogue.

Noms : ambiance *f*, bibliothèque *f*, endroit *m*, films *m*, garçon *m*, refuge *m*, solitude *f*

Verbes : vous distraire, perdent, rencontrer

Adjectif : chauffée

JOURNALISTE   Monsieur Jean, ça fait vingt ans que vous êtes _____*1* de café. Aimez-vous votre métier ?

M. JEAN   Enormément ! C'est un métier passionnant surtout quand on travaille dans un petit café de quartier, comme celui-là, qui a une _____*2* familiale.

JOURNALISTE   Vous voyez beaucoup d'étudiants ; pourquoi pensez-vous qu'ils viennent au café ?

M. JEAN   Pour des tas de raisons ! Des fois, pour trouver un _____*3* entre deux cours ou parce que la _____*4* est pleine et qu'ils ne peuvent pas étudier. Quelquefois, en hiver, parce que leur chambre est mal _____*5* et qu'ils ont froid. Des fois aussi, simplement, pour fuir la _____*6* et se faire des amis.

JOURNALISTE   D'après vous, est-ce qu'ils -_____*7* leur temps au café ?

M. JEAN   Non, bien au contraire ! C'est le seul _____*8* où ils peuvent _____*9* des non-étudiants et discuter pendant des heures de tout ce qui les intéresse : des _____*10* à voir, des livres à lire, de la politique, de leurs études et de leurs ami(e)s.

JOURNALISTE   Et vous, Monsieur Jean, que faites-vous pour _____*11* ?

M. JEAN   Moi ? Je regarde les matchs de foot *(soccer games)* à la télé.

Vocabulaire satellite

se **distraire**   to amuse oneself

se **détendre**   to relax

passer (perdre) du temps   to spend (to waste) time

se **cultiver**   to broaden one's mind

la **lecture**   reading

jouer du piano, du violon   to play the piano, the violin

aller voir un spectacle de danse   to go to the ballet

aller à un concert de rock, de musique classique   to go to a rock concert, a classical music concert

aller au musée pour voir une exposition   to go to a museum to see an exhibit

pratiquer un sport, faire du sport   to play a sport

jouer au tennis, au football
    to play tennis, soccer (football)
s'**entraîner**   to practice, to train
aller au cinéma   to go to the
    movies

**aller prendre un pot, un verre,
avec des copains et des
copines**   to go out for a drink
with friends

Pratique de la langue

1. Parlez de vos loisirs. Mettez-vous en groupe et posez-vous les questions suivantes, puis faites une liste des activités les plus fréquemment mentionnées.
    a. Quand vous avez besoin de vous détendre, que faites-vous ? Où allez-vous ?
    b. Quelles sont les activités les plus populaires sur votre campus en ce moment ?
    c. Que faites-vous pour vous cultiver ?
2. Jouez la scène suivante : Un étudiant étranger, qui est venu faire des études en France, a des difficultés à rencontrer des étudiants français. Donnez-lui quelques conseils : expliquez-lui l'importance du café dans la vie sociale des étudiants français et indiquez-lui le nom et les caractéristiques de vos cafés préférés.
3. Est-ce que les étudiants mènent une existence privilégiée, à votre avis ? Dans quelle mesure sont-ils artificiellement isolés ou protégés de la réalité quotidienne ? Faut-il remédier à cette situation et, si oui, comment ?

Sujets de discussion ou de composition

1. Ecrivez une lettre à un(e) étudiant(e) français(e). Racontez-lui votre vie d'étudiant en la comparant un peu à la sienne.
2. Pourquoi allez-vous à l'université ? (pour acquérir une bonne culture générale, pour vous préparer à un emploi bien précis, pour former votre personnalité, pour rencontrer des étudiants qui viennent d'horizons très variés, etc.) Posez cette question aux autres étudiants de la classe et dressez une liste des raisons citées le plus fréquemment.
3. Etes-vous satisfait(e) de la formation universitaire que vous recevez (que vous avez reçue) ? Quels en sont les éléments les plus positifs ? Quels aspects aimeriez-vous changer ?

2

Les Femmes

Les Femmes et le Travail

Throughout French history, women have been influential. Some have achieved fame in the literary and artistic world, others in science (for example, France has produced two Nobel Prize winners: Marie Curie in 1903 for physics and again in 1911 for chemistry, and her daughter Irène Joliot-Curie in 1935 for chemistry). Yet women in France have not made it a point to take part in movements involving their sex as a whole. French women regard themselves as equal to men, but different. As John Ardagh writes: "France is still the land, cliché or not, of *la petite différence:* it is not the land of the suffragettes, nor of the women's club, beloved of Anglo-Saxon amazons."[1]

For a long time, however, French women were treated as minors, a condition that was actually enshrined in the 1804 *Code Civil*, the cornerstone of the set of legal codes commissioned by Napoleon. It reflected the philosophy and the prejudices of a military man for whom "la femme est la propriété de l'homme comme l'arbre à fruit celle du jardinier."

Over the next 150 years, legislation regarding the rights of women was surprisingly slow in coming, compared to the United States. It was not until 1945 that women gained the right to vote in national elections and run for public office. In recent years, however, the position of women has improved markedly with respect to civil rights, marriage, and birth control. Today, 75% of women between the ages of 25 and 39 are working, a percentage that has not changed much since the beginning of the century. What has changed is the level of qualification. Women are doing very well in school: they have a higher rate of success than men on the *baccalauréat,*[c] and they outnumber them in college.

Nevertheless, even though they have conquered fortresses hitherto dominated by men, like the *Grandes Ecoles,*[c] they are still more likely to follow tracks in the humanities leading to less prestigious and lesser paying jobs. In spite of the anti-discriminatory law of 1983 *(loi sur l'égalité professionnelle),* women at the same level of competence as men have a harder time reaching the highest positions of responsibility and obtaining the same salaries. Among executives, one out of three is a woman but only 16% are CEOs, and women executives are often paid up to 20% less than men. Once they have a family, women do not usually stop working. Indeed 70% of women with two children are in the work force. To help them balance their various duties, French women can rely on government-subsidized *crèches* (day-care centers) and on free *écoles maternelles* (pre-school kindergarten) open to all children from age two.

[1]John Ardagh, *France in the 1980s*

Orientation

Répondez par « oui » ou « non » à la question suivante : D'après vous, l'expression « réussir sa vie » pour une femme veut dire :

a. avoir six enfants   OUI NON
b. faire un mariage d'amour
c. épouser un millionnaire
d. exercer un métier *(to have a job)* et élever ses enfants
e. réussir professionnellement *(to have a successful career)*
f. gagner plus d'argent que son mari
g. élever ses enfants en restant à la maison
h. exercer un métier jusqu'à présent réservé aux hommes.

Following is an interview with Hélène Strohl, a graduate of *l'ENA (l'Ecole nationale d'administration)* and a top civil servant, a woman who has been able to juggle a career and a family successfully.

Un exemple de réussite° professionnelle : Hélène Strohl, Inspecteur général au Ministère des Affaires sociales

JOURNALISTE : Vous êtes « énarque° », c'est-à-dire que vous sortez de l'Ecole natio-nale d'administration.ᶜ C'est l'une des plus grandes écolesᶜ de France. Les femmes qui sortent de l'ENA sont-elles moins nombreuses, par rapport à leurs collègues masculins ?

5 H.S. : Dans ma promotion,° nous étions déjà 20 % de femmes, mais c'est un chiffre° qui augmente continuellement parce que les jeunes filles font des études plus facile-ment. D'autre part, la voie nous ayant été frayée° par les femmes de la génération précédente, nous ne souffrons plus des mêmes handicaps qu'elles.

JOURNALISTE : De quel handicap souffrait la génération précédente ?

10 H.S. : Nos aînées° souffraient d'abord d'être les premières dans ce type d'études et dans ce type de postes.° Elles souffraient aussi pendant toute une période de leur vie de la difficulté de mener conjointement° une vie familiale, c'est-à-dire élever° des enfants petits, et, en même temps, exercer un métier° où les responsabilités et l'im-portance du métier se mesurent aux heures de présence et au dépassement° des

15 heures habituelles. Vous savez que l'administration française° a un certain nombre de rites° et un de ces rites, c'est de dire que plus on est important, plus on reste tard au

---

la réussite success / **l'énarque** *m, f = diplomé(e) de l'ENA* / **la promotion** class / **le chiffre** figure / **la voie nous ayant été frayée** the way having been cleared for us / **l'aîné** elder / **le poste** position / **conjointement** jointly / **élever** to bring up, to raise / **exercer un métier** to have a job / **le dépassement** exceeding / **l'administra-tion** *f* **française** French public service / **le rite** ritual

bureau le soir. L'énarque, habituellement, reste au bureau jusqu'à 8 heures du soir, facilement. Ce sont des horaires° qui ne sont pas du tout adaptés à la vie familiale.

JOURNALISTE : Vous êtes vous-même mère de famille. Vous avez de jeunes enfants.

20 Comment faites-vous alors ?

H.S. : Je ne pratique pas ces horaires-là. A mon avis, on peut faire un excellent travail entre 9 heures le matin et 6 heures le soir... J'aime m'occuper de° mes trois enfants. Je comprendrais mal d'avoir fait des enfants, alors qu'°on vit à une époque où on peut les faire ou ne pas les faire, et de ne pas avoir le plaisir de m'en occuper... Je

25 préfère ne pas aller à une réunion et rentrer baigner° ma gamine.°

---

l'horaire *m* schedule / **s'occuper de** to take care of / **alors que** now that / **baigner** to give a bath to / **le gamin, la gamine** (*fam*) kid

OFFREZ-VOUS
UN ÉNARQUE

Nous sommes 25.

Nous avons entre 24 et 35 ans.

Nous sortons de l'ENA au mois de mai.

Nous ne voulons pas limiter notre choix à la fonction publique.

Tous, nous avons acquis à l'ENA un solide esprit d'organisation, une bonne maîtrise des techniques de gestion et une expérience concrète de la décision.

Chacun de nous a également reçu une formation antérieure dans des écoles à vocation générale (IEP), scientifique (X, Centrale, TPE) ou commerciale (HEC, ESSEC).

ENTREPRISES OU COLLECTIVITÉS LOCALES, SI VOUS RECHERCHEZ DES HOMMES ET DES FEMMES PRÊTS À RÉUSSIR AVEC VOUS, CONTACTEZ-NOUS.

ECRIRE SOUS Nº 3.126 *LE MONDE* PUB., SERVICE ANNONCES CLASSÉES,

5, RUE DES ITALIENS, 75009 PARIS.

JOURNALISTE : Et cela est accepté par les gens autour de vous ?

H.S. : Un certain nombre de gens l'acceptent. J'ai choisi une profession, à la sortie de l'ENA, où j'avais une grande liberté d'horaire.°

JOURNALISTE : Vous faites partie d'une caste plus ou moins privilégiée. Si on re-
30 garde d'autres femmes qui ont des enfants et qui travaillent — les vendeuses° dans un magasin, par exemple.

H.S. : Alors, c'est vrai. Prenons les secrétaires, que je connais bien à mon travail. Elles partent à 5 heures — et là, c'est clair, l'heure, c'est l'heure — ce type de personnel s'en va à 5 heures. Mais elles rajoutent° à cela — car la plupart habitent en
35 banlieue° — une heure et demie de trajet.° Elles arrivent chez elles complètement crevées,° elles récupèrent° un gamin lui-même fatigué... les conditions de vie ne sont pas les mêmes...

JOURNALISTE : On dit que, dans certains domaines, il faut que la femme se masculinise pour arriver.° Plus elle s'habille comme un homme, par exemple, plus elle a
40 des chances de percer.° Est-ce vrai ?

H.S. : Je ne pense pas qu'en France ce soit tellement vrai. Les femmes, par rapport aux vêtements, ont une énorme liberté que n'ont pas les hommes. Il est plus facile pour une femme de venir un jour en robe, le lendemain en tailleur,° et le troisième,

---

la gestion management / **la liberté d'horaire** flexible schedule / **la vendeuse** sales-lady / **rajouter** to add / **la banlieue** suburb / **le trajet** ride / **crevé** (*fam*) = *très fatigué* / **récupérer** = *retrouver* / **arriver** = *ici, réussir* / **percer** to reach the top / **le tailleur** woman's suit

pas en blue jeans parce que ça ne passe pas° encore très bien, mais en pantalon, qu'à
45 un homme de venir sans cravate°...

JOURNALISTE : Vous m'avez dit tout à l'heure que le pouvoir° ne vous intéressait
pas particulièrement, alors, pourquoi avez-vous fait l'ENA ?

H.S. : J'ai fait l'ENA en me disant que cela m'ouvrirait la possibilité de changer
plusieurs fois de métier au cours de mon existence... Ce que je cherche, au fond,°
50 dans mon métier, c'est à ne jamais m'y ennuyer,° à y apprendre toujours quelque
chose. Je ne supporterais pas° un métier où je regarderais l'heure en me disant : est-
ce que cela se termine bientôt ? C'est donc un peu pour tout cela que j'ai choisi l'ENA.

Gilbert Tarrab, Jacques Salzer, Voix de femmes

Qu'en pensez-vous ?

Etes-vous d'accord ou non avec les déclarations suivantes ? Justifiez votre réponse.

1. L'ENA est une grande école très prestigieuse.
2. Il y a plus de femmes que d'hommes qui sortent de l'ENA.
3. A l'heure actuelle, les femmes qui travaillent ont le même handicap que celles de la génération précédente.
4. Quand on a un poste avec beaucoup de responsabilités en France, il est habituel de rester au bureau tard le soir.
5. Hélène Strohl a choisi de ne pas avoir d'enfant.
6. Elle travaille à mi-temps *(part-time)*.
7. Les conditions de vie des femmes — secrétaires ou énarques — sont très similaires.
8. La majorité des secrétaires dont parle Hélène Strohl habitent près de leur travail.
9. En France, les femmes qui ont un poste important doivent s'habiller de façon très masculine pour être prises au sérieux.
10. Hélène Strohl a cherché à exercer un métier où elle ne s'ennuie pas.

Nouveau Contexte

Complétez le dialogue suivant en choisissant les termes appropriés (employez chaque terme une seule fois). Puis, jouez le dialogue.

Noms :   banlieue *f*, gamin *m*, horaires *m*, mère *f* de famille, salaire *m*, trajet *m*
Verbes :   exercer, s'occuper, travailler

Hélène Strohl et sa secrétaire, Mme Pellegrin
    H.S.   Mme Pellegrin, avez-vous le temps de taper *(to type)* cette lettre ?

ça ne passe pas = *ce n'est pas accepté* / **la cravate** tie / **le pouvoir** power / **au fond** basically / **s'ennuyer** to be bored / **je ne supporterais pas** I couldn't bear

MME P. Je suis désolée, Madame, il est cinq heures moins dix et je dois partir dans dix minutes.

H.S. Pour vous, l'heure, c'est l'heure, n'est-ce pas !

MME P. C'est que... j'habite en _____[1], j'ai une heure de _____[2] et je dois récupérer mon _____[3] à la crèche (day-care center) avant six heures.

H.S. Je comprends très bien, je suis moi-même _____[4] et je sais comme il est difficile d'_____[5] un métier et de _____[6] de ses enfants... Avez-vous pensé _____[7] à mi-temps ?

MME P. Oh, oui, j'aimerais bien avoir des _____[8] plus flexibles mais pour l'instant ce n'est pas possible parce que nous voulons acheter un appartement et nous avons besoin de mon _____[9].

Vocabulaire satellite

le **mari,** la **femme**   husband, wife

la **femme au foyer**   homemaker, housewife

rester à la maison   to stay at home

élever des enfants   to bring up, to raise children

se **consacrer à**   to devote oneself to

l' **éducation** *f* **des enfants**   bringing up children

partager les travaux ménagers   to share household chores

faire la cuisine   to cook

faire le ménage   to do the housework

passer l'aspirateur   to vacuum

faire la vaisselle   to do the dishes

faire la lessive   to do the laundry

repasser   to iron

exercer un métier   to have a job

avoir une activité professionnelle   to have a job

être dans la vie active   to be in the work force

le **métier,** l' **emploi** *m*, la **profession**   job

réussir professionnellement   to have a successful career

s' **épanouir dans son travail**   to find fulfillment in one's job

travailler à plein temps   to work full-time

travailler à mi-temps, à temps partiel   to work part-time

à travail égal, salaire égal   equal pay for equal work

le **harcèlement sexuel**   sexual harassment

la **crèche**   day-care center

Pratique de la langue

1. Voulez-vous travailler plus tard et avoir des enfants ? Si oui, quelles difficultés anticipez-vous ? Quelles solutions pensez-vous adopter ?

2. Jouez la situation suivante : Hélène Strohl rencontre au café une ancienne amie de lycée qu'elle n'a pas vue depuis dix ans. Son amie est mariée à un homme conservateur et a cinq enfants. Elle n'a pas d'activité professionnelle. Les deux amies se racontent leur vie. Imaginez leur conversation.

3. D'après vous, est-ce que tous les métiers devraient être ouverts aux femmes ? Y a-t-il certains métiers qu'une femme aurait des difficultés à faire ? Expliquez.

4. 19 % des femmes se plaignent *(complain)* de harcèlement sexuel dans le travail. Voici quelques situations de la vie courante. Dites pour chacune d'elles s'il s'agit ou non de harcèlement sexuel.

  a. Quand Nathalie entre dans la cafétéria de son entreprise, plusieurs employés se mettent à siffler *(to whistle)*.

  b. Paul et Virginie travaillent dans le même bureau. Il la complimente de plus en plus régulièrement sur les vêtements qu'elle porte.

  c. Brigitte vit seule. Elle a rencontré Marc à une réunion de travail. Depuis, celui-ci lui téléphone constamment au bureau et lui envoie des fleurs. Brigitte, pourtant, lui a fait savoir qu'elle ne s'intéressait pas à lui.

  d. Bertrand, directeur d'un grand institut de beauté, a demandé à toutes ses employées de porter une mini-jupe.

  e. Catherine est secrétaire de direction. Son patron pense qu'elle mérite une promotion. Il lui propose de partir en week-end ensemble « pour en parler ».

La Révolution féminine

The 1970s were decisive years in the history of French women. Though France did not witness the militant "bra-burning" demonstrations common in the United States, there were some provocative gestures. In 1969, for example, when a group of women laid a wreath dedicated to "the wife of the unknown soldier" under the Arc de Triomphe, the press viewed this act as offensive and scandalous. Militant feminists of groups like the *Mouvement de Libération de la femme* (MLF) and *Choisir* concentrated on changing the laws that traditionally define the condition of women.

In 1972 the trial of a seventeen-year old girl who had an abortion with her mother's approval was turned into a cause célèbre by her energetic lawyer, Gisèle Halimi, a leader of the *Choisir* movement. The momentum generated by the Bobigny trial forced the government to legalize abortion. As a result, the cost of contraceptives and abortion *(l'IVG : Interruption volontaire de grossesse)* is now absorbed by the *Sécurité Sociale*. Working mothers are entitled to several months' maternity leave with pay. *Crèches* are also available (but in insufficient numbers) at rates that vary according to a family's means. Divorce laws, long held back by the legacy of the *Code Civil*, were liberalized in 1975.

France's political leaders have made real efforts to promote women within party ranks but women leaders still remain an exception. The total number of women in the National Assembly stood at 32 (less than 6%) in 1996. Several women do hold cabinet posts today, and in 1991 Edith Cresson became the first woman Prime Minister in the history of France.

These breakthroughs have encouraged the appearance of nontraditional life styles. A small number of women who can support themselves financially have chosen to remain single and raise a child alone, as the following text illustrates.

Orientation

Imaginez que vous avez 39 ans, que vous n'êtes pas mariée et que vous voulez absolument avoir un enfant. Quelle(s) solution(s) allez-vous choisir, laquelle ou lesquelles n'allez-vous pas choisir ? Pour quelles raisons ?

Vous allez :

a. vous adresser à une agence matrimoniale *(dating service)* pour trouver un mari
b. kidnapper un enfant
c. « programmer » un enfant avec un ami de toujours *(a lifelong friend)* dont vous n'êtes pas amoureuse
d. adopter un enfant
e. utiliser des moyens artificiels (insémination artificielle, fécondation in vitro)
f. chercher une mère porteuse *(surrogate mother)*.

Un Enfant pour elles toutes seules

Si Françoise a pu venir, ce soir-là, à la réunion du groupe de femmes, ce n'est pas parce que son mari a accepté de garder° les enfants. De mari, Françoise n'en a pas. Elle vit seule avec son fils, Hervé, quatre ans. « Je suis métis° », dit simplement Hervé, qui connaît son père, un Africain, mais n'a jamais vécu avec lui. L'été dernier,
5 il est allé en Afrique, dans la famille de son père, et a trouvé que « c'était très bien ».
Hervé, métis par hasard,° n'est pourtant pas un enfant du hasard. Sa naissance a été « voulue et programmée ». Françoise, la trentaine dépassée,° après un mariage raté,° puis la mort d'un homme qu'elle aimait, vivait seule dans la ville de province où elle est médecin. « J'avais envie d'avoir un enfant, et je me disais qu'il allait bien-
10 tôt être trop tard », raconte-t-elle. « Alors j'ai arrêté la contraception et je me suis donné un an. Quand j'ai été enceinte,° je n'ai rien dit au père. Je n'avais pas l'intention

---

garder = *s'occuper de* / **le métis** half-breed ; of mixed racial descent / **par hasard** by chance, by accident / **la trentaine dépassée** = *ayant plus de 30 ans* / **raté** failed / **enceinte** pregnant

de le dire à l'enfant non plus. A la naissance d'Hervé, j'ai changé d'avis.° Je ne pouvais pas couper l'enfant de ses racines° africaines. Il sait donc qui est son père. Mais
c'est moi qui ai l'entière responsabilité de sa vie ».

15   Françoise est l'une de ces quelque cent mille femmes célibataires° et chefs de famille.° Elles étaient quatre-vingt-cinq mille en 1975 selon les statistiques de l'Institut
national d'études démographiques (INED). Celles qu'on appelait « filles mères° »,
femmes victimes et rejetées, sont devenues « mères célibataires ». Françoise est
fière de ce statut.° Elle se dit « mère célibataire volontaire », catégorie, selon elle,
20   « en augmentation rapide depuis que la contraception a donné aux femmes cette
liberté et en même temps cette responsabilité de décider elles-mêmes de leur vie ».

    Christine n'utilisait pas de contraceptifs. Fragile et réservée, elle semble l'opposé
de Françoise. A Marseille, comme avant à Paris, elle sortait peu, et « pour faire
l'amour, il fallait que le type° soit vraiment intéressant. Alors à quoi bon° la pilule°
25   tous les jours ? » Christine a été enceinte par hasard, il y a deux ans. « Ce bébé non

changer d'avis to change one's mind   /   **les racines** *f* roots   /   **célibataire** single, unmarried   /   **le chef de famille** head of household   /   **filles mères** unwed mothers   /
le statut status   /   **le type** (*fam*) = *l'homme*   /   **à quoi bon ?** what's the use (the good)
of ?   /   **la pilule** pill

prévu,° dès que j'ai été enceinte, j'ai décidé de le faire », assure-t-elle. Elle ne voulait rien dire au père pour ne rien lui imposer. Son médecin l'a convaincue° du contraire. Le petit garçon a été reconnu par son père, dont il porte le nom.

30 Ces mères célibataires, revendiquant° un statut naguère infamant° et qui demeure scandaleux, appartiennent pour la plupart à un milieu socio-culturel privilégié. Elles se sont intéressées à la lutte° des femmes, même si elles ne militent pas dans un mouvement. Elles ont longuement réfléchi à leur désir d'enfant, au choix du père, à l'éventuelle reconnaissance° de l'enfant par le père. Beaucoup souhaitent donner à l'enfant leur propre nom. Elles ont généralement un peu moins ou un peu plus de 35 trente ans lorsque naît l'enfant.

Certaines avaient déjà des relations avec un homme auquel elles ont demandé d'être le père de leur enfant ; les hommes sont souvent extrêmement réticents. D'autres, comme Françoise, cessant de prendre des contraceptifs ont, au gré des rencontres,° attendu. D'autres encore ont été enceintes accidentellement. Leur acte 40 volontaire a été le refus d'avorter.°

Pour Carmen, une petite brune énergique qui élève son fils en faisant des ménages,° ces femmes « font partie d'un ghetto intellectuel » et leur discours° a peu de rapport avec ce que vivent les femmes seules. « A partir du moment où on peut avorter, bien sûr que si on ne le fait pas c'est volontaire, mais ça s'arrête là. Ces 45 femmes trouvent de beaux arguments psychologiques et féministes. Elles ont du mal à° imaginer qu'on puisse être enceinte sans le vouloir. C'est pourtant le cas pour la majorité des femmes. Moi, je dis que, depuis sept ans que j'élève mon fils seule, je n'ai pas rencontré une seule vraie mère célibataire volontaire. Qui voudrait être ainsi au ban de° la société ? »

50 Tous les matins, Carmen fait le ménage dans des bureaux de son quartier° à partir de 4 heures. Lorsqu'elle rentre chez elle, après 8 heures, elle a juste le temps de préparer son fils pour l'école. Si elle perd quelques minutes et manque un autobus, il arrive en retard à l'école. Cette année, l'institutrice° a fait des remarques à Carmen. « Il paraît qu'on dérange° la classe. Elle sait pourtant que je n'y peux rien.° Je suis 55 sûre que cela a un rapport avec le fait que je n'ai pas de mari. Elle veut me le faire sentir. Toutes les femmes seules ont des problèmes ».

Que la maternité soit volontaire ne supprime° pas les difficultés de la solitude. Il ne suffit pas que des mères revendiquent° leur célibat° pour que la réalité se plie à°

---

non prévu not planned for / **convaincre** to convince / **revendiquant** laying claim to / **naguère infamant** until recently dishonorable / **la lutte** struggle / **l'éventuelle reconnaissance** ƒ the possible acknowledgment / **au gré des rencontres** leaving it up to chance encounters / **avorter** to have an abortion / **faire des ménages** to work as a cleaning woman / **le discours** talk, verbal rationalization / **avoir du mal à** (+ verb) to have a hard time (doing something) / **au ban de** banned from, shunned by / **le quartier** neighborhood / **l'institutrice** ƒ school teacher / **déranger** to disturb / **je n'y peux rien** I can't help it / **supprimer** = *éliminer* / **revendiquer** to claim / **le célibat** = *l'état d'être célibataire* / **se plier à** = *se conformer à*

leurs désirs. La famille elle-même est souvent le premier obstacle. Les belles-sœurs°
60 de Françoise n'osaient pas expliquer à leurs enfants qu'elle était enceinte alors
qu'°elle n'avait pas de mari. La mère de Christine, au contraire, âgée et ayant perdu
son mari depuis longtemps, se réjouissait,° pensant vivre avec sa fille et élever
l'enfant.

Les mères célibataires volontaires ont essayé, par leur décision, de trouver le
65 meilleur compromis possible entre leur désir d'enfant et une vie qui ne permettait
pas la réalisation de ce désir. Mais elles ne savent pas encore si elles sont en train
d'inventer une nouvelle cellule° familiale ou si elles referment sur elles le piège°
d'une maternité solitaire, exclusive et aliénante.°

Josyane Savigneau, « La société française en mouvement »

Qu'en pensez-vous ?

Etes-vous d'accord ou non avec les déclarations suivantes ? Justifiez votre réponse.

1. Les mères célibataires volontaires viennent généralement d'un milieu socio-culturel privilégié.
2. Elles ont, le plus souvent, moins de 25 ans.
3. Leur famille accepte toujours sans problèmes leur décision d'avoir un enfant sans être mariée.
4. Beaucoup de mères-célibataires souhaitent donner leur propre nom à leur enfant.
5. Françoise a voulu et a littéralement programmé la naissance de son fils, Hervé.
6. Hervé n'a jamais rencontré la famille de son père qui est africain.
7. Christine a toujours eu l'intention de révéler la naissance de son enfant au père de celui-ci.
8. Tout comme Françoise, Christine a soigneusement programmé la naissance de son enfant.
9. La mère de Christine a été très heureuse de la naissance de son petit-fils.
10. Carmen et son fils ont tous les deux une vie très facile.
11. D'après Carmen, toutes les femmes seules ont des problèmes.
12. La maternité volontaire met automatiquement fin à la solitude des mères célibataires.

Nouveau Contexte

Complétez le dialogue suivant en choisissant les termes appropriés (employez chaque terme une seule fois). Puis, jouez le dialogue.

la belle-sœur sister-in-law / **alors que** while, even though / **se réjouir** to be pleased /
la cellule cell / **referment sur elles le piège** are closing the trap on themselves /
aliénant = *qui vous aliène des autres*

Noms : avis *m*, mère *f* célibataire
Verbes : ai du mal, dérange, élève, est au ban de, fais des ménages, n'a jamais
      reconnu
Adjectifs : divorcée, enceinte

INSTITUTRICE Pouvez-vous m'expliquer pourquoi votre enfant est toujours en
      retard à l'école ? Ça _____*1* la classe ; ce n'est plus possible !

CARMEN Je comprends bien et je suis désolée mais, vous savez, ma vie n'est
      pas facile. J'_____*2* mon petit garçon toute seule.

INSTITUTRICE Vous êtes _____*3* ?

CARMEN Non, je n'ai jamais été mariée. Je suis _____*4*.

INSTITUTRICE Est-ce que vous avez un travail ?

CARMEN Oui, je _____*5* dans les bureaux de mon quartier pendant
      une partie de la nuit. Quand je termine, il est 2 heures du matin.
      C'est pourquoi j'_____*6* à arriver à l'heure à l'école.

INSTITUTRICE Je comprends. Est-ce que le père de Marc vous aide ?

CARMEN Non, pas du tout. Quand je me suis trouvée _____*7*, il m'a
      abandonnée et il _____*8* son fils.

INSTITUTRICE Et vos parents ?

CARMEN Je ne les vois plus beaucoup depuis que j'ai choisi de garder mon
      enfant contre leur _____*9*. Ce n'est pas facile d'être dans ma
      situation ; on _____*10* la société ; mais Marc me donne tant
      de joies que je ne regrette rien.

INSTITUTRICE Excusez-moi d'avoir été un peu brusque avec vous. Je comprends
      mieux la situation maintenant. Je suis contente de vous avoir parlé.

Vocabulaire satellite

la **famille monoparentale** single-parent family
la **mère célibataire** single mother
la **naissance** birth
être enceinte to be pregnant
la **grossesse** pregnancy
accoucher (de) to give birth to
le **congé de maternité (paternité)** maternity (paternity) leave

la **pilule** pill
l' **avortement** *m*, l' **IVG (interruption volontaire de grossesse)** abortion
l' **enfant** *m* **naturel, né hors mariage** child born out of wedlock

Pratique de la langue

1. Questions aux mères célibataires volontaires du texte. Répondez aux questions
   qui suivent en employant deux ou trois phrases.

a. Hervé, le fils de Françoise, à sa mère : « Maman, pourquoi mon papa n'habite-t-il pas avec nous ? » Réponse de Françoise : « Mon petit,... »

b. La mère de Françoise à sa fille : « Mon enfant, pourquoi as-tu choisi un Africain comme père de ton fils ? » Françoise : « Maman,... »

c. Le père de l'enfant à Christine : « Pourquoi ne m'as-tu pas dit plus tôt que tu étais enceinte ? Et pourquoi me le dire maintenant ? » Christine : « Eh bien,... »

d. Le patron de Carmen à Carmen : « Ne préféreriez-vous pas, Madame, faire vos heures de ménage pendant la journée plutôt qu'à des heures aussi bizarres ? » Carmen : « C'est-à-dire, Monsieur, que... »

2. Jouez les situations suivantes par groupes de deux :
a. Christine annonce à sa mère qu'elle est enceinte et qu'elle veut garder l'enfant. Sa mère lui parle des difficultés d'élever un enfant seule, puis se réjouit finalement d'être bientôt grand-mère.
b. Françoise (ou Christine, ou Carmen) retrouve une amie d'enfance qu'elle n'a pas vue depuis longtemps et lui parle de son enfant et de sa vie.

3. Pourquoi, à votre avis, une femme décide-t-elle de devenir ou de ne pas devenir mère célibataire volontaire ? Choisissez vos réponses dans la liste suivante.
a. parce qu'elle désire quelqu'un qui s'occupera d'elle quand elle sera vieille
b. parce qu'elle déteste les hommes
c. parce qu'elle a peur que l'enfant ait des problèmes
d. parce qu'elle veut donner sa fortune à son enfant
e. parce qu'elle a peur d'être au ban de la société
f. parce qu'elle veut être comme tout le monde
g. parce qu'elle aime sa liberté par-dessus tout
h. parce qu'elle veut avoir un but *(goal)* dans la vie
i. parce qu'un enfant a besoin de son père
j. parce qu'élever un enfant coûte cher.

4. Une grande majorité de Français (67 %) estime que l'avortement est un droit fondamental. Etes-vous du même avis ? Préparez un débat en classe en présentant les arguments pour ou contre.

Les Rôles masculins et féminins

As the role of women in society has changed, so has the role of men. The image and power of the *pater familias* have disappeared. Man's social and economic function has evolved, reflecting the fact that he is no longer the only provider in the family; most likely his spouse will be working too, and she may even earn more than he does.

In the same way, the image of the father has undergone basic transformation. Since 1970, paternal authority has become parental authority, meaning that all decisions concerning the children within the family have to be taken jointly by the father and the mother. With regard to the law, women are in a position of strength in cases of divorce or separation. Indeed, 89% of the time, judges (who are often women) give custody of the children to the mother. This accounts for the numerous *"papas du dimanche"* who can see their children only on weekends or holidays. There is a prevailing idea that women can better provide for the emotional welfare of young children and that men are not that useful in this respect. Some see this evolution as excessive. More and more divorced or single fathers feel victimized and want their rights as fathers to be reinforced. They do not want to become *"un papa poule"* *(father hen)* or *"un homme au foyer"*; they just want to assert the importance of the triangle—father, mother, child—which, if it does not exist, can be prejudicial to the children. It is universally acknowledged that young boys in particular seem to suffer the most from the absence of role models and have a harder time anticipating their place in society, as the following text from a French Canadian magazine suggests.

Orientation

Selon vous, qui, en général, de l'homme ou de la femme, est le plus...

— courageux
— sociable
— sensible *(sensitive)*
— résistant
— intuitif
— doué *(gifted)* pour les mathématiques
— agressif
— responsable
— débrouillard *(resourceful)*
— ambitieux
— sentimental

Pitié pour les garçons !
Qu'est-ce qu'un homme ?

« Idéalement, c'est quelqu'un de responsable », disent Sébastien et Bruno, 16 ans tous les deux. « Qui sait où il va. Qui n'a pas peur des risques. » Bon. Et un homme dans la vraie vie ? Euhhh... « C'est plutôt négatif », avance Sébastien. « Il est violent, irresponsable. » Le contraire du premier.

5   Un autre Sébastien, celui-là héros imaginaire de romans° pour la jeunesse° va plus loin : « J'étais loin de me croire supérieur aux femmes », raconte-t-il dans *La Course*

le roman fiction / **la jeunesse** young people

à l'amour (The Race for Love). « Au contraire, il m'arrivait souvent de penser° que je leur étais inférieur. »

Inférieur ? « Etre un homme n'est vraiment plus quelque chose de très intéres-
10 sant », constate° Placide Munger, professeur à l'Université du Québec à Montréal.

Aux filles, tout semble désormais° possible. On leur demande, on les supplie° même, de faire une carrière scientifique. D'être pilotes d'avion, pompiers,° policiers. Au cinéma, dans la pub,° les filles sont brillantes, débrouillardes,° pleines de sagesse° et de maturité.

15 Pour les garçons, rien ne va plus ! Ils semblent appelés à jouer désormais les seconds violons°... Signe des temps, tandis que° la naissance d'un garçon était aupara-
vant° une bénédiction des dieux,° on entend de plus en plus parler, depuis cinq ou dix ans, de couples qui préfèrent, réellement et ardemment, mettre au monde° des filles.

20 « La femme est à la mode », dit Germain Dulac, de l'Institut québécois de recherche sur la culture. Ces derniers mois, il a parcouru° le Québec et réalisé des en-
trevues avec quelques dizaines de jeunes. Ce qu'il a entendu l'a convaincu° de la réalité d'un fait de société° : en moins de 20 ans, garçons et filles ont intégralement inversé leurs rôles. Dulac a rencontré des jeunes filles décidées,° sûres d'elles-
25 mêmes, et des garçons amorphes,° désorganisés... On encourage les filles à viser haut,° partout.° On pense même à des écoles secondaires juste pour les filles, parce qu'on dit qu'elles sont les meilleures. Placide Munger voit d'ailleurs un lien° direct entre ce processus implicite de dévalorisation° et le taux élevé° de décrochage scolaire,° de suicide, de délinquance et les moins bons résultats à l'école des garçons.
30 Les garçons, dit-il, ne sont plus intéressés à investir du temps et de l'énergie pour se préparer à jouer un rôle qui n'existe pas.

Car il y a en effet une réalité familiale indéniable : un petit garçon sur trois grandit° dans une famille dirigée° par une femme. La famille monoparentale° c'est encore bien souvent l'endroit où une femme élève seule ses enfants. Pas toujours par choix.
35 Il y a une évidente fuite° des responsabilités chez les hommes : seulement 10 % d'en-
tre eux demandent la garde de leurs enfants° lors d'°un divorce, les pensions ali-
mentaires° ne sont pas toujours payées et les visites ont tendance à s'espacer au fil

---

il m'arrivait souvent de penser = *je pensais souvent* / **constater** to observe / **désormais** henceforth / **supplier** to beg / **le pompier** firefighter / **la pub** = *la publicité* / **débrouillard** resourceful / **la sagesse** wisdom / **jouer les seconds violons** to play second fiddle / **tandis que** whereas / **auparavant** previously / **une bénédiction des dieux** a godsend / **mettre au monde** to bring into the world / **parcourir** = *voyager à travers* / **convaincre** to convince / **le fait de société** = *le phénomène* / **décidé** = *déterminé* / **amorphe** = *sans énergie* / **viser haut** to aim high / **partout** in every way / **le lien** link / **la dévalorisation** depreciation / **le taux élevé** high rate / **le décrochage scolaire** *(expression canadienne)* dropping out of school / **grandir** to grow up / **dirigé** headed / **la famille monoparentale** single-parent family / **la fuite** evasion, avoidance / **la garde des enfants** custody of children / **lors de** at the time of / **la pension alimentaire** alimony

du temps.° Le père ? Un personnage que l'on voit un week-end sur deux, une journée par mois ou trois fois dans l'année. L'autorité ne vient plus de lui, pas plus que la bouffe.°

« Le père n'est plus un pourvoyeur,° souligne° Germain Dulac, car les femmes tra-
40 vaillent et rapportent° de l'argent à la maison. Il y a effondrement° de la légitimité de l'existence de l'homme : il ne sert plus à rien ! »

Il y a aujourd'hui lieu de° réfléchir sur la place des hommes dans la société. Les seuls qualificatifs qu'on leur attribue pour l'instant sont plutôt négatifs. Et empreints d'°une constance : la violence. Dans la lutte° pour l'égalité, elle figure côte à côte°
45 avec les stéréotypes comme les dernières horreurs à bannir.° Le féminisme a voulu s'attaquer, avec raison, à la domination de l'homme sur la femme et à tout ce que cela pouvait engendrer de situations abusives. Mais certaines se sont attaquées en même temps à la force et à l'agressivité masculine, confondant° tout. Nicole Nadeau, psychiatre, croit qu'il faut canaliser° et dompter° cette agressivité, et non l'éliminer
50 et faire comme si elle ne devait jamais exister.

« On a voulu revaloriser° la position des filles et estomper° les différences sexuelles, souligne le docteur Nadeau. Les stéréotypes sont ainsi devenus uniquement négatifs. » Or,° selon elle, ils seraient essentiels au développement de l'enfant. Il y a du masculin et du féminin en chaque enfant, et il a besoin de stéréotypes cari-
55 caturaux, comme la princesse ou le guerrier,° pour s'y retrouver.° L'égalité entre filles et garçons, hommes et femmes, reste un enjeu° fondamental, conclut-elle, mais l'extrême désexualisation de l'éducation a de graves conséquences.

Martine Turenne, *L'Actualité*

Qu'en pensez-vous ?

Etes-vous d'accord ou non avec les déclarations suivantes ? Justifiez votre réponse.

1. A l'heure actuelle, on associe, à l'image de l'homme, la violence et le manque de responsabilités.
2. On décourage les filles de faire une carrière scientifique.
3. La majorité des couples au Canada préfèrent mettre au monde un garçon.
4. Dans les vingt dernières années, les garçons et les filles ont inversé leurs rôles.
5. On pense multiplier les écoles secondaires juste pour les filles parce qu'elles ont plus de difficultés à l'école.

---

s'espacer au fil du temps to become less frequent as time goes by / **la bouffe** (*fam*) food / **le pourvoyeur** provider / **souligner** to underline, emphasize / **rapporter** to bring in / **l'effondrement** *m* collapse / **il y a lieu de** it is timely to / **empreint de** tinged with / **la lutte** struggle / **côte à côte** side by side / **à bannir** to be banished / **confondre** to confuse / **canaliser** to channel / **dompter** to tame / **revaloriser** to give a new value to / **estomper** to blur / **or** now / **le guerrier** warrior / **s'y retrouver** to find himself / **l'enjeu** *m* stake

6. Les garçons ne voient pas bien quel rôle ils doivent jouer dans la société.
7. De nombreux pères divorcés ne paient pas toujours régulièrement les pensions alimentaires.
8. Le père n'est plus la seule personne qui rapporte de l'argent à la maison.
9. Selon les psychiatres, les féministes ont eu tort d'essayer d'éliminer l'agressivité masculine.
10. Il n'est pas bon que les stéréotypes masculins et féminins soient devenus négatifs.
11. Il est urgent de réfléchir à la place de l'homme dans la société.

Nouveau Contexte

Complétez le dialogue suivant en choisissant les termes appropriés (employez chaque terme une seule fois). Puis, jouez le dialogue.

Noms :   carrière f, responsabilités f, résultats m
Verbes :   élevez, éliminer, prendre des risques, viser haut
Adjectifs :   agressif, débrouillarde, violent

Une psychologue interroge une mère de famille qui a deux enfants.

PSYCHOLOGUE   Vous avez un garçon et une fille de 10 et 12 ans. Est-ce que vous les _____ ^{1} de la même manière ?

MERE   Oui, j'essaie, mais il est évident que, malgré cela, ils ont des caractères très différents.

PSYCHOLOGUE   Est-ce que votre petit garçon est très _____ ^{2} ?

MERE   Oui, quelquefois quand il se met en colère, il devient _____ ^{3}. J'essaie de canaliser cette agressivité au lieu de l' _____ ^{4}.

PSYCHOLOGUE   Votre fille est-elle plus calme ?

MERE   Pas vraiment. Elle n'a pas peur de _____ ^{5} et elle semble être très sûre d'elle-même. Elle est beaucoup plus _____ ^{6} et elle a davantage le sens des _____ ^{7} que son frère, ce qui fait que, quelquefois, elle réussit mieux.

PSYCHOLOGUE   Ont-ils de bons _____ ^{8} à l'école ?

MERE   Pour l'instant, ça marche bien pour tous les deux. Je les encourage à _____ ^{9} et peut-être à envisager une _____ ^{10} scientifique.

Vocabulaire satellite

la **condition féminine**   status of women

le, la **féministe**   feminist

le **sexisme**, le **machisme**   sexism, male chauvinism

être divorcé   to be divorced

être veuf (veuve)   to be a widower (a widow)

être séparé de   to be separated from

la **garde des enfants**   custody of
children
la **garde alternée (conjointe)**
joint custody

la **pension alimentaire**   alimony

Pratique de la langue

1. Est-il plus facile d'être une femme qu'un homme dans notre société ? Peut-on parler d'une discrimination à rebours *(reverse discrimination)* ou est-ce exagéré ?
2. Si vous avez un garçon et une fille, les élèverez-vous de la même façon ? Est-ce tout à fait possible ? Est-ce souhaitable *(desirable)* ?
3. Que pensez-vous des écoles secondaires ou des universités uniquement réservées aux jeunes filles ? A votre avis, est-ce que c'est une bonne ou une mauvaise idée ?
4. Faites parler deux pères dont les enfants sont élevés par leurs mères célibataires ou divorcées. Les pères estiment qu'ils sont des victimes et pensent que la société ne protège pas suffisamment leurs droits.
5. Croyez-vous qu'il soit juste que l'on accorde presque toujours la garde des enfants à la mère en cas de divorce ou de séparation ? Préparez un débat où s'exprimeront les opinions divergentes des mères et des pères.

Sujets de discussion ou de composition

1. Quand les rôles changent, est-ce que les femmes perdent leur féminité, les hommes leur masculinité ? A votre avis, la société change-t-elle en bien ou en mal ? Pourquoi ?
2. Ecrivez une lettre à la secrétaire d'Etat aux droits de la femme, à Paris, pour exprimer votre opinion sur son action ou pour lui exposer des problèmes qui vous semblent être très importants.

3

La Famille

Transformation de la famille traditionnelle

French families have changed radically during the last twenty years. The traditional scenario in which fathers had professions while mothers remained at home to raise the children is no longer the norm. Eight out of ten women are now working outside the home and are often themselves heads of households. In addition, fewer couples are getting married: whereas in 1972, 1142 marriages were celebrated per day, this number dropped to 767 in 1996. Presently, about two million unmarried couples live together. Moreover, those who choose to marry are doing so at a later age: the average age for men is twenty-six and for women, twenty-four. At the same time, divorce has tripled since the seventies (to about 330 per day). Finally, the birth rate has decreased substantially despite government subsidies to families for every child beyond the second one. The current birth rate of 1.84 children per woman is below the rate needed to maintain the population at the current level.

Nevertheless, in spite of these substantial changes, the French family continues to survive and has not lost its importance. Young people are choosing to live at home longer: nearly 50% of young adults between the ages of 21 and 24 and about 20% between the ages of 25 and 29 continue to live with their parents. Children, parents, and grandparents generally remain quite close as they often live near one another. The notion of the family clan is still very much alive and manifests itself in a variety of rituals, including families having the Sunday meal together, grandparents babysitting their grandchildren, parents and grandparents helping the younger generation purchase a home or begin a career. The family remains a refuge protecting its members from insecurity and anguish and the absence of values. Given the numerous assaults against it in recent times, the family has maintained an amazing vitality.

Orientation

De nos jours, la famille n'existe plus sous un seul modèle mais prend des formes variées. Imaginez qu'à une cocktail party se trouvent les 6 personnages suivants :

— Elizabeth Mono (mère célibataire, une fille)
— M. et Mme Tribu (mariés, 8 enfants ; Mme Tribu est femme au foyer)
— M. et Mme Tout-le-monde (mariés, 2 enfants ; ils travaillent tous les deux)
— Nadine et Jean-Paul Nousdeux (ils vivent en concubinage, sans enfant)
— M. et Mme Déconstruction (ils sont divorcés et remariés ; ils ont 6 enfants en tout, de père et mère différents)
— Philippe Nouvo (divorcé, a la charge de son fils)

Mettez-vous en groupe, prenez chacun un rôle et posez-vous mutuellement des questions sur votre mode de vie.

La Transformation de la famille traditionnelle

Discussion entre Evelyne Sullerot, sociologue, cofondatrice du Mouvement français pour le Planning familial, et Colette Soler, rédactrice° pour le magazine freudien L'Âne.

COLETTE SOLER : La famille a beaucoup changé en peu de temps. Pouvez-vous nous parler de cette évolution ?

EVELYNE SULLEROT : Plus qu'une évolution, c'est d'une sorte d'éboulement° qu'il s'agit.° Je n'aime pas parler de destruction parce que cela ressemble à un jugement
5 moral. Eboulement convient bien.° Jusqu'à présent, la France a vécu avec une institution : le mariage, la famille constituée, qui était d'une stabilité extraordinaire. Depuis la fin du XVIIIe siècle, neuf personnes sur° dix se mariaient ; aujourd'hui, cinq sur dix seulement. Ce changement s'est fait en l'espace de° dix à douze ans.

A ce chiffre,° d'autres s'ajoutent, tels que la baisse° de 40 % du remariage des di-
10 vorcés, ou la multiplication par cinq de la proportion d'enfants nés hors mariage.° J'essaie, en ce moment, d'évaluer la proportion d'enfants de moins de quinze ans élevés sans leur père : ils sont près de deux millions. C'est que, parallèlement à la baisse des mariages, le divorce reste en hausse° : d'un mariage rompu° sur dix, on est passé à un sur trois. Tout ceci va toucher des enfants qui sont actuellement° en-
15 core jeunes...

Ce qui se substitue au mariage, a pris la forme de concubinage.° Cette évolution part des classes cultivées,° des grandes villes, et des personnes ayant reçu une instruction supérieure° ; elle touche ensuite les classes moyennes,° les petites villes, puis les agriculteurs.° Depuis 1983 on remarque de façon très nette° d'autres phéno-
20 mènes. Les jeunes — je mets la limite vers 30 ans — vivent seuls, quoiqu'°ils aient une union stable. Leur nombre s'est beaucoup accru° ces dernières années. On trouve aussi de très nombreux jeunes gens et jeunes filles qui vivent jusqu'à 25 ou 30 ans chez leurs parents, tout en ayant° une vie sexuelle ou affective.° Il est très frappant° de constater° que les parents de cette génération se montrent tout à fait
25 libéraux. Ils acceptent cette situation et donnent même de l'argent aux enfants.

Je pense que vous serez intéressés de constater l'absence de terme pour désigner° cette nouvelle réalité. Il y a un vide° du vocabulaire, particulièrement chez les parents, pour désigner le partenaire de leur enfant. On parle de pseudo-belle-fille,°

---

la rédactrice editor / **l'éboulement** *m* collapse / **qu'il s'agit** = *dont il est question* / **convient bien** is suitable, is the right word / **sur** out of / **en l'espace de** within / **le chiffre** = *le nombre* / **la baisse** drop / **né hors mariage** born out of wedlock / **en hausse** = *en augmentation* / **rompu** (**rompre**) broken / **actuellement** = *en ce moment* / **le concubinage** = *le fait de vivre maritalement sans être légalement marié* / **cultivé** educated / **une instruction supérieure** higher education / **moyen** middle / **les agriculteurs** *m* farmers / **de façon très nette** very clearly / **quoique** even though / **s'est accru** (**accroître**) = *a augmenté* / **tout en ayant** while having / **affective** = *sentimentale* / **frappant** = *surprenant* / **constater** = *noter, observer* / **désigner** = *nommer* / **un vide** = *une absence* / **la belle-fille** daughter-in-law

d'amie, de petite amie. C'est tout à fait symptomatique, et à propos des enfants, on
30 retrouve ce même défaut° de vocabulaire. De nombreux enfants issus de° parents
séparés, ayant refait un autre couple se trouvent élevés avec des enfants qui ne sont
ni leur demi-frère° ni leur demi-sœur.° Eh bien, il n'y a pas de mot pour désigner leur
relation. Les sociologues doivent parfois inventer des mots, par exemple, ils parlent
de « famille recomposée », car° pour eux, la famille n'existe qu'autour du rapport
35 sexuel de deux individus. La famille recomposée, c'est un foyer,° un homme et une
femme vivant ensemble au sens topographique,° et des enfants dont peu importe°
de qui ils sont nés. Leur désir est de montrer que c'est le couple sexuel et sa volonté
qui fondent la famille, et non plus la filiation° et le mariage. Ce changement anthro-
pologique est énorme, puisque nous sommes les héritiers° d'une civilisation où la
40 famille était fondée sur la filiation.
COLETTE SOLER : Comment voyez-vous la génération nouvelle qui est en train de
se fabriquer ?
EVELYNE SULLEROT : Près de la moitié° des enfants à l'école n'ont pas le même
nom que leur père, et s'embrouillent° avec leur nom. Fréquemment, ils parlent de
45 leurs papas au pluriel. Le mariage détermine le nom, donc l'identité. Il a des réper-
cussions symboliques profondes. Or,° aujourd'hui, des femmes ne se marient pas
pour pouvoir donner leur nom à l'enfant ; certaines demandent au père de ne pas le
reconnaître pour qu'il soit tout à fait leur. Tous ces phénomènes ont en commun de
signer° une société où la valeur suprême est l'individu autonome.

Evelyne Sullerot, propos recueillis° par Colette Soler,
« La courte échelle° des générations, » *L'Âne*

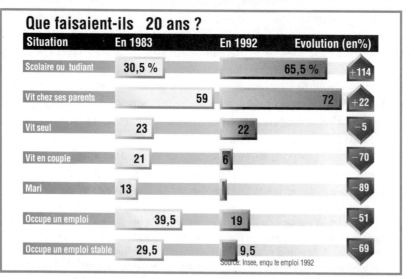

le défaut lack / issu de = *né de* / le demi-frère, la demi-sœur stepbrother, stepsister /
car for / le foyer home / au sens topographique in the same space / dont peu importe about whom it matters little / la filiation blood relationship / l'héritier *m* heir /
près de la moitié nearly half / s'embrouiller to get mixed up / or now / signer =
indiquer, marquer / les propos recueillis gathered remarks / l'échelle *f* ladder

Qu'en pensez-vous ?

Etes-vous d'accord ou non avec les déclarations suivantes ? Justifiez votre réponse.

1. En l'espace de 10 à 12 ans, le mariage est devenu une institution extrêmement stable.
2. Il y a de plus en plus d'enfants nés hors mariage.
3. Les enfants de moins de 15 ans sont souvent élevés par un seul parent.
4. Le concubinage se trouve surtout dans les classes moyennes, les petites villes et les milieux ruraux.
5. Beaucoup de jeunes vivent seuls tout en ayant une relation sexuelle et affective stable.
6. En général, les parents n'acceptent pas le fait que leurs enfants, une fois adultes, continuent à vivre à la maison.
7. Dans la famille recomposée, il y a souvent des enfants nés de différentes unions.
8. A l'école, il faut que les enfants aient le même nom que leur père.
9. Nous allons vers une société où la famille n'est plus fondée sur la filiation et le mariage.
10. Il faut créer d'autres mots pour désigner les nouvelles relations des différents membres à l'intérieur de la famille.

Nouveau Contexte

Complétez le dialogue suivant en choisissant les termes appropriés (employez chaque terme une seule fois). Puis, jouez le dialogue.

Noms : boulot *m*, concubinage *m*, demi-frères *m*, demi-sœurs *f*, études *f*, petite amie *f*

Verbes : fonder un foyer, me marierai

Adjectifs : divorcée, libéraux

Deux amis de lycée, Mathieu, 24 ans, et Nicolas, 25 ans, se retrouvent après s'être perdus de vue après le bac.

NICOLAS Salut, Mathieu. Comment ça va ?

MATHIEU Bien, et toi ? Qu'est-ce que tu deviens ? Tu as un _____[1], tu es marié ?

NICOLAS Non, je n'ai pas encore fini mes _____[2] et je vis toujours chez mes parents.

MATHIEU Ça ne doit pas être toujours facile. Tu t'entends bien avec eux ?

NICOLAS Oui, ils sont très _____[3]. Ils acceptent ma _____[4]. Ils comprennent que j'attends de gagner de l'argent pour _____[5]. Et toi ?

MATHIEU Je ne suis pas marié. Je vis en _____[6] avec Nathalie. Elle est _____[7] et elle a un petit garçon, Stéphane, que j'adore.

NICOLAS Ça ne pose pas trop de problèmes ?

MATHIEU   Non, pas pour l'instant. Stéphane vit avec nous pendant la semaine et il va chez son père le week-end. Quand je _____[8] avec Nathalie, j'espère que nous aurons des enfants et que Stéphane acceptera bien ses _____[9] et _____[10].

Vocabulaire satellite

l' **époux**, l'**épouse** ; le, la **conjoint(e)**   spouse

se **marier avec quelqu'un**   to marry someone

épouser quelqu'un   to marry someone

se **marier et avoir des enfants**   to start a family

fonder un foyer   to get married, to set up a household

entretenir quelqu'un   to support someone

trouver un emploi   to find a job

l' **union** *f* **libre**, le **concubinage**   cohabitation (of an unmarried couple)

la **famille nucléaire**   nuclear family

la **famille élargie**   extended family

la **famille reconstituée, recomposée**   reconstructed family

le, la **petit(e) ami(e)** ; le **copain**, la **copine**   boyfriend, girlfriend

le **beau-père**, la **belle-mère**   stepfather, stepmother; father-in-law, mother-in-law

le **demi-frère**, la **demi-sœur**   stepbrother, stepsister

le **fils unique**, la **fille unique**   only son, only daughter

Pratique de la langue

1. Décrivez votre famille. Combien de personnes allez-vous inclure ? Est-ce que vous allez compter vos grands-parents, oncles, tantes, cousins, cousines ? Est-ce que les membres de votre famille sont très dispersés géographiquement ? Vous réunissez-vous souvent en famille ? A quelles occasions ?

2. Si vous deviez continuer à vivre chez vos parents pendant ou après vos années à l'université, trouveriez-vous cette situation : a. agréable ; b. acceptable mais pas souhaitable ; c. intolérable ? Expliquez pourquoi.

3. Jouez les situations suivantes :

   a. Isabelle et Jacques vivent ensemble depuis cinq ans. Ils viennent d'avoir un enfant qu'ils désiraient tous les deux, mais ils refusent toujours de se marier. Ils discutent avec les parents d'Isabelle qui n'approuvent pas leur concubinage.

   b. Nathalie, 10 ans, dont les parents sont divorcés et remariés, partage sa vie entre son père et sa mère. Elle a donc deux chambres, doubles vacances, une belle-mère, un beau-père, de charmants demi-frères et demi-sœurs et une foule de grands-parents, d'oncles et de cousins. Elle essaie d'expliquer sa vie à sa copine Sandrine qui est fille unique et qui vient d'une famille traditionnelle.

4. Dans le milieu que vous connaissez le mieux, quelles sont les attitudes concernant le mariage et la famille ?

L'Education américaine, l'éducation française

Though children and teenagers in France and the United States look very much alike—they dress the same way, like the same food, listen to the same music—what is expected of them by their parents and society in general can be very different.

American society is very tolerant of children. Children are welcome everywhere, and everything is designed to make them feel free and happy, from McDonald's restaurants to Disney World. French society shows less tolerance regarding children, and limits are clearly set. French children, for example, seem to be able to remain seated at table through a two-hour family meal at home or in a restaurant. Are they more apathetic than American children? Certainly not, but they have been trained at an early age to behave like adults.

When they reach adolescence, French teenagers stay close to their family. They usually spend part of their vacations with their parents or their grandparents. Generally, they are not pressured to leave home nor to become financially independent of their parents. As a matter of fact, the great majority of French students continue to stay at home while going to college, and even after, often well into their twenties.

Adolescence tends to linger on in France. It is a period less delineated than in the United States and with a different set of expectations, as the following text illustrates.

Orientation

Quand vous serez parent, comment aimerez-vous que votre enfant se conduise ? Quelles sont les choses qui seront importantes pour vous ? Répondez au questionnaire suivant, puis, en groupe de deux, exprimez votre opinion et expliquez les raisons de vos choix.

très important   assez important   pas important

Vous aimerez que votre enfant :
a. ait le sens de la famille
b. soit indépendant
c. réussisse bien à l'école
d. vous parle de ses problèmes
e. ait confiance en lui
f. soit poli et bien élevé
g. ait beaucoup d'amis
h. soit ambitieux
i. vous fasse confiance (trusts you).

Parents — enfants

... Quand j'élève mon enfant à l'américaine, c'est envers° mon enfant que je con-
tracte une obligation, plutôt qu'°envers la société qui, elle, vient en deuxième place.
Mon obligation n'est pas de lui apprendre les règles° et les usages° de la société,
mais avant tout° de lui donner toutes les chances° possibles de découvrir et déve-
5 lopper ses « qualités naturelles », d'exploiter ses dons° et de s'épanouir.°

Quand j'élève mon enfant à la française, je défriche,° en quelque sorte,° un lopin
de terre,° j'arrache les mauvaises herbes,° je taille,° je plante, etc., pour en faire un
beau jardin qui soit en parfaite harmonie avec les autres jardins. Ce qui veut dire que
j'ai en tête° une idée claire du résultat que je veux obtenir, et de ce que j'ai à faire°
10 pour y arriver.

En d'autres termes,° c'est le parent français qui est soumis à un test,° et son rôle
de porte-parole° de la société et sa qualité d'enseignant° qui sont évalués. Mais c'est
l'enfant américain qui est soumis à un test, c'est à lui° de montrer à ses parents ce
qu'il a fait des chances qu'ils lui ont données, de prouver qu'il ne les a pas gaspillées°
15 mais les a fait fructifier.° Dans cette perspective, il devient clair que l'enfance° française est une période d'apprentissage° de règles, d'acquisition de « bonnes habitudes », de discipline, d'imitation de modèles, de préparation au rôle d'adulte.
L'enfance américaine est au contraire une période de grande liberté, de jeux, d'ex-
périmentation et d'exploration où la seule restriction serait imposée par une me-
20 nace de danger sérieux.

... Quand l'enfant atteint° l'adolescence, la situation semble renversée. Pour l'enfant français, le prix de ce long apprentissage, de ces années d'obéissance et de
bonne conduite,° c'est la liberté de « faire ce qu'il veut », c'est-à-dire de sortir tard le
soir, de « s'amuser° », de prendre une cuite° peut-être, d'avoir des expériences
25 sexuelles, de voyager, etc. Même si° les parents continuent leur rôle d'éducateurs et
de critiques, ils lui reconnaissent, au fond,° le droit,° de « n'en faire qu'à sa tête° ».
Qu'il continue à être nourri, logé, blanchi° par ses parents ne porte en rien atteinte°
à son « indépendance ».

---

envers towards / **plutôt que** rather than / **la règle** rule / **les usages** *m* ways /
avant tout above all / **la chance** opportunity / **exploiter ses dons** to make the most
of one's talent / **s'épanouir** to blossom, to expand / **défricher** to clear / **en quelque
sorte** = *d'une certaine manière* / **le lopin de terre** plot of land / **arracher les mauvaises herbes** to pull up the weeds / **tailler** to prune / **en tête** in mind / **j'ai à faire**
I must do / **en d'autres termes** in other words / **est soumis à un test** is being tested /
le porte-parole spokesperson / **sa qualité d'enseignant** his (her) capacity as a teacher /
c'est à lui it's his (her) duty / **gaspiller** to waste (away) / **fructifier** to bear fruit /
l'enfance *f* childhood / **l'apprentissage** *m* learning, training / **atteindre** to reach /
la conduite behavior / **s'amuser** to have a good time / **prendre une cuite** (*fam*) to get
drunk / **même si** even though / **au fond** fundamentally / **ils lui reconnaissent le
droit** they recognize his (her) right / **n'en faire qu'à sa tête** to sow one's wild oats /
être nourri, logé, blanchi to have room and board and have one's laundry done / **porter
atteinte à** to jeopardize, to affect

    ... L'adolescent américain insiste davantage° sur les signes extérieurs de son in-
30 dépendance. Le premier signe sera économique : très tôt, il va montrer qu'il peut
gagner de l'argent et « pourvoir à ses propres besoins° », c'est-à-dire se payer tout
ce qu'il considérerait « enfantin° » d'obtenir de ses parents (disques, chaîne° hi-fi,
équipement de sport, etc.). Le second signe extérieur d'indépendance sera affectif° :
il est en effet important de « quitter la maison », même si on s'entend à merveille°
35 avec ses parents, ne serait-ce que° pour les rassurer. Les parents américains s'in-
quiètent° si leur fille ou leur fils hésite à « voler de ses propres ailes° ».

    ... Une des conséquences de tout ce qui précède, c'est que la majorité des Français
se rappellent° avec plus de plaisir leur adolescence (« on faisait les fous° ») que leur
enfance, si heureuse qu'elle ait été.° L'enfance est lourde d'interdits,° l'adolescence
40 est comme une explosion de liberté, d'expériences mémorables avec les copains,
une sorte de parenthèse heureuse... Par contraste, quand un Américain entre dans
l'adolescence, il fait soudain face à toutes sortes d'attentes,° véritables ou imagi-
nées, de prise de responsabilité et de performance. C'est le moment pour lui de

davantage more / **pourvoir à ses propres besoins** to provide for one's own needs /
enfantin childish, pertaining to the child / **la chaîne** system / **affectif** emotional /
s'entendre à merveille to get along splendidly / **ne serait-ce que** if only to / **s'inquiéter** to worry / **voler de ses propres ailes** (lit., to fly on one's own wings) to stand on
one's own two feet / **se rappeler** = *se souvenir de* / **faire les fous** to be silly / **si
heureuse qu'elle ait été** however wonderful it may have been / **lourde d'interdits** full of
interdictions / **une attente** expectation

monter sur une scène° qu'il ne quittera plus. D'où le trac,° la panique qui saisit° sou-
45 vent les adolescents américains au moment de quitter à jamais la liberté totale, les
jeux et l'insouciance du monde° de l'enfance. Pour la majorité des Américains, l'enfance devient le paradis perdu.

... Ainsi, tandis que° les jeunes Américains ne comprennent pas pourquoi les
jeunes Français se comportent° souvent « comme des enfants », les jeunes Français
50 aux Etats-Unis font souvent la remarque que les jeunes Américains « sont trop
sérieux », « ne savent pas s'amuser », « ont des boums° ennuyeuses », bref, se com-
portent « comme des vieux ».

Raymonde Carroll, *Evidences invisibles*

Qu'en pensez-vous ?

Etes-vous d'accord ou non avec les déclarations suivantes ? Justifiez votre réponse.

1. Les parents américains doivent premièrement apprendre les règles et les usages de la société à leurs enfants.
2. Les parents français, au contraire, cherchent d'abord à donner à leurs enfants la chance de découvrir et de développer leurs dons.
3. Si un enfant français réussit bien dans la vie, on pense que c'est grâce à *(thanks to)* la bonne éducation que ses parents lui ont donnée.
4. Si un enfant américain réussit bien dans la vie, on pense que c'est surtout à cause de ses propres qualités.
5. Dans l'enfance, le petit Français doit acquérir de bonnes habitudes et se préparer à son rôle d'adulte.
6. L'enfance américaine est une période de restriction et d'interdits.
7. Les parents français deviennent plus stricts avec leurs enfants quand ils atteignent l'adolescence.
8. Les adolescents américains veulent être très tôt financièrement indépendants de leurs parents.
9. Les parents américains s'inquiètent si leurs enfants veulent quitter la maison à l'adolescence.
10. Les Français, comme les Américains, se souviennent avec plus de plaisir de leur adolescence que de leur enfance.

Nouveau Contexte

Complétez le dialogue suivant en choisissant les termes appropriés (employez chaque terme une seule fois). Puis, jouez le dialogue.

monter sur scène to step on stage / **d'où le trac** whence the stage fright / **saisir** to seize / **l'insouciance** *f* **du monde** carefree world / **tandis que** whereas, while / **se comporter** to behave / **la boum** (*fam*) party

Noms : adulte *m*, besoins *m*, discipline *f*, jeu *m*, liberté *f*, usages *m*
Verbes : se développent, inquiète, quitter la maison
Adjectif : nourrie

Une jeune femme française qui se trouve temporairement aux Etats-Unis parle avec une Américaine de l'éducation des enfants.

FRANÇAISE Je trouve que les jeunes enfants ici sont beaucoup trop libres. Les parents n'exercent aucune _____*1*. Ils encouragent leurs enfants à faire tout ce qu'ils veulent. Jouer, explorer, c'est bien... mais il y a des choses plus importantes. La vie n'est pas un _____*2* ! Je trouve qu'on ne les prépare pas assez à leur rôle d' _____*3*.

AMERICAINE Je ne suis pas de votre avis. Je crois qu'il faut, au contraire, laisser les enfants jouer, explorer ; c'est comme cela qu'ils apprennent, qu'ils _____*4*. La discipline, c'est pour plus tard. Le moment où ils doivent _____*5* vient si vite.

FRANÇAISE Ça aussi c'est une chose que je ne comprends pas. Pourquoi doivent-ils partir si tôt ? Ma fille qui a 19 ans vit toujours à la maison où elle est _____*6*, logée et blanchie et nous trouvons cela très normal.

AMERICAINE Cela ne vous _____*7* pas qu'elle ne vole pas encore de ses propres ailes ?

FRANÇAISE Pas du tout puisqu'elle n'a pas encore fini ses études. Je suis sûre que, quand elle pourra pourvoir à ses _____*8*, elle nous quittera.

AMERICAINE Vous vous entendez bien avec elle ?

FRANÇAISE A merveille. Nous lui donnons beaucoup de _____*9* et vraiment, pour elle, rester à la maison a de gros avantages... et puis, elle n'est pas la seule dans ce cas. La plupart de ses camarades vivent encore chez leurs parents.

AMERICAINE Moi, je trouve ça bizarre, mais chaque société a ses _____*10*, je suppose !

Vocabulaire satellite

être sévère to be rigid, strict
être compréhensif, -ive to be understanding
être indulgent to be lenient, lax
gâter un enfant to spoil a child
étouffer to smother, to stifle
récompenser to reward
gronder to scold
punir to punish

priver un enfant de sorties to ground a child
grandir to grow up
l' **apprentissage** *m* training
exploiter ses dons to make the most of one's talents
gaspiller ses chances to waste away one's opportunities
obéir (à) ; désobéir (à) to obey; to disobey
l' **obéissance** *f* obedience

se **rebeller contre**   to rebel against
se **conduire, se comporter bien (mal)**   to behave well (badly)
la **conduite,** le **comportement** behavior
    être bien (mal) élevé   to be well (ill) bred
se **tenir bien (mal) à table**   to have good (bad) table manners
    être responsable   to be responsible

être obéissant (désobéissant) to be obedient (disobedient)
être autonome   to be autonomous
pourvoir à ses propres besoins   to provide for one's own needs
quitter la maison   to leave home
s' **amuser**   to have a good time
s' **ennuyer**   to be bored

Pratique de la langue

1. Avez-vous de meilleurs souvenirs de votre enfance que de votre adolescence ? Etes-vous d'accord avec les idées exprimées dans le texte ?
2. Imaginez que vous êtes le parent d'un(e) adolescent(e). Discutez avec un(e) camarade de classe et dites quelle sera votre position concernant :
   — ses sorties
       Voudriez-vous connaître les ami(e)s avec qui il (elle) sort ?
       A quel âge sera-t-il (elle) autorisé(e) à rentrer après minuit ?
       Pourra-t-il (elle) conduire votre voiture ? A quelles conditions ?
   — son comportement à la maison
       Devra-t-il (elle) partager les travaux ménagers ?
       Devra-t-il (elle) manger aux mêmes heures que vous ?
       Limiterez-vous le temps qu'il (elle) passe à parler au téléphone avec ses ami(e)s ?
       Pourra-t-il (elle) regarder ce qu'il (elle) veut à la télévision ?
       L'aiderez-vous à faire ses devoirs ou le (la) laisserez-vous libre d'organiser son temps comme il (elle) veut ?
       Que ferez-vous si vous savez qu'il (elle) fume, boit de la bière ?
       Lui donnerez-vous de l'argent de poche ?
       Contrôlerez-vous la manière dont il (elle) dépense cet argent ?
       Le (la) laisserez-vous choisir ses propres vêtements et sa coupe de cheveux ?
3. Quel type de parents serez-vous (des parents protecteurs, stricts, libéraux, permissifs) ? En vous servant du vocabulaire satellite, expliquez ce que vous ferez exactement.
4. A partir de quel moment vous êtes-vous senti adulte ? Quels sont les événements qui, à votre avis, marquent la fin de l'adolescence ?
5. Quelles sont les principales sources de conflit entre parents et adolescents, entre frères et sœurs ?
6. Regardez la bande dessinée de Claire Bretécher qui suit. Pouvez-vous définir le type d'éducation que cette petite fille reçoit ? L'encourage-t-on à explorer, à expérimenter ? Que pourriez-vous suggérer à sa mère ?

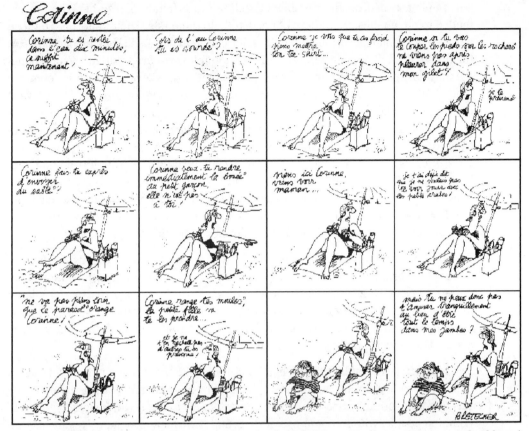

sourd deaf / **les rochers** *m* rocks / **pleurer dans mon gilet** to weep on my shoulder /
je te préviens ! I'm warning you ! / **fais-tu exprès d'envoyer du sable ?** are you throwing
sand on purpose ? / **la bouée** floating tube / **le parasol** umbrella / **range tes moules**
put away your sand molds

La Famille et l'Etat

U nlike the United States, France has a long history of government involvement in
the family. Social legislation in this field first developed after World War I and
was coordinated into a Code of Family Law. In 1956 a new and much enlarged
Code de la Famille was designed to incorporate the many advances in social legislation introduced during and after World War II.

The system of *allocations familiales* [c] was initiated in 1940 and generalized during
the latter part of the decade. Originally designed to stimulate the distressingly low
birth rate that had affected France for several generations, and now an established
feature of French society, *allocations familiales* are monthly benefits paid by the

government, based on the number of children in a family. These benefits are extended to all families, regardless of need, to help them raise their children. To those who see in social legislation a kind of welfare system, the fact that rich people—or, for that matter, aliens working for a French employer—are entitled to such benefits may seem surprising, but these payments must be viewed as a direct commitment by the government to the children, who are equal under the law. The upward adjustment of the *allocations familiales* was one of the first decisions made in 1981 by the socialist administration of President Mitterrand. Expectant mothers are entitled to an extensive maternity leave (with pay), and a special bonus *(prime de naissance)* is also paid out at the birth of each child. Mothers from low and middle-income families who stay home to take care of their children also receive special benefits that compensate them to some extent for the income they could have derived from outside employment *(prime de salaire unique)*. Of course the usual income-tax deductions for dependent children are also allowed in France.

Families with three or more children *(familles nombreuses)* receive additional forms of government support (e.g., a reduced fare on all public transportation) and, in certain cases, a housing allowance *(allocation de logement)* that permits large families to pay a rent they could not otherwise afford. Government supports, however, have recently been questioned and could be curtailed in the future because the *Sécurité Sociale* is on the verge of bankruptcy.

The following excerpt highlights, in a humorous vein, the direct and indirect effects of such social legislation on the life style of a low-income family. Christiane Rochefort, a contemporary prize-winning novelist, evokes in her style the language of the common people, with frequent use of slang and unacademic syntax. Josyane, the eldest of five children, tells her life story.

Orientation

1. A votre avis, aux Etats-Unis, qu'est-ce qu'on devrait faire (si cela n'existe pas déjà) pour permettre aux femmes d'élever leurs enfants et d'avoir aussi une vie professionnelle réussie ? Choisissez vos réponses dans la liste suivante. On devrait :
   a. créer des crèches gratuites dans chaque quartier
   b. donner des allocations familiales à toutes les familles
   c. garantir l'emploi de la femme après son congé de maternité
   d. donner un congé parental (pris soit par la mère, soit par le père) d'un an au moins
   e. augmenter le nombre d'emplois à mi-temps
   f. diminuer le nombre d'heures de travail par jour
   g. permettre au père et à la mère d'avoir des horaires flexibles.
2. Lesquelles de ces dispositions vous semblent être les plus intéressantes ?
3. Lesquelles sont faciles ou difficiles à instaurer ?

Naître ou ne pas naître

A la mi-juillet, mes parents se présentèrent à l'hôpital. Ma mère avait les douleurs.°
On l'examina, et on lui dit que ce n'était pas encore le moment. Ma mère insista
qu'elle avait les douleurs. Il s'en fallait de quinze bons jours,° dit l'infirmière° ; qu'elle
resserre sa gaine.°

5   Mais est-ce qu'on ne pourrait pas déclarer tout de même° la naissance° maintenant ? demanda mon père. Et on déclarerait quoi ? dit l'infirmière : une fille, un garçon ou un veau° ? Nous fûmes renvoyés sèchement.°

       Zut, dit mon père, c'est pas de veine,° à quinze jours on loupe° la prime.°[1]

       Il regarda le ventre° de sa femme avec rancœur.° On n'y pouvait rien.° On rentra
10 en métro. Il y avait des bals, mais on ne pouvait pas danser.

       Je suis née le 2 août. C'était ma date correcte, puisque je résultais du pont de la
Toussaint.° Mais l'impression demeura, que j'étais lambine.° En plus j'avais fait
louper les vacances, en retenant mes parents à Paris pendant la fermeture de l'u-
sine.° Je ne faisais pas les choses comme il faut.°

15   Ma mère était déjà patraque° quand je la connus ; elle avait une descente d'or-
ganes° ; elle ne pouvait pas aller à l'usine plus d'une semaine de suite,° car elle travaillait debout ; après la naissance de Chantal elle s'arrêta complètement, d'ailleurs°
on n'avait plus avantage,° avec le salaire unique,° et surtout pour ce qu'elle gagnait,°
sans parler des complications avec la Sécurité° à chaque arrêt° de travail, et ce qu'elle
20 allait avoir sur le dos° à la maison avec cinq tout petits enfants à s'occuper, ils calcu-
lèrent qu'en fin de compte° ça ne valait pas la peine, du moins si le bébé vivait.

       A ce moment-là je pouvais déjà rendre pas mal de° services, aller au pain,°
pousser les jumeaux° dans leur double voiture d'enfant, le long des blocs, pour qu'ils

---

les douleurs *f* (**de l'accouchement**) labor pains   /   **il s'en fallait de quinze bons jours** She
still had a good two weeks to go   /   **l'infirmière** *f* nurse   /   **qu'elle resserre sa gaine** have
her tighten her girdle   /   **tout de même** even so   /   **déclarer la naissance** to register the
birth   /   **le veau** calf   /   **renvoyé sèchement** summarily dismissed   /   **c'est pas de veine**
(*fam*) = *nous n'avons pas de chance*   /   **à quinze jours on loupe** (*argot*) we'll miss by
fifteen days   /   **la prime** = *la prime de naissance*   /   **le ventre** belly   /   **la rancœur** =
le ressentiment, l'hostilité   /   **on n'y pouvait rien** it couldn't be helped   /   **le pont de la
Toussaint** the long weekend of All Saints' Day   /   **lambin(e)** (*fam*) slow, a dawdler   /   **la
fermeture de l'usine** plant closing   /   **comme il faut** = *bien, correctement*   /   **patraque**
(*argot*) = *en mauvais état*   /   **la descente d'organes** uterine prolapse   /   **de suite** consecutively   /   **d'ailleurs** besides   /   **on n'avait plus avantage** it was no longer advanta-
geous   /   **le salaire unique** = *la prime de salaire unique (v. introduction)*   /   **gagnait**
earned   /   **la Sécurité** = *la Sécurité sociale*   /   **l'arrêt** *m* **de travail** sick leave   /   **avoir
sur le dos** (*fam*) to be overloaded with   /   **en fin de compte** all things considered   /   **pas
mal de** quite a few   /   **aller au pain** = *aller chercher du pain*   /   **les jumeaux** *m* twins

---

[1]L'argent de la prime de naissance aurait permis au couple de mieux profiter de leurs
vacances.

25 prennent l'air, et avoir l'œil sur Patrick, qui était en avance° lui aussi, malheureusement. Il n'avait pas trois ans quand il mit un chat dans la machine à laver ; cette fois-là
tout de même° papa lui donna une fessée° : la machine n'était même pas payée.

Je commençais à aller à l'école. Le matin je faisais déjeuner les garçons, je les em-
menais° à la maternelle,° et j'allais à mon école. Le midi, on restait à la cantine.° J'aimais la cantine, on s'assoit et les assiettes arrivent toutes remplies ; c'est toujours
30 bon ce qu'il y a dans des assiettes qui arrivent toutes remplies ; les autres filles en
général n'aimaient pas la cantine, elles trouvaient que c'était mauvais ; je me demande ce qu'elles avaient à la maison ; quand je les questionnais, c'était pourtant la
même chose que chez nous, de la même marque,° et venant des mêmes boutiques,
sauf la moutarde, que papa rapportait directement de l'usine ; chez nous on mettait
35 de la moutarde dans tout.

Le soir, je ramenais les garçons et je les laissais dans la cour,° à jouer avec les
autres. Je montais prendre les sous° et je redescendais aux commissions.° Maman
faisait le dîner, papa rentrait et ouvrait la télé, maman et moi on faisait la vaisselle, et
ils allaient se coucher. Moi, je restais dans la cuisine, à faire mes devoirs.

40 Maintenant, notre appartement était bien. Avant, on habitait dans le treizième,°
une sale chambre avec l'eau sur le palier.° Quand le coin° avait été démoli, on nous

---

en avance precocious / **tout de même** however / **la fessée** spanking / **emmenais**
brought / **la maternelle** = *école maternelle* (nursery school) / **la cantine** school
cafeteria / **la marque** brand (of a product) / **la cour** yard / **les sous** m = *l'argent* /
la commission errand / **le treizième** = *le XIIIème arrondissement*^c : a low-income section
of Paris at the time / **le palier** landing (of a staircase) / **le coin** neighborhood

avait mis ici ; dans cette cité^c les familles nombreuses étaient prioritaires.° On avait reçu le nombre de pièces° auquel nous avions droit selon le nombre d'enfants. Les parents avaient une chambre, les garçons une autre, je couchais avec les bébés dans 45 la troisième ; on avait une salle d'eau,° la machine à laver était arrivée quand les jumeaux étaient nés, et une cuisine-séjour° où on mangeait ; c'est dans la cuisine, où était la table, que je faisais mes devoirs.

Le vendeur vint reprendre la télé, parce qu'on n'avait pas pu payer les traites.° Maman essayait d'expliquer que c'est parce que le bébé était mort, et que ce n'é- 50 tait tout de même pas sa faute s'il n'avait pas vécu, et avec la santé qu'elle avait ce n'était déjà pas si drôle.°

C'était un mauvais moment. Ils comptaient le moindre sou.° Je sais pas° comment tu t'arranges° disait le père, je sais vraiment pas comment tu t'arranges, et la mère disait que s'il n'y avait pas le P.M.U.^c elle s'arrangerait sûrement mieux. Le père 55 disait que le P.M.U. ne coûtait rien avec les gains et les pertes° qui s'équilibraient et d'ailleurs il jouait seulement de temps en temps et s'il n'avait pas ce petit plaisir alors qu'est-ce qu'il aurait, la vie n'est pas déjà si drôle. Et moi qu'est-ce que j'ai, di- sait la mère, moi j'ai rien du tout, pas la plus petite distraction dans cette vacherie d'existence,° toujours à travailler du matin au soir.

60 Le soir on ne savait pas quoi faire sans télé, toutes les occasions étaient bonnes pour des prises de bec.° Le père prolongeait l'apéro,° la mère l'engueulait.° Les pe- tits criaient,° on attrapait des baffes perdues.°

J'ai horreur des° scènes. Le bruit que ça fait, le temps que ça prend. Je bouillais° intérieurement, attendant qu'ils se fatiguent, qu'ils se rentrent dans leurs draps,° et 65 que je reste seule dans ma cuisine, en paix.

Christiane Rochefort, *Les Petits Enfants du siècle*

Qu'en pensez-vous ?

Etes-vous d'accord ou non avec les déclarations suivantes ? Justifiez votre réponse.

1. Les parents de Josyane sont vraiment contents qu'elle soit née pendant les vacances.
2. En France, il y a des bals dans la rue le jour de la Fête Nationale.
3. Quand Josyane est née, ses parents l'ont trouvée parfaite.

être prioritaire to have priority / **la pièce** room / **la salle d'eau** room containing a sink and shower / **la cuisine-séjour** combination kitchen and living room / **la traite** installment, monthly payment / **ce n'était déjà pas si drôle** life wasn't much fun to begin with / **le moindre sou** the slightest penny / **je sais pas** = *je ne sais pas* / **s'arranger** to manage / **la perte** loss / **cette vacherie d'existence** (*fam*) this lousy life / **la prise de bec** (*fam*) dispute / **prolongeait l'apéro** = *prolongeait l'apéritif*^c : he lingered over his drink (and came home late for dinner) / **engueuler** (*fam*) to bawl out / **crier** to scream / **on attrapait des baffes** (*fam*) **perdues** we got slaps not meant for us / **j'ai horreur de** = *je déteste* / **bouillir** to boil / **le drap** sheet (of a bed)

4. La mère de Josyane s'est arrêtée de travailler parce qu'elle adore rester à la maison où elle n'a rien à faire.
5. Josyane rend beaucoup de services à sa mère.
6. Patrick a reçu une fessée le jour où il a cassé le réfrigérateur.
7. Josyane aime bien manger à la cantine.
8. Josyane et sa famille habitent maintenant dans une petite maison.
9. Le vendeur est venu reprendre la télé parce qu'elle ne marchait plus.
10. La disparition de la télé est un désastre pour la famille.
11. Les parents de Josyane ont choisi d'avoir une famille nombreuse parce qu'ils adorent les enfants.
12. Josyane aime beaucoup rester seule le soir dans la cuisine.

Nouveau Contexte

Complétez le dialogue suivant en choisissant les termes appropriés (employez chaque terme une seule fois). Puis, jouez le dialogue.

Noms : aînée *f*, commissions *f*, devoirs *m*, naissance *f*, peine *f*, salaire *m*
Verbes : m'occupe de, rendre service
Adjectifs : jumeaux, nombreuse

Josyane parle avec Claudine, une petite fille de son âge qui est fille unique.

JOSYANE   Qu'est-ce que tu fais après l'école ?
CLAUDINE   Je joue avec mes copines et puis je regarde un peu la télé avant de faire mes _____[1]. Et toi ?
JOSYANE   Quand je rentre à la maison, il faut que j'aide ma mère. Je _____[2] mes frères et sœurs parce que je suis l'_____[3].
CLAUDINE   Qu'est-ce que tu fais exactement ?
JOSYANE   Ça dépend. Je vais promener mes frères _____[4] qui ont 8 mois dans leur voiture ou bien je vais faire les _____[5]. J'essaie de _____[6] parce que, avec une famille _____[7], ma mère n'a pas toujours la vie drôle.
CLAUDINE   Elle travaille pas, ta mère ?
JOSYANE   Non, elle s'est arrêtée après la _____[8] de son troisième enfant. Comme elle pouvait recevoir la prime de _____[9] unique, ça ne valait pas la _____[10].

Vocabulaire satellite

les **rapports familiaux**   family relationships
la **scène de ménage**   family quarrel, scene
donner une gifle   to slap
donner une fessée   to give a spanking
l' **aîné(e)**   the elder, the eldest

le **jumeau,** la **jumelle** twin brother, twin sister

le **fils unique,** la **fille unique** only son, only daughter

garder des enfants to babysit

avoir un emploi du temps chargé to have a heavy schedule

avoir des loisirs to have some free time

partir en vacances to go on vacation

les **congés** *m* **payés** paid holidays

l' **ouvrier,** l'**ouvrière** manual worker

acheter à crédit to buy on credit

la **machine à laver** (le **linge**) washing machine

la **machine à laver** (la **vaisselle**) dishwasher

Pratique de la langue

1. Le père et la mère de Josyane se disputent. Chacun rejette la responsabilité des problèmes de la famille sur l'autre. Complétez les déclarations suivantes en donnant trois arguments chaque fois :
   LE PERE : « Tout ça c'est ta faute ! Je ne suis pas du tout heureux parce que :
   a.
   b.
   c.
   LA MERE : « Mais non, ce n'est pas ma faute ! C'est la tienne ! Je ne suis pas du tout heureuse parce que :
   a.
   b.
   c.

2. Dans l'image à la page 66, un couple se dispute à propos d'un lave-vaisselle. Imaginez leur conversation. Essayez d'utiliser les mots de vocabulaire suivants : payer les traites, acheter à crédit, la marque, partager les travaux ménagers, n'avoir aucun loisir, être toujours fatigué(e).

3. Auriez-vous aimé avoir de nombreux frères et sœurs ? Pourquoi ? Pourquoi pas ?

4. Imaginez que vous êtes marié(e), que vous et votre femme (mari) travaillez et que vous venez d'avoir un enfant. Mettre votre bébé à la crèche est pour vous :
   a. la meilleure solution possible
      — parce que le jeune enfant apprend beaucoup au contact des autres enfants du même âge
      — parce qu'il n'est pas bon que le bébé soit trop attaché à ses parents
      — parce que les crèches offrent des équipements que l'on ne peut pas avoir à la maison et qui favorisent le développement de l'enfant
      — autres raisons
   b. une très mauvaise solution
      — parce que l'enfant attrape toutes sortes de maladies au contact des autres enfants

— parce qu'il est très important que l'enfant ait un lien *(bond)* fort avec ses
  parents dans les premiers mois
— parce que l'enfant ne peut plus vivre à son propre rythme
— autres raisons

Mettez-vous en groupe, exprimez votre opinion et discutez avec un(e) camarade
de classe des raisons de vos choix.

5. Imaginez la vie de Josyane vingt ans plus tard. Où habite-t-elle ? Est-elle mariée ?
   A-t-elle des enfants ? Travaille-t-elle ?
6. Faites le portrait d'une Josyane américaine. Quelles pourraient être ses origines
   géographiques et sociales ? Inventez le personnage et décrivez-le.

Sujets de discussion ou de composition

1. A débattre : Le mariage est une institution démodée.
2. Les Français disent : « Aux Etats-Unis, les enfants sont rois ! » Qu'est-ce que cela
   veut dire exactement ? Etes-vous d'accord avec cette affirmation ?
3. Essayez de raconter un souvenir d'enfance : un épisode heureux, malheureux,
   amusant, etc., qui vous a beaucoup marqué(e).
4. La mère de Josyane parle avec son pédiatre *(pediatrician)* pour lui demander
   des conseils sur l'éducation de ses enfants. Reproduisez leur conversation.

2ème

PARTIE

Modes de vie

4

Ville et Campagne

L'Urbanisation :
l'exemple de Paris

rance's major cities, especially Paris, have grown tremendously since the end of World War II. Some twelve million people, about one-fifth of the total population of France, now live in the Greater Paris area. A metropolis as well as a capital, Paris monopolizes every form of national activity in spite of recent trends towards decentralization.

The predominance of Paris over the provinces has been reinforced throughout French history. During the economic expansion of the nineteenth century, for example, a vast network of roads and railroads radiating from the capital was created. Baron Haussmann, a technocrat with a vision, drove wide boulevards through the

congested sections of the old city, turning Paris into the world's most elegant capital. As a consequence, the working-class population was driven to the outskirts of the city, where—especially to the north and east—Paris was soon ringed by drab, impoverished districts known as "the red belt" (*la ceinture rouge*) because of the workers' political allegiance to the Left. This pattern still holds true today as the suburbs tend to attract a low-income population that cannot afford the high rents of the city. The capital has remained elegant and bourgeois but by no means dormant. It is constantly being transformed and embellished. Each Administration has vied to leave its mark on the city by ordering ambitious architectural projects such as the controversial Centre Pompidou, the glass pyramid in front of the Louvre, the daring Arche de la Défense, or the Bibliothèque nationale de France, to name a few.

In recent years, to cope with the growing population moving out of the city, new urban centers have been created. *Villes nouvelles* such as Evry, Marne-la-Vallée, etc., have sprung up east and west of Paris. They have been an interesting challenge to a new generation of urbanists and architects. In order to avoid the commuting nightmare, financial incentives were given to offices and industries to relocate in those areas. Still in the experimental stage, the *villes nouvelles* have expanded but are still searching for their identity.

The quickest and most economical solution to the housing shortage was to build on the outskirts, mainly east and north of Paris, large housing projects (*grands ensembles*[c] or *cités*[c]) and low-income housing (*habitations à loyers modérés*, or *HLM*[c]). Most of them were built hurriedly and very cheaply in the 60s on existing farmlands. They provided large and low-income families with affordable housing but failed to offer a decent quality of life. With insufficient public transportation, shopping centers, schools, and recreation areas, problems soon appeared. Though rehabilitation efforts have been made, few of these constructions have improved with age. Recently, immigrant worker families have moved in large numbers into these *grands ensembles*. In certain cities where unemployment is high, problems of cohabitation and racial tension have occurred. Riots that broke out in Les Minguettes and Vaulx-en-Velin, two poor suburbs near Lyon, led the government to create a new cabinet post, *ministre de la Ville*, to deal with the explosive situation that exists in many of the *grands ensembles* all over France, where the majority of the population is under 20, unemployed, and ethnically diverse.

Orientation

1. Pensez aux concepts de ville et de banlieue *(suburbs)* tels qu'ils existent aux Etats-Unis. Parmi les adjectifs suivants, choisissez ceux que vous associez à la ville et ceux que vous associez à la banlieue.
   — calme
   — dégradée *(dilapidated)*
   — dangereuse

— verte

— résidentielle

— anonyme

— stimulante

— ennuyeuse

— animée *(lively)*

— polluée

— bruyante *(noisy)*

— uniforme

2. Lisez l'introduction et refaites le même exercice en pensant aux concepts de ville et de banlieue tels qu'ils existent en France.

Les Jeunes des banlieues

Aujourd'hui, les mots « ville » et « banlieue » recouvrent° des réalités très différentes. Une hausse° extraordinaire des loyers° dans les villes repousse les moins fortunés vers la périphérie.° Les villes deviennent de plus en plus des endroits° privilégiés où ne peuvent survivre que ceux qui disposent de° revenus élevés. A Paris, par
5   exemple, le prix moyen° des loyers a triplé en 10 ans. La capitale se vide, ses banlieues s'étendent.° Mais le mot « banlieue » représente aussi des univers très différents : quelques havres° de calme et de verdure,° à côté de quartiers° réellement sinistrés.°

> Robert Solé, « La ville et ses banlieues »,
> *Le Monde, Dossiers et documents*

Comment vit-on en banlieue quand on a 15 ans ?
10   « Ça dépend des endroits », précise tout de suite Laure. « Si tu vis dans des cités° affreuses° et délabrées,° c'est l'angoisse.° Par contre,° si tu habites une ville avec des espaces verts° et des petites maisons, ça peut être sympa.° » Toute la différence est là. Entre les banlieues ouvrières° où les gens ne rentrent que pour dormir après le travail, et les banlieues résidentielles avec leurs beaux immeubles° et leurs parcs,
15   il y a un monde.° La population n'y est pas la même, la vie non plus.

Sandrine, qui habite Neuilly-sur-Marne, une petite ville paisible de 30.000 habitants à 15 kilomètres de Paris, se déclare ravie° : « C'est plus agréable que dans les

---

recouvrir to describe / **la hausse** rise / **le loyer** rent / **la périphérie** outskirts / **l'endroit** *m* place / **disposent de** = *ont* / **moyen** average / **s'étendre** to stretch out / **le havre** haven / **la verdure** green space / **le quartier** neighborhood / **sinistré** wrecked / **la cité** housing project / **affreux** ugly / **délabré** dilapidated / **c'est l'angoisse** (*fam*) = *c'est horrible* / **par contre** on the other hand / **l'espace** *m* **vert** = *un endroit où il y a de la verdure* / **sympa(thique)** nice, pleasant / **ouvrier** working-class / **l'immeuble** *m* apartment building / **un monde** = *une énorme différence* / **ravi** delighted

grandes villes. C'est moins gigantesque, on arrive plus facilement à se connaître. Depuis qu'on est tout petit, on va ensemble à la maternelle,° puis à l'école primaire,
20 ensuite au collège.° On rentre ensemble de l'école, on joue « en bas° » le soir et le mercredi.° »

« Il n'y a pas beaucoup de voitures, affirme Vincent, les parents nous laissent facilement sortir. Très jeunes, on nous autorise à faire du vélo° dans les rues de la Résidence° et même dehors. Et puis, pour faire du sport, c'est bien plus facile qu'à
25 Paris. »

Certaines banlieues bougent° à travers des associations particulièrement actives, des maisons des jeunes et de la culture° bien dirigées° et offrent une réelle qualité de vie, calme et convivialité. D'autres, par contre, représentent l'univers de « la galère° ».

la maternelle kindergarten / **le collège** = *l'école secondaire* / **en bas** = *en bas de l'immeuble* / **le mercredi** = *il n'y a pas de classe le mercredi après-midi* / **du vélo** = *de la bicyclette* / **la Résidence** suburban housing development / **bouger** to be vibrant / **la maison des jeunes et de la culture** youth and cultural center / **dirigé** managed / **la galère** (*argot*) = *quelque chose d'horrible*

La galère, c'est un monde à la dérive,° celui des HLM de banlieue, de ces grands en-
30 sembles° surgis de terre° pendant les 30 dernières années et où s'entasse° une population déboussolée,° frappée° par le chômage.° « On vit dans un univers pourri° »
nous dit Karim. Un univers dégradé où plus rien ne fonctionne. Ni les objets (ca-
bines téléphoniques° inutilisables, autobus couverts de tags). Ni les institutions (familles éclatées,° écoles impuissantes°). Ni les relations humaines (voisins° méfiants,°
35 passants° agressifs...).

   Ali, un jeune beur,° habite un grand ensemble au nord de Paris et rêve de s'en
échapper° quand il sera plus vieux. « Il n'y a rien à faire ici, explique-t-il, c'est le
désert, la zone.° Du béton° partout. » Franck, son copain, renchérit° : « Et quand les
jeunes ne savent pas quoi faire, ils se bagarrent° avec les gars° de la cité d'à côté. »
40 La plupart n'ont pas de travail. Alors ils traînent° dans les cages d'escalier° nauséa-
bondes,° l'unique café et le centre commercial° barricadé à cause des vols.°

F. Gaussen, « Les jeunes de la galère »,
Le Monde, Dossiers et documents

à la dérive drifting / **surgir de terre** to rise / **s'entasser** to crowd together / **déboussolé** = *sans direction* / **frappé** hurt / **le chômage** unemployment / **pourri** rotten /
la cabine téléphonique telephone booth / **éclaté** = *séparé* / **impuissant** = *qui ne
peut rien faire* / **le voisin** neighbor / **méfiant** suspicious / **le passant** passer-by /
le beur = *un jeune né en France de parents maghrébins* / **s'échapper de** to escape / **la
zone** = *la galère* / **le béton** concrete / **renchérir** to add / **se bagarrer** = *se battre* /
le gars (*fam*) = *le garçon* / **traîner** to hang around / **la cage d'escalier** stairway /
nauséabond stinking / **le centre commercial** shopping center / **le vol** theft

VAULX-EN-VELIN

C'est ici que la France a découvert qu'elle avait mal à ses banlieues et aux jeunes qui y vivent. Le 7 octobre, une voiture de police en patrouille° renverse° une moto, un mort, Thomas Claudio. C'est alors l'embrasement° : pilleurs,° casseurs et incendiaires° se retrouvent pour défigurer cette ville plutôt tranquille de l'agglomération lyonnaise.°

en patrouille on patrol / **renverse** runs over / **l'embrasement** *m* flare-up / **le pilleur** looter / **l'incendiaire** *m* arsonist / **l'agglomération** *f* **lyonnaise** Greater Lyon

... « Les Français avaient un peu oublié leurs banlieues. Ils les ont brutalement redécouvertes à la fin de 1990, avec deux événements troublants. En octobre d'abord, quand ont éclaté° des scènes d'émeutes° à Vaulx-en-Velin, dans la banlieue lyon-
45 naise. Puis en novembre, à Paris, au cours d'une manifestation° lycéenne, quand des dizaines de « casseurs° » venus de la périphérie se sont mis à casser les vitrines° et à piller° les magasins. L'émotion° provoquée par ces deux événements a été d'autant plus forte que° les banlieues des grandes villes ont bénéficié ces derniers temps° de beaucoup d'argent. Mais, on s'est vite aperçu° qu'il ne suffisait pas° de ravaler° les
50 façades ou de réparer les ascenseurs.° Il faut aussi créer des emplois,° briser les mécanismes d'exclusion, changer les mentalités... tout en inventant un nouvel urbanisme. C'est un travail de fourmi° mais des résultats immédiats sont nécessaires pour redonner de l'espoir° aux habitants et les associer à la transformation de leur quartier. »

Robert Solé, « La ville et ses banlieues »,
Le Monde, Dossiers et documents

éclater to break out / **la scène d'émeute** riot / **la manifestation** demonstration / **le casseur** (*fam*) hoodlum / **la vitrine** shop-window / **piller** to loot / **l'émotion** *f* shock / **d'autant plus forte que** all the stronger as / **ces derniers temps** recently, lately / **s'apercevoir** to notice / **il ne suffisait pas** = *ce n'était pas assez* / **ravaler** to restore / **l'ascenseur** *m* elevator / **l'emploi** *m* job / **un travail de fourmi** = *un travail très long et qui demande de la persévérance* (*fourmi* : ant) / **l'espoir** *m* hope

Qu'en pensez-vous ?

Etes-vous d'accord ou non avec les déclarations suivantes ? Justifiez votre réponse.

1. En général, en France, les loyers en banlieue sont plus chers que les loyers en ville.
2. Il faut avoir des revenus élevés pour vivre à Paris.
3. Toutes les banlieues se ressemblent.
4. Sandrine aime vivre en banlieue parce qu'elle a pu facilement se faire des amis.
5. Vincent pense qu'il est plus facile de faire du sport à Paris qu'en banlieue.
6. Le monde de la galère, c'est le paradis.
7. Ali ne voudrait pas habiter toute sa vie dans un grand ensemble.
8. Beaucoup de HLM ont été construites en béton.
9. Les jeunes des cités traînent dans les rues parce qu'ils n'ont rien à faire.
10. Il ne suffit pas de ravaler les façades et de réparer les ascenseurs pour résoudre *(solve)* les problèmes des grands ensembles.

Nouveau Contexte

Complétez le dialogue suivant en choisissant les termes appropriés (employez chaque terme une seule fois). Puis, jouez le dialogue.

Noms :   centre *m* commercial, étage *m*, grand ensemble *m*, immeuble *m*, loyer *m*, quartier *m*, vélo *m*, verdure *f*

Verbes :   se bagarraient, traînaient

Deux « nouveaux » élèves au lycée de Neuilly-sur-Marne se parlent le premier jour de classe.

THOMAS   T'es *(fam)* nouveau, toi aussi ?

GREGOIRE   Oui, j'habite Neuilly-sur-Marne depuis trois mois. Avant, j'habitais Paris.

THOMAS   Pourquoi t'es venu ici ?

GREGOIRE   On habitait dans un vieil _____*1* près de la Bastille, mais le _____*2* a changé... le _____*3* est devenu trop cher, alors on a dû partir. C'est dommage, parce que j'aimais bien notre appartement ; il était au 6e _____*4* et, de ma chambre, je pouvais voir la Tour Eiffel.

THOMAS   Tu aimes bien la banlieue ?

GREGOIRE   Je sais pas encore. C'est différent, c'est très calme, il y a beaucoup de _____*5*. Je vais à _____*6* à l'école, et ça, c'est super. Je ne pouvais pas faire ça à Paris. Et toi, d'où tu viens ?

THOMAS   De Bobigny, c'est au nord de Paris. J'habitais dans un _____*7* et j'aimais *(fam)* pas ça. Et puis, ça devenait trop dangereux... avec tous les jeunes qui _____*8* dans les rues et qui _____*9* entre eux. Au mois de mai dernier, ils ont cassé les vitrines du _____*10*. Ici, c'est *(fam)* pas comme ça, c'est paisible, ça me plaît bien...

Vocabulaire satellite

le **centre-ville** downtown

la **banlieue** suburb

le, la **banlieusard(e)** suburbanite

la **périphérie** outskirts (of town)

le **loyer** rent

louer (un appartement) to rent (an apartment)

le, la **locataire** tenant

le, la **propriétaire** landlord, landlady

le **quartier** district, neighborhood

l' **immeuble** *m* apartment building

le **gratte-ciel** skyscraper

une **HLM,** un **grand ensemble,** une **cité** housing project

le **béton** concrete

les **petites annonces** *f* classified ads

l' **endroit** *m* place

la **pièce** room

un **appartement de trois pièces** three-bedroom apartment

l' **étage** *m* floor (i.e., first, second, third)

l' **ascenseur** *m* elevator

le **centre commercial** shopping center

faire des courses to shop

regarder les vitrines to go window shopping

piller (les magasins) to loot (the stores)

casser to break

l' **émeute** *f* riot

l' **insécurité** *f* insecurity, lack of safety

affreux, -euse ugly

délabré dilapidated

bruyant noisy

les **espaces** *m* **verts** parks, green spaces or areas

paisible peaceful

sûr safe

les **transports** *m* **en commun** public transportation

prendre le métro, le train, l'autobus to take the subway, the train, the bus

la **circulation** traffic

l' **embouteillage** *m* traffic jam

garer sa voiture to park one's car

Pratique de la langue

1. Le maire *(mayor)* de Vaulx-en-Velin et le maire de Neuilly-sur-Marne se retrouvent à une réunion de maires de toute la France. Chacun présente les problèmes propres à sa ville. Préparez les deux discours et les questions que vous allez leur poser à la fin.

2. Interrogez Ali, le jeune beur de 15 ans, qui habite dans un grand ensemble au nord de Paris. Faites-le parler de sa famille, de ses copains, de ses problèmes à l'école et en dehors de l'école, de ses aspirations et de ses frustrations.

3. Quand vous aurez à louer ou à acheter une maison ou un appartement, quels seront les critères les plus importants qui guideront votre choix ? Répondez au questionnaire suivant en précisant le degré d'importance.

Vous allez chercher un endroit :   très important   assez important   pas important

a. calme
b. près de votre travail
c. pas cher
d. où les habitants s'occupent
    activement de leur quartier
e. avec beaucoup d'espaces verts
f. près d'un centre commercial
g. où il y a un bon hôpital
h. qui a une bonne réputation
i. près de bonnes écoles
j. où il existe des crèches
k. près du quartier où habitent
    vos parents.

4. Décrivez la ville dans laquelle vous avez habité la plus grande partie de votre vie. Quels sont les principaux centres d'intérêt (monuments, parcs, magasins, terrains de sport, etc.) ? Quels sont les endroits les plus agréables d'après vous ?

5. Vous voulez louer un appartement à Paris. Examinez les petites annonces ci-dessous. Choisissez-en une et téléphonez à l'agent immobilier *(real estate agent)* pour avoir plus de détails. Travaillez en groupe de deux (l'agent immobilier, le client).

5° arrdt

GOBELINS CHARME
Séj. + 2 chbres, cuisine
équipée, bains, refait neuf,
imm. pierre de taille.
1 290 000 F, 45-67-86-16.

12° arrdt

Splendide appt 32, rue de
Lyon, 12°, 2° ét., 140 m²
environ avec balcon + cave.
Visite tous les jours l'après-
midi, 43-43-28-72.

15° arrdt

M° CONVENTION
Gd. 2 p., style ATELIER
D'ARTISTE pierre de t., ét
élevé très bon état INONDÉ
DE LUMIÈRE, 820 000 F
France Conseil 48-28-00-75.

VUE SEINE, VERDURE
Bel imm. 1926, 3 p. 70 m²
tt. cft 2° étage ascenseur.
45-38-49-34.

arrdt. = *arrondissement* / **charme** = *qui a du charme, charmant* / **séj.** = *salle de séjour* / **chbres** = *chambres* / **refait neuf** = *refait à neuf, rénové* / **imm.** = *immeuble* / **pierre de taille** *cut stone, freestone*

appt. = *appartement* / **ét.** = *étage* / **m²** = *mètres carrés* / **cave** = cellar

M° Convention = *près de la station de métro Convention* / **Gd.** = *grand* / **2p.** = *deux pièces* / **atelier d'artiste** studio / **pierre de t.** = *pierre de taille* / **inondé de lumière** = *avec beaucoup de lumière*

vue Seine = *vue sur la Seine* / **verdure** = *avec des arbres et des espaces verts* / **tt. cft.** = *tout confort*

La Maison de campagne

One's home is one's castle. The Frenchman's castle, however, is his vacation home. This cult of the vacation home is, without a doubt, a national characteristic of the French since, relatively speaking, more of them own a higher percentage of such homes than any other national group. One out of every ten Frenchmen has a second home, which often was acquired through an inheritance. Usually it is located in that region of the country where the family had its origins (54% are in the countryside, 32% at the seashore, 14% in the mountains).

This attachment to the land reflects the fact that France remained a rural nation until well into the twentieth century: as late as 1921, 53.6% of all French people lived in villages with fewer than 2,000 inhabitants. Even as France was undergoing industrialization and modernization, the increasingly urbanized French never quite lost their peasant roots. To this day, millions have maintained links with their ancestral villages and with their rural relatives, whom they often visit for an inexpensive vacation.

The French have always been fond of real estate, which they consider a safe investment. The vacation home has thus become an object of pride and a symbol of success. Many French people are willing to put up with weekend traffic jams in order to get to their country homes. They devote a large share of their leisure time to fixing up an old building or improving a small house that they have built for eventual retirement purposes.

Orientation

Demandez à un(e) camarade de classe ce qu'il (elle) aime faire ou ne pas faire quand il (elle) est à la campagne.

Demandez-lui s'il (si elle) aime...

a. admirer le paysage
b. faire de la bicyclette
c. photographier les couchers de soleil *(sunsets)*
d. lire un bon livre dans une chaise longue *(deckchair)*
e. se faire bronzer au soleil
f. faire du camping
g. goûter les spécialités culinaires locales
h. faire un barbecue
i. jardiner *(to garden)*
j. parler avec les gens qui habitent la campagne
k. faire de grandes balades à pied *(long walks)*
l. dormir sur l'herbe.

Dans Le Petit Nicolas, *l'auteur, René Gosciny — qui a aussi écrit les albums d'Astérix et de* Lucky Luke° *— raconte l'histoire d'un petit garçon et de ses aventures avec ses camarades de classe, ses professeurs et ses parents. Dans l'extrait suivant, Gosciny, à travers le petit Nicolas, se moque de ces campagnards° du dimanche incapables d'abandonner leur mentalité petite-bourgeoise à la campagne.*

Le Chouette° Bol d'air°

Nous sommes invités à passer le dimanche dans la nouvelle maison de campagne de M. Bongrain. M. Bongrain est comptable° dans le bureau où travaille Papa, et il paraît qu'il a un petit garçon qui a mon âge, qui est très gentil et qui s'appelle Corentin.

Moi, j'étais bien content, parce que j'aime beaucoup aller à la campagne et Papa
5 nous a expliqué que ça ne faisait pas longtemps que M. Bongrain avait acheté sa maison, et qu'il lui avait dit que ce n'était pas loin de la ville. M. Bongrain avait donné tous les détails à Papa par téléphone, et Papa a inscrit° sur un papier et il paraît que c'est très facile d'y aller. C'est tout droit,° on tourne à gauche au premier feu rouge,° on passe sous le pont de chemin de fer,° ensuite c'est encore tout droit jusqu'au

---

Astérix, Lucky Luke comic strip characters / **les campagnards** *m* country folks /
chouette (*fam*) super, fine / **bol d'air** *m* breath of air (lit., bowl of air) / **le, la comptable**
accountant / **a inscrit** = *a écrit* / **tout droit** straight on / **le feu rouge** red light /
le pont de chemin de fer railroad bridge

10 carrefour,° où il faut prendre à gauche, et puis encore à gauche jusqu'à une grande
ferme blanche, et puis on tourne à droite par une petite route en terre,° et là c'est
tout droit et à gauche après la station-service.°

On est partis,° Papa, Maman et moi, assez tôt le matin dans la voiture, et Papa
chantait, et puis il s'est arrêté de chanter à cause de toutes les autres voitures qu'il y
15 avait sur la route. On ne pouvait pas avancer. Et puis Papa a raté° le feu rouge où il
devait tourner, mais il a dit que ce n'était pas grave,° qu'il rattraperait son chemin°
au carrefour suivant.° Mais au carrefour suivant, ils faisaient des tas de travaux° et
ils avaient mis une pancarte° où c'était écrit : « Détour » ; et nous nous sommes perdus ; et Papa a crié après° Maman en lui disant qu'elle lui lisait mal les indications
20 qu'il y avait sur le papier ; et Papa a demandé son chemin à des tas de° gens qui
ne savaient pas ; et nous sommes arrivés chez M. Bongrain presque à l'heure du

le carrefour intersection / **la petite route en terre** dirt road / **la station-service**
gas station / **on est partis** = *nous sommes partis* / **rater** = *manquer* / **grave** =
sérieux / **rattraper son chemin** to get back on the right road / **suivant** next / **des tas
de travaux** lots of road work / **la pancarte** sign / **a crié après** shouted at / **des tas
de** = *beaucoup de*

déjeuner, et nous avons cessé de nous disputer.° M. Bongrain est venu nous recevoir à la porte de son jardin.

— Eh bien, a dit M. Bongrain. On les voit les citadins° ! Incapables de se lever de
25 bonne heure,° hein ?

Alors, Papa lui a dit que nous nous étions perdus, et M. Bongrain a eu l'air tout étonné.

— Comment as-tu fait ton compte° ? il a demandé. C'est tout droit !

Et il nous a fait entrer dans la maison.

30 Elle est chouette, la maison de M. Bongrain ! Pas très grande, mais chouette.

— Attendez, a dit M. Bongrain, je vais appeler ma femme. Et il a crié : « Claire ! Claire ! Nos amis sont là ! »

Et Mme Bongrain est arrivée, elle avait des yeux tout rouges, elle toussait,° elle portait un tablier° plein de taches noires° et elle nous a dit :

35 — Je ne vous donne pas la main, je suis noire de charbon° ! Depuis ce matin, je m'escrime à faire marcher cette cuisinière° sans y réussir !

M. Bongrain s'est mis à rigoler.°

— Evidemment, il a dit, c'est un peu rustique, mais c'est ça, la vie à la campagne ! On ne peut pas avoir une cuisinière électrique, comme dans l'appartement.

40 — Et pourquoi pas ? a demandé Mme Bongrain.

— Dans vingt ans, quand j'aurai fini de payer la maison, on en reparlera, a dit M. Bongrain. Et il s'est mis à rigoler de nouveau.° Mme Bongrain n'a pas rigolé et elle est partie en disant :

— Je m'excuse, il faut que je m'occupe du déjeuner. Je crois qu'il sera très rus-
45 tique, lui aussi.

— Et Corentin, a demandé Papa, il n'est pas là ?

— Mais oui, il est là, a répondu M. Bongrain ; mais ce petit crétin° est puni, dans sa chambre. Tu ne sais pas ce qu'il a fait, ce matin, en se levant ? Je te le donne en mille° : il est monté sur un arbre pour cueillir des prunes° ! Tu te rends compte ?°
50 Chacun de ces arbres m'a coûté une fortune, ce n'est tout de même° pas pour que le gosse° s'amuse à casser° les branches, non ?

Et puis M. Bongrain a dit que puisque j'étais là, il allait lever° la punition, parce qu'il était sûr que j'étais un petit garçon sage° qui ne s'amuserait pas à saccager° le jardin et le potager.° Corentin est venu, il a dit bonjour à Maman, à Papa et on s'est
55 donné la main. Il a l'air assez chouette, pas aussi chouette que les copains de l'école.

se disputer to quarrel / **On les voit les citadins !** You can see that you're city people ! / **de bonne heure** early / **Comment as-tu fait ton compte ?** How did you manage (to get lost)? / **tousser** to cough / **le tablier** apron / **les taches noires** black spots / **noire de charbon** covered with coal / **je m'escrime à faire marcher cette cuisinière** I've been struggling to get this kitchen range to work / **rigoler** (*fam.*) = *rire* / **de nouveau** = *encore* / **le crétin** (*fam*) imp / **Je te le donne en mille !** You'll never guess ! / **cueillir des prunes** to pick plums / **Tu te rends compte ?** Can you imagine? / **tout de même** in any case / **le gosse** (*fam*) kid / **casser** to break / **lever** = *mettre fin à* / **un petit garçon sage** a good little boy / **saccager** = *détruire* / **le potager** vegetable garden

— On va jouer dans le jardin ? j'ai demandé.

Corentin a regardé son papa, et son papa a dit :

— J'aimerais mieux pas, les enfants. On va bientôt manger et je ne voudrais pas que vous ameniez de la boue° dans la maison. Maman a eu bien du mal° à faire le mé-
60 nage, ce matin.

Alors, Corentin et moi on s'est assis, et pendant que les grands° prenaient l'apé-ritif^c, nous, on a regardé une revue° que j'avais déjà lue à la maison. Et on l'a lue plusieurs fois la revue, parce que Mme Bongrain, qui n'a pas pris l'apéritif avec les autres, était en retard pour le déjeuner. Et puis Mme Bongrain est arrivée, elle a en-
65 levé° son tablier et elle a dit :

— Tant pis...° A table !°

M. Bongrain était tout fier° pour le hors-d'œuvre, parce qu'il nous a expliqué que les tomates venaient de son potager, et Papa a rigolé et il a dit qu'elles étaient venues un peu trop tôt, les tomates, parce qu'elles étaient encore toutes vertes. M. Bongrain
70 a répondu que peut-être, en effet, elles n'étaient pas encore tout à fait mûres,° mais qu'elles avaient un autre goût° que celles que l'on trouve sur le marché.

Ce qui n'était pas trop réussi, c'était les pommes de terre du rôti° ; elles étaient un peu dures.

Après le déjeuner, on s'est assis dans le salon. Corentin a repris la revue et
75 M. Bongrain a expliqué à Papa combien ça lui avait coûté, la maison, et qu'il avait fait une affaire formidable.° Moi, tout ça, ça ne m'intéressait pas, alors j'ai demandé à Corentin si on ne pouvait pas aller jouer dehors° où il y avait plein de soleil. Corentin a regardé son papa, et M. Bongrain a dit :

— Mais, bien sûr, les enfants. Ce que je vous demande, c'est de ne pas jouer sur
80 les pelouses,° mais sur les allées.° Amusez-vous bien, et soyez sages.

Corentin et moi nous sommes sortis et Corentin m'a dit qu'on allait jouer à la pé-tanque.° On a joué dans l'allée ; il y en avait une seule et pas très large ; et je dois dire que Corentin, il se défend drôlement.°

— Fais attention, m'a dit Corentin ; si une boule va sur la pelouse, on pourrait pas
85 la ravoir° !

Et puis Corentin a tiré,° et bing ! sa boule a raté la mienne et elle est allée sur l'herbe.° La fenêtre de la maison s'est ouverte tout de suite et M. Bongrain a sorti une tête toute rouge et pas contente :

— Corentin ! il a crié. Je t'ai déjà dit plusieurs fois de faire attention et de ne
90 pas endommager° cette pelouse ! Ça fait des semaines que le jardinier y travaille !

---

la boue mud / **bien du mal** = *beaucoup de difficultés* / **les grands** = *les adultes* / **la revue** magazine / **enlever** to take off / **tant pis** too bad / **A table !** Lunch is ready ! / **tout fier** very proud / **mûr** ripe / **un autre goût** = *un goût différent* / **du rôti** around the roast beef / **il avait fait une affaire formidable** he had gotten a fantastic bar-gain / **dehors** outside / **la pelouse** lawn / **l'allée** *f* path / **jouer à la pétanque** to have a game of bowls / **il se défend drôlement** (*fam*) he is pretty good at it / **ravoir** to get it back / **a tiré** = *a jeté la boule* / **l'herbe** *f* grass / **endommager** to damage

Dès que tu es à la campagne, tu deviens intenable° ! Allez ! dans ta chambre jusqu'à ce soir !

Corentin s'est mis à pleurer et il est parti ; alors, je suis rentré dans la maison.

95 Mais nous ne sommes plus restés très longtemps, parce que Papa a dit qu'il préférait partir de bonne heure pour éviter les embouteillages.° M. Bongrain a dit que c'était sage, en effet, qu'ils n'allaient pas tarder à rentrer° eux-mêmes, dès que Mme Bongrain aurait fini de faire le ménage.

M. et Mme Bongrain nous ont accompagnés jusqu'à la voiture ; Papa et Maman leur ont dit qu'ils avaient passé une journée qu'ils n'oublieraient pas, et juste quand
100 Papa allait démarrer,° M. Bongrain s'est approché de la portière° pour lui parler :

— Pourquoi n'achètes-tu pas une maison de campagne, comme moi ? a dit M. Bongrain. Bien sûr, personnellement, j'aurais pu m'en passer,° mais il ne faut pas être égoïste,° mon vieux ! Pour la femme et le gosse, tu ne peux pas savoir le bien que ça leur fait, cette détente° et ce bol d'air, tous les dimanches !

René Gosciny, *Le Petit Nicolas*

Qu'en pensez-vous ?

Etes-vous d'accord ou non avec les déclarations suivantes ? Justifiez votre réponse.

1. M. Bongrain a acheté, il y a longtemps, une maison de campagne qui est loin de la ville et difficile à trouver.
2. Bien qu'ils soient partis très tôt le matin, le petit Nicolas et ses parents sont arrivés chez les Bongrain presqu'à l'heure du déjeuner.
3. Mme Bongrain adore faire la cuisine dans sa maison de campagne.
4. Corentin est dans sa chambre parce qu'il est puni.
5. Avant le déjeuner, Corentin et Nicolas vont jouer dans le jardin.
6. Comme hors-d'oeuvre, il y avait du pâté que Mme Bongrain avait fait elle-même.
7. En achetant cette maison, M. Bongrain pense avoir fait une affaire formidable.
8. Corentin et Nicolas sont autorisés à jouer à la pétanque sur la pelouse.
9. Corentin s'est mis à pleurer parce qu'il était furieux d'avoir perdu à la pétanque.
10. Avant de quitter leur maison de campagne, Mme Bongrain veut faire le ménage.
11. Les parents du petit Nicolas sont sincères quand ils disent qu'ils ont passé une journée inoubliable.
12. M. Bongrain a acheté cette maison parce qu'il adore la campagne.

---

intenable = *impossible* / **pour éviter les embouteillages** to avoid the traffic jams / **ils n'allaient pas tarder à rentrer** they would leave pretty soon / **démarrer** to start the car / **la portière** = *la porte (de la voiture)* / **j'aurais pu m'en passer** I could have done without it / **égoïste** selfish / **la détente** = *la distraction, le repos*

Nouveau Contexte

Complétez le dialogue suivant en choisissant les termes appropriés (employez chaque terme une seule fois). Puis, jouez le dialogue.

Noms :   citadins *m*, copains *m*, cuisinière *f*, détente *f*, embouteillages *m*, maison *f* de campagne, pelouses *f*
Verbes :   cueillir, rentrer
Adjectifs :   chouette, mûres

LA MERE DU PETIT NICOLAS	Quelle journée ! Je suis contente de _____*1* à la maison ! Pauvre Madame Bongrain ! Ce n'est vraiment pas de la _____*2* pour elle ! Elle passe ses dimanches à faire le ménage et à essayer de faire marcher cette vieille _____*3*. Tu sais, chéri, je crois que je n'ai plus envie d'avoir une _____*4*.
NICOLAS	Moi non plus, papa. Je préfère rester en ville le week-end et jouer avec mes _____*5*. Je ne voudrais pas être à la place de Corentin. Il n'a le droit de rien faire. Il ne peut même pas marcher sur les _____*6* ou _____*7* des fruits aux arbres. Pourquoi aller à la campagne si c'est pour rester dans sa chambre ? !
LE PERE DE NICOLAS	Oh vous exagérez ! Elle est _____*8* cette maison ! Un peu loin de Paris, il est vrai, et sur une route où il y a toujours des _____*9*, mais une fois qu'on y est, quel calme !
LA MERE	J'ai l'impression que M. Bongrain n'en profite pas beaucoup. Il est tellement occupé par son jardin. Tout ça pour manger des tomates pas _____*10* !
LE PERE	Peut-être que vous avez raison, nous ne sommes pas prêts pour la campagne, nous sommes de vrais _____*11*. Vive la vie en ville !

Vocabulaire satellite

se **détendre**   to relax
se **reposer**   to rest
le **calme**   peace and quiet
 isolé   isolated
 respirer le bon air   to breathe the fresh air
se **faire bronzer au soleil**   to get a suntan

la **vie au grand air**   outdoor living
 sain   healthy
 faire une promenade, une balade à pied   to go for a walk
 faire une excursion   to go on a trip
 campagnard   rustic

la **résidence secondaire** vacation home	l' **herbe** *f* grass
le **paysage** landscape	**planter** to plant
le **lever,** le **coucher du soleil** sunrise, sunset	**jardiner** to garden
les **bois** *m* woods	le **jardinage** gardening
la **colline** hill	les **légumes** *m* vegetables
	tondre la pelouse to mow the lawn

Pratique de la langue

1. Complétez les dialogues suivants.
   a. — Comment va-t-on à la maison de campagne des Bongrain ?
      — C'est facile, il faut...
   b. — Vous avez trouvé la maison facilement ?
      — Non, nous nous sommes perdus parce que...
   c. — Mme Bongrain vous attendait dans le salon ?
      — Non, elle était dans la cuisine parce que...
   d. — Et Corentin, il était là ?
      — Non, il était dans sa chambre parce que...
   e. — Pourquoi est-ce que M. Bongrain a acheté cette maison ?
      — Surtout pour...

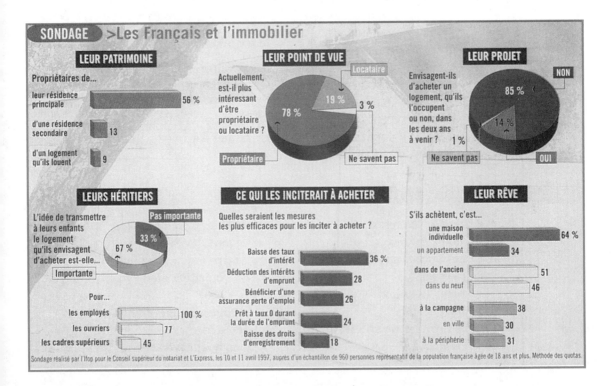

SONDAGE >Les Français et l'immobilier

LEUR PATRIMOINE

Propriétaires de...

leur résidence principale 56 %
d'une résidence secondaire 13
d'un logement qu'ils louent 9

LEUR POINT DE VUE

Actuellement, est-il plus intéressant d'être propriétaire ou locataire ?

Locataire 19 %
78 %
3 %
Propriétaire   Ne savent pas

LEUR PROJET

Envisagent-ils d'acheter un logement, qu'ils l'occupent ou non, dans les deux ans à venir ?

NON 85 %
14 %
1 %
Ne savent pas   OUI

LEURS HÉRITIERS

L'idée de transmettre à leurs enfants le logement qu'ils envisagent d'acheter est-elle...

Pas importante 33 %
67 %
Importante

Pour...
les employés 100 %
les ouvriers 77
les cadres supérieurs 45

CE QUI LES INCITERAIT À ACHETER

Quelles seraient les mesures les plus efficaces pour les inciter à acheter ?

Baisse des taux d'intérêt 36 %
Déduction des intérêts d'emprunt 28
Bénéficier d'une assurance perte d'emploi 26
Prêt à taux 0 durant la durée de l'emprunt 24
Baisse des droits d'enregistrement 18

LEUR RÊVE

S'ils achètent, c'est...

une maison individuelle 64 %
un appartement 34
dans de l'ancien 51
dans du neuf 46
à la campagne 38
en ville 30
à la périphérie 31

Sondage réalisé par l'Ifop pour le Conseil supérieur du notariat et L'Express, les 10 et 11 avril 1997, auprès d'un échantillon de 960 personnes représentatif de la population française âgée de 18 ans et plus. Méthode des quotas.

2. Improvisez les dialogues suivants :
    a. Au moment de partir à la campagne, Mme Bongrain et Corentin décident qu'ils ne veulent pas y aller et donnent leurs raisons. M. Bongrain se met en colère. Jouez cette dispute.
    b. Mme Bongrain prend le thé avec une amie un peu snob. Elle parle de sa nouvelle résidence secondaire et de ses activités à la campagne en essayant d'impressionner cette amie. Imaginez la conversation.
3. Répondez aux questions suivantes pour voir si vous êtes une personne qui apprécie ou qui déteste la vie rustique.
    a. Adorez-vous ou bien avez-vous horreur de faire du camping ?
    b. Pourriez-vous vivre facilement ou difficilement sans le confort auquel vous êtes habitué(e) ?
    c. Indiquez ce qui vous manquerait le plus (l'eau chaude, par exemple).
    d. Pourriez-vous vivre sans télévision ni téléphone ni journaux pendant plus d'un mois ?
4. Quand vous étiez enfant, alliez-vous souvent rendre visite le dimanche à des amis de vos parents ? Si oui, comment se passaient ces visites ? En avez-vous gardé de bons ou de mauvais souvenirs ?

Sujets de discussion ou de composition

1. Un rat des villes va rendre visite à un rat des champs. Ecrivez leur conversation.
2. Organisez un débat sur la question suivante : « A-t-on une vie plus intéressante et plus riche à la ville qu'à la campagne ? »
3. Décrivez l'endroit idéal où vous aimeriez vivre (dans une ville, dans un petit village à la campagne, en banlieue) et expliquez pourquoi.
4. Vous êtes Corentin, l'ami du petit Nicolas. Donnez des extraits du journal intime que vous écrivez le dimanche quand vous vous ennuyez à la campagne.

5

Les Classes sociales

La Conscience de classe en France

On the basis of their own national experience, most Americans view social class as relatively unimportant, certainly less crucial than race and ethnic background. The overwhelming majority of Americans see themselves as members of a vast "middle class." To a considerable extent, this attitude reflects a reaction against the more rigid class structure of nineteenth-century Europe, from which immigrants consciously sought to escape by coming to America. This attitude is also supported by a wage structure that blurs the traditional distinction between manual and clerical workers and frequently enables blue-collar workers to earn more than their white-collar counterparts. Even more important, perhaps, is the traditional belief in upward social mobility based on merit and achievement.

By contrast, class consciousness is far more acute in France, even though many factors accounting for the relative "classlessness" of American society are now present. Despite an overall improvement in living standards, the gap between rich and poor remains significant, and, in times of economic recession and high unemployment, social inequities become even more flagrant. The law guarantees a minimum wage, the Smic,[1] which is automatically adjusted for inflation and which in 1997 applied to two million mostly unskilled workers *(les smicards)*. But paradoxically, while the country has experienced an increase in purchasing power, the number of poor people has risen. This phenomenon is mainly attributed to chronic unemployment that especially affects women, immigrant and older workers with outdated skills, and young people. To come to the aid of this newest group of society's dispossessed, the government created in 1988 the RMI *(le revenu minimum d'insertion)*, which tries to facilitate professional (re-)insertion into society by providing financial support for a minimum of three months. In 1997, 910,000 families received the RMI. It cannot prevent, however, the existence of numerous *sans abri* (homeless) in big cities, a marginalized population that has not succeeded in finding a place in society.

Responding to the increase of the homeless in the streets of Paris and all major cities of France, in October 1985 several artists created an organization called *Les restaurants du cœur*. Its mission was to prepare meals for people without income and resources. That first year eight million meals were served. In 1990 a group called *Les camions du cœur* was created. Its members drove through the streets of large cities, distributing hot meals to homeless people. Today, 65 million meals a year are served to the needy and homeless.

---

[1] Acronym for *Salaire minimum interprofessionnel de croissance*

Orientation

1. A votre avis, que peut-on faire pour aider les « sans abri » ? indiquez vos trois réponses préférées.
   — leur donner des repas gratuits
   — créer plus d'abris *(shelters)*
   — augmenter les allocations *(benefits)* attribuées aux « sans-domicile fixe »
   — les mettre dans des institutions spécialisées
   — donner une formation professionnelle pour les insérer dans la société
   — interdire de mendier *(to beg)* dans les rues
   — leur donner des vêtements chauds
2. Vous vous promenez dans la rue. Un clochard *(tramp)* s'approche de vous pour vous demander de l'argent. Que faites-vous ?
   — Vous lui donnez de l'argent, il en a besoin.
   — Vous l'ignorez.
   — Vous lui achetez une tasse de café.
   — Vous lui faites la morale.
   — Vous lui dites qu'il existe des emplois pour tout le monde et qu'il suffit de les chercher.
   — Vous lui donnez le nom d'une organisation de charité.
   — Vous lui parlez mais vous refusez de donner de l'argent parce que c'est contre vos principes.

3. A votre avis, les villes ont-elles le droit moral d'interdire aux sans domicile fixe...

OUI   NON

— de dormir dans les rues ?
— de mendier ?
— de rester dans leurs beaux quartiers ?
— de construire des cabanes *(huts)* dans les jardins publics ?

La Dame de cœur°

Un vêtement incongru° s'est glissé° dans la garde-robe° d'Isabelle Moreau. Un manteau bleu de l'armée chinoise, rude° pardessus° à col° de fausse fourrure° distribué dans la rue par des bénévoles° de la Croix-Rouge.° « C'est un sans domicile fixe° qui me l'a offert. Je l'ai porté° ce week-end pour aller faire mes courses : si vous aviez vu
5 la tête° des gens de mon quartier ! »
Le quartier en question s'étire° autour de la place° Victor-Hugo, au cœur du très chic 16ᵉ arrondissement° de Paris. Un quartier qu'Isabelle Moreau, 53 ans, quitte tous les matins pour rejoindre° le centre des Restaurants du cœur de l'avenue Jean-Jaurès, à l'autre bout° de Paris : grand écart° quotidien° entre les larges° avenues
10 élégantes de l'Ouest parisien, « truffées de chambres° de bonne° vides » , et le 19ᵉ arrondissement, « où l'on dort trop souvent dans des parkings » . Isabelle Moreau est catholique, épouse d'officier de marine,° mère de trois enfants sages° et seule femme directrice d'un Restaurant du cœur à Paris. Une dame patronnesse° ? « Surtout pas !° » s'empresse°-t-elle de rectifier. « J'ai horreur° des dames d'œuvres.° Horreur.»
15 En fait, tout s'est produit par hasard.° A la veille° de Noël, voilà quatre ans, elle part chercher sa petite cousine, qui arrive de Madrid, à la gare routière° internationale de la Villette. En l'attendant, elle pousse une porte, celle des Restaurants du cœur. « Je suis entrée, je ne suis plus repartie. Au début, je voulais juste travailler trois jours par semaine. Mais, tous le matins, je trouvais une bonne raison pour me
20 lever et aller préparer des repas. »

la dame de cœur queen of hearts / **incongru** unseemly / **glisser** to slide, to slip / **la garde-robe** wardrobe / **rude** rough / **le pardessus** coat / **le col** collar / **la fausse fourrure** fake fur / **le bénévole** volunteer / **la Croix-Rouge** Red Cross / **le sans-domicile fixe** homeless / **porter** to wear / **la tête** face / **s'étirer** to stretch / **la place** square / **le 16ème arrondissement** = *un des quartiers les plus riches et les plus prestigieux de Paris* / **rejoindre** to get to / **l'autre bout** the other end / **l'écart** *m* gap / **quotidien** daily / **large** wide / **truffées de chambres** = *remplies de chambres* / **la chambre de bonne** = *une chambre sous les toits réservée autrefois au personnel de maison, maintenant louée aux étudiants* / **la marine** navy / **sage** well behaved / **la dame patronnesse** patroness / **surtout pas !** certainly not! / **s'empresser de** to hasten to / **avoir horreur de** to loathe / **l'œuvre** work (here, good works) / **par hasard** by chance / **la veille** the day before / **la gare routière** bus station

Le jour de Noël aussi. Pour la première fois, un centre de distribution de repas chauds ouvrait ses portes le 25 décembre dernier : « J'ai pris la décision sur un coup de tête,° et comme je n'avais pas assez de bénévoles pour m'aider, j'ai recruté mes amis et ma famille. » Isabelle couvre les longues tables de papier blanc, achète guir-
25 landes° et sapin,° installe sa fille et son mari derrière les marmites° et distribue des appareils photo° jetables.° « Certains SDF° n'avaient pas été photographiés depuis des années. Cela les a beaucoup émus.° » Le succès est tel que, dans la panique, les bénévoles sont contraints° de refuser du monde° à l'entrée.

Tous les matins, de hautes marmites norvégiennes° remplies° de potage° et de
30 ragoût° sont livrées° au centre par camion.° Les plats° sont préparés dans la cuisine centrale d'Arcueil, qui ravitaille° les Restos° du cœur d'Ile-de-France.° « L'année dernière, je préparais moi-même les repas. Il m'arrivait de° quitter la maison avec 20 kilos de carottes, préalablement° râpées° dans ma cuisine, c'était fou ! » explique-t-elle. « C'était possible pour cent personnes. Aujourd'hui, on ne peut plus. » Et pour
35 cause° : les effectifs° n'ont cessé de prospérer. Avec 450 repas par jour en moyenne,° le centre — un garage Ford désaffecté° promis à la démolition — frise° régulière-ment la saturation, et il n'est pas rare que les marmites s'épuisent° avant que la file d'attente° ne soit résorbée.° Il faut donc faire régner° la discipline, pour gérer° les stocks° au plus serré.° Celle que les SDF appellent tendrement « la dame de fer° »
40 applique strictement la consigne° de l'association, dont la gestion° est réputée° pour son extrême rigueur : pas de gaspillage.°

Dans sa réserve,° une pièce° glacée° qui lui sert aussi de bureau,° Isabelle empile° de quoi améliorer l'ordinaire° : cartons de fruits et chocolat, boîtes de harissa,° café soluble° et crème Montblanc. Des dons° aléatoires° d'origines diverses, grandes sur-
45 faces° ou compagnies aériennes,° Isabelle Moreau est devenue une cliente fidèle des

---

le coup de tête impulse / **la guirlande** garland / **le sapin** Christmas tree / **la marmite** heavy cooking pot / **l'appareil** *m* **photo** camera / **jetable** disposable / **le SDF** = **le sans-domicile fixe** / **ému** moved / **contraints** forced / **du monde** people / **la marmite norvégienne** = *la marmite qui garde la nourriture chaude* / **rempli** filled / **le potage** *f* soup / **le ragoût** stew / **livré** delivered / **le camion** truck / **le plat** dish, course / **ravitailler** to supply / **le resto** = *le restaurant* / **l'Ile-de-France** = *la région parisienne* / **il m'arrivait de** sometimes I would / **préalablement** previously / **râpé** grated / **et pour cause** and for good cause / **les effectifs** *m* numbers / **en moyenne** on average / **désaffecté** no longer in use / **friser** to be on the verge of / **s'épuiser** to run out / **la file d'attente** queue, line / **résorbé** reduced, absorbed / **faire régner** to impose / **gérer** to manage / **le stock** supply / **au plus serré** as tightly as possible / **la dame de fer** the iron lady / **la consigne** instruction, orders / **la gestion** management / **réputé** well-known / **le gaspillage** waste / **la réserve** store-room / **la pièce** room / **glacé** frosty, icy / **le bureau** office / **empiler** to pile up / **de quoi améliorer l'ordinaire** something to enhance the usual fare / **l'harissa** spicy sauce used in couscous / **le café soluble** instant coffee / **le don** gift / **aléatoire** random / **la grande surface** supermarket / **la compagnie aérienne** airline

entreprises donatrices,° comme le grand magasin° britannique Marks & Spencer, qui adresse régulièrement ses surplus aux Restos du cœur, « en toute discrétion » .

Parfois, quand les foyers° affichent complet,° elle aimerait pouvoir en héberger° quelques-uns. « Mais je ne peux pas imposer cela à ma famille, ils sont déjà si 50 patients ! »

De plus en plus nombreux, de plus en plus jeunes, les SDF affluent° plus vite que les bénévoles (selon les prévisions° de l'association, 65 millions de repas seront servis cette année, ce qui représente une hausse° de 15 millions par rapport à° l'hiver dernier). Est-ce parce que la générosité est un talent mal partagé° ? Selon Isabelle, 55 les bonnes volontés° ne manquent° pas : on téléphone tous les jours pour lui proposer de l'aide. « Mais il ne suffit pas de vouloir donner.° Il ne suffit pas d'être un cantinier° qui distribue la soupe avec le sentiment du devoir° accompli. Il faut de la chaleur.° Certains bénévoles refusent, par exemple, que les SDF les embrassent.° Comment peut-on refuser une chose pareille° ! » Des bises,° elle en distribue cent 60 fois par jour, sauf à ce Polonais° qui préfère lui réserver « un baise-main° très respectueux » .

Stéphane Chayet, Le Point

Qu'en pensez-vous ?

Etes-vous d'accord ou non avec les déclarations suivantes ? Justifiez votre réponse.

1. Isabelle Moreau habite dans le 19ème arrondissement.
2. Isabelle aime choquer son quartier.
3. Isabelle est célibataire.
4. Isabelle s'intéresse aux restos du cœur depuis 4 ans.
5. Elle a toujours voulu travailler à plein temps pour cette organisation.
6. C'est elle qui a voulu ouvrir les portes du resto le 25 décembre.
7. Ce sont les bénévoles du centre qui préparent les repas.
8. Le succès des restos ne cesse d'augmenter.
9. La nourriture est fournie par les bénévoles.
10. Isabelle héberge les SDF chez elle.
11. Selon Isabelle, les bonnes volontés ne manquent pas.
12. Pour être bénévole, il suffit d'avoir du temps et de savoir servir la soupe.

les entreprises *f* **donatrices** donor businesses / **le grand magasin** department store / **le foyer** hostel / **afficher complet** to be fully booked / **héberger quelqu'un** to put up, lodge someone / **affluer** to flock / **les prévisions** *f* prediction / **la hausse** increase / **par rapport à** compared to / **partagé** shared / **les bonnes volontés** people of good will / **manquer** to be lacking / **il ne suffit pas de vouloir donner** it is not enough to want to give / **le cantinier** canteen man / **le devoir** duty / **Il faut de la chaleur.** Warmth is needed. / **embrasser** to embrace, to kiss / **pareil** such / **la bise** kiss / **le Polonais** Pole / **le baise-main** hand kiss

Nouveau Contexte

Complétez le dialogue suivant en choisissant les termes appropriés (employez chaque terme une seule fois). Puis, jouez le dialogue.

Noms : arrondissement *m*, chaleur *f*, gaspillage *m*, marmites *f*, quartier *m*
Verbes : aider, empiler, gérer
Expressions idiomatiques : à l'autre bout de, bonnes volontés *f*, il ne suffit pas, resto *m* du cœur, sans-domicile fixe *m*

Dialogue entre deux sans-abri

JACQUES   Salut, Paul. Où vas-tu de si bon matin ?

PAUL   Je vais place Victor Hugo.

JACQUES   Dans le XVIème _____*1* ? Mais ce n'est pas tellement ton _____*2* .

PAUL   Je vais voir la directrice du _____*3* où je mange plusieurs fois par semaine ; elle m'a dit qu'elle pourrait me donner un anorak et quelques vêtements.

JACQUES   Ah ! Elle y habite vraiment ?

PAUL   Oui, c'est une femme super qui, tous les matins, va _____*4* Paris pour servir des repas à des _____*5*. Pourquoi ne viens-tu pas manger avec moi d'ailleurs ?

JACQUES   Non, je n'aime pas les institutions. Je veux être indépendant.

Dialogue entre un bénévole et le directeur d'un abri

DIRECTEUR   Alors, vous voulez vous joindre à nous ? J'en suis ravi parce que nous avons toujours besoin de _____*6* .

BÉNÉVOLE   Depuis que j'ai connu le chômage, je me rends compte qu'il est possible de tout perdre et je veux _____*7* les autres.

DIRECTEUR   Vous savez, le travail dans un resto n'est pas facile. _____*8* de vouloir aider, il faut aussi être solide et avoir de la _____*9* .

BÉNÉVOLE   Je suis prêt à tout faire et je respecte les autres.

DIRECTEUR   Alors, venez. Il y a des boites à _____*10*, des stocks à _____*11* avant l'arrivée des _____*12* de soupe. Un de nos principes est « jamais de _____*13* » .

Vocabulaire satellite

les **classes** *f* **privilégiées** privileged classes
les **classes** *f* **défavorisées** underprivileged classes
les **inégalités** *f* **sociales** social inequities

le **sans domicile fixe (SDF)** homeless
le, la **clochard(e)** tramp
le, la **mendiant(e)** beggar
mendier to beg
faire la manche to beg

le, la **bénévole**   volunteer
le **bénévolat**   volunteer work
le **resto du cœur**   restaurant for
    the poor
l' **abri** *m*   shelter
le **foyer**   shelter
la **charité**   charity
être charitable   to be charitable

faire la charité   to give to
    charity
aider les autres   to help others
la **générosité**   generosity
généreux, -euse   generous
la **pauvreté**   poverty
le, la **pauvre**   poor person

Pratique de la langue

1. A votre avis, pourquoi le nombre des sans-abri augmente-t-il sans arrêt ? Les facteurs sont-ils identiques en France et aux USA ?
2. Comment peut-on aider les sans-logis *(homeless)* ? Faites une liste des solutions possibles (au moins trois).
3. Qui doit résoudre le problème des sans-abri, le gouvernement ou les organismes privés ?
4. Le gouvernement doit-il augmenter les prestations sociales *(welfare)* ? A-t-il raison de couper l'aide aux familles sans ressources ?
5. Imaginez que vous décidiez de faire du bénévolat. Auprès de quel organisme vous porteriez-vous volontaire ? Pourquoi ?
6. Vous rencontrez une femme que son mari a abandonnée avec ses deux enfants. Elle n'a plus de ressources. Que lui conseillez-vous ?

La Bourgeoisie

The bourgeoisie is not defined by occupation, except negatively in the sense that manual workers would not be viewed (or view themselves) as bourgeois. The bourgeois may be in business *(les affaires)* or trade *(le commerce)*, or may live on their accumulated wealth *(vivre de ses rentes)* or belong to one of the *professions libérales*. Today they are likely to be *cadres*[c] *supérieurs* or *moyens*—that is, senior or middle-management executives—although many of the younger technocrats who affect a "swinging" lifestyle would bristle at the thought of being labeled "bourgeois," a name they associate with a slower-moving, more traditional society.

Based on more than just their profession, it is the tradition that the bourgeois inherit or perpetuate that assigns them their rank in the bourgeoisie, a segment of society that, though more restricted than the American middle class, is nevertheless substantial. Between *les grands bourgeois*, established for generations in influential positions and often linked by marriage to the nobility, and the white-collar *petits bourgeois* living on a fixed income, who are fortunate if they own their house or apartment, there is room for bourgeois of all shades: *les bourgeois intellectuels, les bourgeois aisés*, and even *les gros bourgeois*. Levels and sources of income may vary, as well as educational background (some have attended the university, or better yet a *Grande Ecole^c*), but a common denominator remains : the typical bourgeois sense of security. The bourgeois system of values includes a professed work ethic combined with the cultivation of leisure (though not necessarily conspicuous consumption), a strong belief in the virtue of saving *(l'épargne)*, and the pursuit of family values. To maintain a certain lifestyle, affluence is necessary; balancing the expenses of one's *train de vie* against the need for saving is the bourgeoisie's perennial dilemma.

Orientation

Aux Etats-Unis, on ne parle pas de BCBG *(voir l'article qui suit)* mais d'un autre stéréotype, les « preppies ». Bien que ces deux groupes soient différents l'un de l'autre, ils ont certains traits en commun. Mettez-vous en groupe et essayez de caractériser les « preppies » américains en répondant aux questions suivantes. Il y a plus d'une bonne réponse possible.

1. Que font les « preppies » pour se distraire ?
   Ils font
   a. de la boxe
   b. du tennis
   c. du patin à roulettes *(roller blade)*
   d. de l'aviron *(crew)*.
   Ils jouent
   a. du piano
   b. de l'harmonica
   c. de l'accordéon
   d. du violon.
2. Quelles professions les intéressent ?
   Ils veulent être
   a. cinéastes
   b. médecins
   c. hommes ou femmes d'affaires
   d. astronautes.
3. Comment choisissent-ils leur époux (épouse) ?
   Ils ont tendance à se marier
   a. avec un(e) autre « preppie »
   b. avec un(e) ami(e) d'enfance
   c. avec un(e) étranger(ère)
   d. avec quelqu'un qui n'est pas de la même classe sociale qu'eux.
4. Où habitent-ils ?
   On les trouve surtout
   a. en Californie
   b. à New York
   c. en Alaska
   d. sur la côte Est des Etats-Unis.

5. Comment s'habillent-ils ?
   On les reconnaît parce qu'ils s'habillent
   a. punk
   b. classique
   c. de façon excentrique
   d. avec mauvais goût.

L'auteur, Thierry Mantoux, a étudié les comportements° et le système de valeurs des BCBG : ces bourgeois « bon chic bon genre ». Les vrais BCBG sont généralement de grands bourgeois ou des bourgeois aisés, mais il y a beaucoup d'imitateurs. Les BCBG sont facilement reconnaissables par leurs vêtements, leur langage, leur lieu de résidence, leurs attitudes. Peu innovateurs, ils ne cherchent qu'à perpétuer les avantages et le mode de vie dont ils ont hérité.

Ce deuxième extrait nous présente, d'une façon humoristique, quelques-unes de leurs caractéristiques.

Portraits de BCBG-type : Charles-Henri et Isabelle

La naissance :
Les plus hautes autorités religieuses, morales et civiques semblent le penser : l'enfant est BCBG dès° sa conception. La naissance est une fête même si c'est une fille... surtout après trois garçons, car les familles BCBG sont nombreuses.°

5   *L'éducation :*
Dès que° possible, entre deux et trois ans de préférence, Charles-Henri et Isabelle commenceront leur apprentissage de la vie sociale au jardin d'enfants,° choisi avec soin° par leurs parents. Une école privée aura la préférence, à la rigueur,° une classe maternelle dans une école publique « pilote ».° Mais les études des enfants sont une
10 chose trop sérieuse pour s'embarrasser° de principes embarrassants. Partisans de l'école libre,° les BCBG sont parfaitement capables de s'ériger en° défenseurs de l'enseignement public, lorsque cela les arrange.° Qualité d'abord ; le palmarès° des meilleurs pourcentages de réussite au bac[c] influence avant tout leur décision.
... Les enfants « doivent » avoir des activités, sortir et pratiquer un sport. Ce sont,
15 les mercredis et les samedis après-midi, leçons de piano ou de danse, initiation au

---

le comportement behavior / **dès** = *depuis* / **la famille nombreuse** = *avec beaucoup d'enfants* / **dès que** as soon as / **le jardin d'enfants** = *l'école maternelle* (kindergarten) / **avec soin** with care / **à la rigueur** if need be / **l'école *f* pilote** = *une école qui a une pédagogie innovatrice* / **s'embarrasser** = *se préoccuper* / **l'école *f* libre** = *l'école privée* / **s'ériger en** = *se présenter comme* / **les arrange** suits them / **le palmarès** = *la liste*

tennis, leçons de poney. Avez-vous essayé de joindre une mère BCBG un mercredi ?[1]
C'est impossible. Transformée en chauffeur de taxi, son emploi du temps est minuté.°

    Afin d'éviter toute perméabilité° aux influences extérieures, le scoutisme° mettra
la touche finale à l'éducation des BCBG. C'est le rempart efficace° contre les dessins
20 animés,° les jeans, le chewing-gum, la télévision, les mauvaises manières et le
laisser-aller.°

    Mais, en matière d'éducation, le but de tout BCBG sensé° est d'entrer dans une
Grande Ecole d'Ingénieur ou de Commerce[c]. Ancien élève de l'Ecole Polytechnique
ou diplômé de l'Ecole Supérieure de Commerce de Paris sont la garantie d'un avenir
25 brillant, d'une situation en vue° et font tellement bien° sur un faire-part de mariage.°

Les fiançailles° et le mariage :

    La vie de Charles-Henri et d'Isabelle consiste, jusqu'à leurs fiançailles, à ren-
contrer des gens bien, à ne sortir qu'avec quelqu'un de bien° pour épouser (ouf !)

---

son emploi du temps est minuté her schedule is tight / **la perméabilité** = *la pénétra-*
tion / **le scoutisme** = *le mouvement scout* / **le rempart efficace** efficient protection /
les dessins *m* **animés** cartoons / **le laisser-aller** = *l'absence de discipline* / **sensé** =
raisonnable / **en vue** = *très important* / **faire tellement bien** to look so nice / **le**
faire-part de mariage = *l'annonce officielle du mariage* / **les fiançailles** *f* engagement /
quelqu'un de bien someone nice, decent

[1] *Il n'y a pas de classe le mercredi après-midi dans les écoles en France.*

quelqu'un de très bien, ce quelqu'un étant le frère d'un ami proche ou la sœur de sa
30 meilleure amie.

Juste avant le mariage, parmi la multitude des problèmes futiles à résoudre, il en
est° d'essentiels :

— le pedigree du futur°

— l'annonce officielle

35   — la cérémonie et la réception

— l'appartement

Le pedigree est, comme pour la gent° canine, de la plus haute importance. Un
beau nom (comprenez avec une particule°) est souhaitable, un beau diplôme aussi.
Il est bon sur le faire-part de pouvoir exhiber quelques Légions d'honneur,^{c} mé-
40 dailles militaires (au moins pour un grand-père), un titre de noblesse véritable ou
d'amiral, ou de général, et bien sûr, le diplôme du futur (et pourquoi pas de la future
— si, cela se fait maintenant).

L'annonce n'est officielle que dans le Carnet du Jour° du *Figaro.*° On évitera pratiquement tous les autres quotidiens,° sauf, à rajouter,° le cas échéant,° *Le Monde,*
45 pour des raisons professionnelles. *Le Figaro* est une obligation.

L'appartement :

C'est à Paris que le BCBG se rencontre le plus souvent, le centralisme monar-
chique a contribué à cela. Le Pouvoir, l'Art, le Luxe, l'Argent sont à Paris. Le BCBG
le mieux enraciné° se rencontre plutôt vers l'Ouest de Paris, dans les VIe, VIIe, VIIIe,
50 XVIe arrondissements,^{c} mais déborde° bien sûr vers Neuilly, St-Cloud, Versailles.
L'adresse ou le style d'habitation sont importants. Seuls quelques modernes ten-
teront l'aventure° — presque une croisade° — d'habiter ailleurs.°

Le style BCBG :

Les vêtements BCBG sont un uniforme. Ils ne reflètent pas la personnalité de
55 celui qui les porte et ne suivent pas la mode : c'est la règle.°

Charles-Henri est toujours habillé comme il faut° : au bureau, en costume prince
de Galles,° à la campagne, en pantalon de velours,° en « pingouin »° pour le mariage
de son frère, en chasseur° ou en tennisman.

Isabelle est toujours soignée,° coiffée,° maquillée° et classique, quoi qu'il arrive°
60 et quelle que soit l'heure de la journée° ; le laisser-aller n'est pas plus toléré dans

---

il en est = *il y en a* / **le futur, la future** the bridegroom-to-be, the bride-to-be / **la gent**
= *la race* / **la particule** = *préposition **de** devant le nom de famille, qui indique l'apparte-*
nance à la noblesse / **le Carnet du Jour** social announcements / **le Figaro** = *le journal*
préféré des BCBG, orienté politiquement à droite / **le quotidien** = *journal qui paraît tous*
les jours / **rajouter** to add / **le cas échéant** = *si l'occasion se présente* / **enraciné**
implanted / **déborde** overflows / **tenter l'aventure** = *essayer* / **la croisade** crusade / **ailleurs** elsewhere / **la règle** rule / **habillé comme il faut** = *bien habillé* /
prince *m* **de Galles** glen plaid (material) / **le velours** corduroy / **le pingouin** tails
(tuxedo) / **le chasseur** hunter / **soignée** = *impeccable* / **coiffée** her hair well
done / **maquillée** made up / **quoi qu'il arrive** whatever may happen / **quelle que**
soit l'heure de la journée whatever the time of day may be

sa tenue° que dans sa maison. Vous pouvez sonner° chez elle à toute heure, elle est prête à vous recevoir.

La culture BCBG :

65 Elle est classique. Entendez par là que c'est une culture de classe — celle des autres BCBG. Sans avoir lu ni Homère, ni Shakespeare, ni Dante, ni Goethe, le BCBG doit pouvoir en parler : dire « c'est kafkaïen », « c'est proustien », ou « c'est dantesque » n'oblige nullement° à lire ces auteurs ; en règle générale sachez que ce genre d'épithète n'a pas grand rapport avec l'œuvre citée.° La culture BCBG est un accessoire comme les autres, c'est un mot de passe, un signe de reconnaissance,° un 70 insigne° commun aux « members only ».

Thierry Mantoux, Extrait de *BCBG : Le Guide du bon chic bon genre*

Qu'en pensez-vous ?

Etes-vous d'accord ou non avec les déclarations suivantes ? Justifiez votre réponse.

1. On ne naît pas BCBG, on le devient.
2. Les BCBG n'ont pas beaucoup d'enfants.
3. Les enfants BCBG vont toujours à l'école maternelle de leur quartier.
4. Les parents BCBG prennent les études de leurs enfants très au sérieux.
5. Le jeudi après-midi, les écoliers français ne vont pas à l'école.
6. Le football, la course à pied, la boxe sont des sports très BCBG.
7. Les parents de Charles-Henri souhaitent que leur fils fasse du scoutisme.
8. Le but de tout BCBG est de devenir professeur.
9. Les BCBG ont l'occasion de rencontrer des gens de tous les milieux sociaux avant leur mariage.
10. L'alliance avec la noblesse est encore très recherchée chez les bourgeois bon chic bon genre.
11. Dans ce milieu, on encourage les filles autant que les garçons à poursuivre des études supérieures.
12. *Le Figaro* est le journal que les BCBG lisent le plus fréquemment.
13. C'est en banlieue que l'on trouve le plus grand nombre de BCBG.
14. Charles-Henri et Isabelle sont toujours habillés à la dernière mode et recherchent avant tout l'originalité.
15. Les BCBG sont, bien sûr, des gens très cultivés.

Nouveau Contexte

Complétez le dialogue suivant en choisissant les termes appropriés (employez chaque terme une seule fois). Puis, jouez le dialogue.

la tenue = *les vêtements* / **sonner** to ring the bell / **nullement** = *pas du tout* /
l'œuvre *f* **citée** quoted work / **la reconnaissance** recognition / **l'insigne** *m* badge

Noms :   avenir *m*, faire-part *m*, jardin d'enfants *m*, mari *m*, particule *f*,
          polytechnicien *m*, situation *f*
Verbe :   se sont rencontrés
Adjectifs :   diplômé, soignée

Conversation entre deux jeunes filles BCBG

DELPHINE   J'ai vu le _____ *1* de mariage de ta cousine Marie-Chantal dans
          Le Figaro. J'ai l'impression qu'elle fait un très beau mariage. Comment
          s'appelle son futur _____ *2* déjà ? Il a un nom à _____ *3* :
          Arnaud de... quelque chose...

SOPHIE   Oui, Arnaud de Brissac. Il vient d'une excellente famille. Son père est
          _____ *4* et son grand-père, officier de la Légion d'Honneur.

DELPHINE   Pas mal, et lui, qu'est-ce qu'il fait ?

SOPHIE   Il est _____ *5* d'une grande école, de HEC, je crois. Il va se lancer
          dans les affaires.

DELPHINE   Et, bien sûr, il a un _____ *6* brillant devant lui... Marie-Chantal
          est la femme idéale pour un homme un peu snob avec une bonne
          _____ *7*.

SOPHIE   Pourquoi dis-tu cela ?

DELPHINE   Tu connais Marie-Chantal ? Elle est toujours si _____ *8* et si bien
          habillée, elle sera une hôtesse parfaite... Je suis curieuse de savoir où ils
          _____ *9*.

SOPHIE   Oh, ils se connaissent depuis le _____ *10*.

DELPHINE   Je vois... cela n'a pas été vraiment le coup de foudre *(love at first
          sight)* !

SOPHIE   Non, pas vraiment, pas comme ce qui s'est passé entre toi et Ludovic.

DELPHINE   Ludovic ! ! ! Ne prononce jamais plus ce nom devant moi. Tout est fini
          entre nous.

Vocabulaire satellite

le **milieu social**   social
    environment
le **mode de vie**   lifestyle
le **comportement**   behavior
le **niveau de vie**   standard of
    living
le **revenu**   income
    être aisé   to be affluent
les **membres** *m* **des professions
    libérales**   professionals
l' **homme, la femme d'affaires**
    businessman, businesswoman

le **cadre moyen, supérieur**
    middle or senior management
    executive
la **réussite**   success
le **pouvoir**   power
l' **arriviste** *m, f*   social climber
    **gravir les échelons de la
    hiérarchie sociale**   to move
    up the social ladder
    hériter de   to inherit
    faire partie de   to belong
    être snob   to be snobbish

avoir bon genre; mauvais genre to be distinguished, vulgar	**avoir de la classe** to have class
	comme il faut proper

Pratique de la langue

1. Dans ce texte, l'auteur se moque des BCBG. Qu'est-ce que vous critiqueriez le plus dans leur attitude :
   a. leur snobisme
   b. leur hypocrisie
   c. leur sexisme
   d. leur attitude supérieure
   e. leur manque (*lack*) d'ouverture sur les autres
   f. leur manque d'originalité
   Répondez en trouvant des exemples bien précis dans le texte.
2. Préparez un des dialogues suivants basés sur le « Nouveau Contexte » , p. 101.
   a. Imaginez un dialogue où la mère de Marie-Chantal parle du mariage de sa fille et de son futur gendre (*son-in-law*) avec une autre mère BCBG.
   b. Rejouez la même situation mais cette fois-ci Marie-Chantal va faire, selon sa mère, un mariage « désastreux ».

> *Le Général (c.r.) André Bertagnolio,*
> *Officier de la Légion d'Honneur et Madame*
> *André Bertagnolio*
> *ont l'honneur de vous faire part du mariage de*
> *leur fille, Cécile Bertagnolio,*
> *avec Monsieur Vincent Courtoulou.*
>
> *Et vous prient d'assister ou de vous unir d'intention*
> *à la Cérémonie du Mariage qui aura lieu le Samedi 9*
> *Avril 1988, à 15 heures, en l'Eglise Saint-Vincent de*
> *Ciboure (Pyrénées Atlantiques).*
> *Le consentement des époux sera reçu par Monsieur*
> *l'abbé Belhagorry, curé de Ciboure.*

3. Connaissez-vous des gens autour de vous qui ressemblent à Charles-Henri et Isabelle ? En quoi sont-ils semblables ou différents ? Parlez en détail de leur famille, de leur éducation, des vêtements qu'ils portent, de leurs distractions favorites, etc.

4. Jouez la scène suivante : Charles-Henri et Isabelle ont maintenant un fils de six ans qui va bientôt entrer à l'école primaire. Charles-Henri voudrait qu'il aille dans une école privée. Isabelle préférerait l'école publique qui se trouve dans leur rue. Imaginez leur discussion.

5. En lisant le texte, vous avez remarqué que les BCBG se marient entre eux. D'après vous, est-il important d'épouser quelqu'un de la même classe sociale ou qui ait reçu la même éducation ?

La France des passe-droits

Since the Ancien Régime (the monarchy prior to the French Revolution of 1789), France has been a country where privileges and rights have prevailed. More than in other countries, and despite beliefs in *"Liberté, Egalité, Fraternité,"* numerous advantages have been given to certain segments of society. From retirement at 55 for some government and *SNCF (Société Nationale de Chemin de Fer)* employees to salary increases of 40% and special benefits for civil servants working in *DOM-TOM (Domaines et Territoires d'Outre-Mer)* and foreign countries, acquired rights are a part of France's economic and social life. Often justified in the past and defended by unions and the people who enjoy them, these rights are nowadays being questioned and reexamined in the name of equity and justice.

Also contrary to the rules of democracy and equality are *passe-droits*, which French people are so fond of. Practiced like a national sport at all levels of French society, the game of "pulling strings" is played by the elite and common people alike. Having parking tickets fixed, arranging for one's child to be admitted to one of the top-notch lycées, having a work permit issued to an immigrant or a rent-controlled apartment assigned to a friend are all possible for the person "who knows someone." Thus the elite—through their school and work contacts—benefit from favors and privileges not accessible to others and thrive as a privileged caste in an egalitarian society.

Orientation

Imaginez que vous faites partie de l'élite française. Votre famille riche et connue a beaucoup de contacts dans la vie publique et privée. Indiquez si vous allez vous servir de ces contacts dans les situations suivantes :

OUI   NON

— pour entrer dans une école privée
— pour trouver un emploi
— pour trouver un appartement
— pour avoir des places à la première d'un film

OUI NON

— pour avoir une réservation dans un restaurant très chic
— pour avoir vos entrées dans un club privé
— pour rencontrer le président d'un pays étranger
— pour être invité(e) à une réception privée à l'Elysée
  (French President's residence)
— pour avancer dans votre carrière

La France des passe-droits°

L'histoire est encore récente. Elle s'est déroulée° au lendemain° d'un Noël de cette décennie.° Monsieur le Ministre et Madame avaient décidé, sur un coup de tête,°de fêter° le nouvel an à Saint-Martin, avec une petite dizaine d'amis. Ce 26 décembre, le vol° Air France pour les Antilles était plein, et la liste d'attente° conséquente.° Que
5 faire ? A l'époque,° la compagnie aérienne se gardait° toujours, jusqu'au dernier moment, deux ou trois sièges° en première classe pour quelques VIP. Mais dix ! L'affaire fut pourtant° réglée° sur un simple coup de fil° passé à la haute administration de la compagnie nationale : le jour du départ, cinq passagers qui avaient réservé leurs places s'en sont de mauvais gré° retournés chez eux,° avec les excuses° de la direc-
10 tion° et un petit dédommagement.° Prétexte invoqué ? Erreur d'ordinateur, avion surbooké. Classique. Nous ne citerons pas le nom de ce ministre car, après tout, comme le souligne° ce cadre° d'Air France, « il n'a pas été le seul, loin de là » .
Entre celui qui réussit à se faire systématiquement surclasser° et celui qui réclame° des huîtres° à bord,° mille traitements de faveur,° inoffensifs° ou scandaleux,
15 permettent à quelques *happy few* d'échapper° au sort° du commun des mortels.° Imaginez le bonheur de ceux qui peuvent se garer° n'importe où, ou qui décident la veille° de se rendre gratuitement° à la féria° de Nîmes ou au Festival d'Aix, quand les vrais amateurs° ont acheté à prix d'or et dupuis des mois leurs places. Imaginez encore quel plaisir procure le fait d'inscrire° ses enfants dans les meilleurs lycées,
20 ou de pistonner° sa cousine pour que son bébé ait une place dans une crèche.° Plaisir encore d'habiter, à prix d'ami, un logement° des beaux quartiers, propriété°

---

le passe-droit favor, string-pulling / **se dérouler** to take place, to occur / **au lendemain de** on the day after / **la décennie** decade / **le coup de tête** impulse / **fêter** to celebrate / **le vol** flight / **la liste d'attente** waiting list / **conséquent** substantial / **à l'époque** at the time / **garder** to keep / **le siège** seat / **pourtant** however / **régler (un problème)** to settle (a problem) / **le coup de fil** phone call / **s'en retourner chez eux** to go back home / **de mauvais gré** reluctantly / **l'excuse** *f* apology / **la direction** management / **le dédommagement** compensation / **souligner** to emphasize / **le cadre** executive / **surclasser** to bump up in class / **réclamer** to call for / **l'huître** *f* oyster / **à bord** on board / **le traitement de faveur** preferential treatment / **inoffensif** harmless / **échapper à** to escape / **le sort** fate / **le commun des mortels** ordinary mortals / **se garer** to park / **la veille** the day before / **gratuitement** for free / **la féria** bullfights / **l'amateur** *m* enthusiast / **inscrire** to enroll / **pistonner** to pull strings for / **la crèche** daycare center / **le logement** lodging / **la propriété** property

de la Ville de Paris. D'y loger ses enfants. Et, pourquoi pas, son demi-frère et son ex-femme ?

Partout les passe-droits foisonnent.° On a beau° les chasser, les dénoncer, les vili-
25 pender,° rien n'y fait° ! Ils s'épanouissent° dans la société française comme la ver-
rue° sur le nez du notable.° Rien à voir° avec la corruption : dessous-de-table°
contre° services rendus, là au moins les choses sont claires, et tombent sous le coup
de la loi.° Le passe-droit, lui, est inconnu au Code pénal. Que dit le Petit Larousse° ?
« Passe-droit : faveur accordée à l'encontre de° ce qui est juste et légitime. » Joli
30 flou° artistique, propice° à tous les arrangements.

« Life is unfair » , avait coutume° de dire John F. Kennedy, expert en la matière.
Eh oui ! La vie est injuste. Une manière de dire qu'il vaut mieux être archevêque°
et fils d'archevêque qu'anonyme, pauvre, et sans relations.° Quand des milliers° de
fans font la queue° une partie de la nuit pour acheter leurs places° pour le dernier
35 concert des Stones à l'Olympia, est-il « juste et légitime » que Jack et Monique Lang°
exigent° de se faire inviter, alors que les organisateurs avaient juré° que, pour une
fois, ce ne serait pas une soirée VIP ?

foisonner to abound / **avoir beau** to try with no avail / **vilipender** to vilify / **rien
n'y fait** nothing works / **s'épanouir** to blossom / **la verrue** wart / **le notable**
celebrity / **rien à voir** nothing to do (with) / **le dessous-de-table** bribe / **contre**
in exchange for / **tomber sous le coup de la loi** to be a statutory offense / **Le Petit
Larousse** = *dictionnaire français* / **à l'encontre de** contrary to / **le flou** vagueness /
propice favorable / **avoir coutume de** to be in the habit of / **l'archevêque** *m* archbishop / **la relation** connection / **les milliers** thousands / **faire la queue** to stand in
line / **la place** seat / **Jack Lang** = *l'ancien ministre de la culture durant la présidence
de François Mitterrand* / **exiger** to demand / **jurer** to swear

Exaspérant ? Contraire à toutes les règles de la démocratie, aux principes d'équité et de morale ? Chacun verra midi à sa porte.° Ecoutez le vibrant plaidoyer° de ce
40 conseiller° en communication, l'une des éminences grises° de l'actuelle° majorité qui tient, lui aussi, à rester anonyme : « Le problème, c'est que nos hauts fonctionnaires,° malgré leurs salaires de misère, doivent tenir° leur rang° social. Quand un élu° perçoit° 35 000 francs par mois, il touche° un dixième de la rémunération de n'importe quel° grand patron.° Et le seul moyen de rattraper° le pouvoir d'achat° de
45 ses interlocuteurs,° c'est d'acquérir° le maximum d'avantages en nature.° Et il va même plus loin : Tous ces passe-droits sont rassurants.° C'est finalement le signe d'une société où l'argent n'est pas roi. »

Ainsi va la vie de la nomenklatura française. Avec une espèce° d'évidence° tranquille. « Les sollicitations sont si nombreuses que certains finissent par perdre le
50 sens commun. On commence par leur prêter des voitures, des robes de couturiers. Et ils finissent par trouver normal de ne pas les rendre.° Normal qu'une entreprise les emmène° en jet privé voir un match de foot. Normal de ne plus jamais rien payer... », affirme l'ex-député socialiste, François Hollande.

Bien sûr° grands commis° de l'Etat, politiques ou hauts fonctionnaires n'ont pas
55 l'exclusivité de ces prérogatives. Cadres dirigeants,° industriels ou grands patrons, intellectuels en vue° et stars des médias en usent, et en abusent, à l'occasion.° De coupe-files° en invitations, certains en ont fait un mode de vie. Un art subtil, qui exige° tact, doigté,° et une connaissance achevée° de la hiérarchie. Car° solliciter un passe-droit est plus compliqué qu'il n'y paraît : « L'expert, c'est celui qui sait frapper
60 au bon échelon° hiérarchique. Le plus bas possible, mais pas trop. L'objectif, c'est que votre interlocuteur° se sente flatté de vous rendre ce service. » Parole de spécialiste ! Un état d'esprit qui s'acquiert généralement dès le berceau.° D'autant plus° naturellement qu'on a le bonheur de naître sous les étoiles° conjuguées du Who's Who, du « Guide du pouvoir » , et des annuaires° des anciens° des grandes écoles.

Natacha Tatu et Sara Daniel, *Le Nouvel Observateur*

---

voir midi à sa porte = *envisager les choses de son point de vue* / **le plaidoyer** plea / **le conseiller** counsellor / **l'éminence grise** *f* = éminence grise (some holding unsuspected or unofficial power) / **actuel** present / **le haut fonctionnaire** top civil servant / **tenir** to hold onto, to maintain / **le rang social** social standing / **l'élu** *m* elected official / **percevoir** to receive / **toucher** to get, to earn / **n'importe quel** just about any / **le patron** boss, business owner / **rattraper** to make up / **le pouvoir d'achat** purchasing power / **l'interlocuteur** *m* associate / **acquerir** to acquire / **en nature** in kind / **rassurant** reassuring / **l'espèce** *f* kind / **l'évidence** *f* obviousness / **rendre** to return / **emmener** to bring, to take / **bien sûr** of course / **le grand commis** top ranking civil servant / **le cadre dirigeant** CEO, director / **en vue** prominent / **à l'occasion** sometimes / **le coupe-file** pass / **exiger** to require / **le doigté** touch, technique / **achevé** = *parfait* / **car** for / **l'échelon** *m* level / **interlocuteur** *m* speaker / **dès le berceau** right from the cradle, from infancy / **d'autant plus** all the more / **naître sous une (bonne) étoile** to be born under a (lucky) star / **conjugué** aligned / **l'annuaire** *f* directory / **les anciens** *m* graduates

Qu'en pensez-vous ?

Etes-vous d'accord ou non avec les déclarations suivantes ? Justifiez votre réponse.

1. Ce Noël-là, le vol pour les Antilles avait des places libres en première.
2. La compagnie aérienne a dit à certains passagers que l'avion était surbooké.
3. Les passe-droits sont rares dans la capitale.
4. Le passe-droit relève du Code pénal.
5. La vie est juste.
6. Le problème des hauts fonctionnaires est de recevoir des salaires de misère.
7. On ne prête jamais rien aux hauts fonctionnaires.
8. Les avantages en nature et les prérogatives ne sont donnés qu'aux grands commis de l'Etat.
9. Solliciter un passe-droit est très simple.
10. Pour obtenir une faveur, il faut frapper à l'échelon le plus élevé de la hiérarchie gouvernementale.

Nouveau Contexte

Complétez le dialogue suivant en choisissant les termes appropriés (employez chaque terme une seule fois). Puis, jouez le dialogue.

Noms :   conseillère *f*, crèche *f*, liste *f* d'attente, passe-droits *m*, place *f*
Verbe :   foisonnent
Adjectif :   scandaleux
Expressions idiomatiques :   aurez beau, traitements *m* de faveur

Dialogue entre la directrice d'une crèche et une jeune maman. La maman, haut-fonctionnaire, vient d'avoir un enfant.

DIRECTRICE   Oui, allô.

MAMAN   Madame Rivière ? Je voudrais inscrire mon bébé dans votre _____ [1] pour le mois de juin.

DIRECTRICE   Désolée, Madame, nous n'avons aucune _____ [2]. Nous avons déjà cinquante enfants sur notre _____ [3]. Les demandes _____ [4] et nous ne pouvons les satisfaire.

MAMAN   Mais enfin, nous sommes au mois de janvier et je vous demande une place pour le mois de juin. Je reprends mes fonctions de _____ [5] au ministère de la Culture et il me faut une garde d'enfant.

DIRECTRICE   Vous _____ [6] insister, je ne peux pas vous aider, Madame.

MAMAN   Mais c'est _____ [7] ! Vous défendez les _____ [8] !

DIRECTRICE   Non, Madame ! mais les _____ [9] sont une réalité de notre société et croyez bien que je les déplore.

Vocabulaire satellite

la **prérogative**   prerogative

pistonner   to pull strings

le **piston**   string-pulling

le **passe-droit**   favor

le **traitement de faveur**   preferential treatment

le **privilège**   privilege

le, la **privilégié(e)**   privileged person

avoir le droit (de faire quelque chose)   to have the right (to do something)

rendre service à quelqu'un   to do someone a favor

faire sauter une contravention   to have a ticket fixed

obtenir un logement à loyer modéré   to get a rent-controlled apartment

obtenir une place de théâtre gratuite   to get a free theater ticket

la **justice**   justice

l' **égalité** *f*   equality

l' **équité** *f*   equity

la **hiérarchie**   hierarchy

le **haut fonctionnaire**   top civil servant

le **cadre**   executive

Pratique de la langue

1. Etes-vous pour ou contre le piston ? A votre avis, dans quels cas est-il justifié ?
2. Dites si vous acceptez ou non ces passe-droits :
   — faire sauter une contravention
   — faire inscrire son fils ou sa fille dans une école prestigieuse
   — obtenir une place pour un concert affiché complet
   — faire retarder un vol pour pouvoir le prendre
   — se faire attribuer un superbe logement à prix modéré
   — faire bénéficier l'épouse d'un maire d'une voiture de la municipalité
   — se faire prêter des robes de couturiers
   — se faire inviter aux Caraïbes par une grosse compagnie industrielle
   — se faire réserver des places gratuites à Roland Garros ou Wimbledon
   — bénéficier d'une transplantation d'organe sans attente
3. Avez-vous déjà été pistonné(e) pour quelque chose ?
4. Le piston existe-t-il aux USA ? Dans quels domaines : médecine, politique, éducation, monde des affaires, art, etc... ? Est-il bien vu ou mal vu ?
5. Existe-t-il un remède au piston ?
6. Faites-vous une différence entre le piston et les avantages obtenus dans l'exercice d'une profession ?
7. Imaginez la vie d'un petit garçon français dont les parents appartiennent à la haute bourgeoisie. Que vont faire ses parents pour qu'il puisse réussir dans la société ? A qui vont-ils s'adresser pour que leur enfant ait les meilleurs atouts *(trump cards)* dans la vie ? Inspirez-vous des questions suivantes.

a. A la naissance, que feront les parents ? Qui s'occupera de lui, bébé ?

b. Dans quelle école ses parents l'inscriront-ils ?

c. Quel type d'études fera-t-il ? Au lycée, quel bac obtiendra-t-il ?

d. Quelles études supérieures fera-t-il ?

e. Comment trouvera-t-il un emploi ? Quel type d'emploi ? Qui l'aidera ?

f. Où habitera-t-il ? A Paris, les appartements sont rares et chers. Qui l'aidera à en trouver un ?

g. A 27 ans, il est temps pour notre jeune homme de se marier. Qui sera sa fiancée ?

h. Le mariage. Où se fera-t-il ? Qui seront les invités ?

Sujets de discussion ou de composition

1. Pendant un séjour que vous faites en France, vous êtes invité(e) dans une famille BCBG. Décrivez leur mode de vie d'une façon humoristique.

2. Pensez-vous que dans la société où vous vivez, les différences entre les classes aient tendance à s'accentuer ou à disparaître ?

3. En allant au bureau ou à l'université, vous passez souvent devant un certain sans-abri dans la rue. Vous vous intéressez à lui et vous voulez faire quelque chose pour l'aider. Vous décidez de parler avec lui. Qu'est-ce que vous lui dites et qu'est-ce que vous faites pour l'aider ?

3ème

PARTIE

Institutions et Influences

6

La France politique et économique

La Politique française

french politics today is still characterized by a Left-Right division, although many of the sharp ideological distinctions of earlier times have blurred. On issues such as education, foreign policy, economics, and human rights, it is sometimes difficult to distinguish the views of the Socialist party from those of the moderate parties on the Right. Moreover, in recent years, since the election of François Mitterrand to the Presidency in 1981, both the neo-Gaullist RPR party *(le Rassemblement pour la République)* and the Socialist party have alternately shared political power. In 1986, François Mitterrand was the first President forced to adopt a conciliatory attitude towards the *Assemblée nationale* (House), which was dominated by a coalition of opposition parties. He was compelled to choose his prime Minister— Jacques Chirac, leader of the RPR—from the ranks of the Right parliamentary majority. A new political situation *(la cohabitation)* was instituted in France. This odd "marriage" was to be repeated again during Mitterrand's second term, when Edouard Balladur became Prime Minister in 1993.

In May 1995, after fourteen years of the Socialist presidency of Mitterrand, Jacques Chirac was elected President of France after defeating the head of the Socialist party, Lionel Jospin. French voters, tired of the scandals and abuse of power by some members of the entourage of François Mitterrand, had showed their displeasure and dissatisfaction with a Left that no longer fulfilled their idealism by electing a member of the Right to the Presidency. Jacques Chirac selected a member of his own party, Alain Juppé, as Prime Minister. This elitist technocrat soon alienated his own cabinet by his arrogance and the French people by his program of government austerity and fiscal policies. Confronted with increasing discontentment and a lack of understanding of his economic goals, Chirac called early parliamentary elections in May 1997 to get a mandate on his policies of austerity. He was severely defeated and forced, like his predecessor François Mitterrand, to choose a Prime Minister from the opposition party. He chose the very man he had defeated two years previously, Lionel Jospin.

The Socialist-led left wing coalition leading France today has to tackle the same issues that caused the fall of the Right: an endemically high unemployment rate; a welfare state characterized by high taxes and lackluster job creation; slow economic growth (despite France's status as the world's fourth largest industrial power); global competition; and the successes of the extreme-right, xenophobist National Front party. These challenges have created a sense of anxiety, which has been somewhat alleviated by the optimism arising from the implementation of the euro (the European currency) and the strengthening of economic ties in Europe.

Following is a brief description of the current French political system:

A PARLIAMENTARY AND PRESIDENTIAL SYSTEM

In France, the President of the Republic and his Cabinet share executive power. Legislative power is exercised by Parliament. The system is a parliamentary one, for the National Assembly can overturn the Cabinet and the President can dissolve the Assembly. The system is a presidential one, too, in that the President of the Republic cannot be overthrown.

EXECUTIVE POWER

Executive power is shared by the President and the Prime Minister (*Premier ministre*).

The President of the Republic is elected by direct universal suffrage for a term of seven years (*le septennat*). He has considerable power: he appoints the Prime Minister; he presides over the Cabinet; he can dissolve the National Assembly; he can go directly to the people via referendum to decide any issue. (Should the President resign or die in office, an interim administration takes over, presided over by the President of the Senate, until such time as a new election can be held.)

The Prime Minister is the head of the Cabinet. He selects Cabinet members and is responsible for the nation's domestic policy. He is accountable to Parliament. He proposes legislation and sees to its implementation.

LEGISLATIVE POWER

Legislative power is exercised by Parliament, which is made up of the National Assembly *(Assemblée nationale)* and the Senate *(Sénat)*.

The National Assembly is elected by direct universal suffrage. The representatives (*députés*)—nearly 600 in number—are elected for five years.

The Senate is elected by indirect universal suffrage. Senators number more than 300 and are elected for nine-year terms. Every three years, one-third of the Senate is up for reelection.

The National Assembly and the Senate make laws and approve an operating budget. The Assembly can bring down the Prime Minister and his administration by a vote of censure or no-confidence.

A SUPERVISORY BODY: THE CONSTITUTIONAL COUNCIL

The Constitutional Council (*Conseil constitutionnel*) is composed of nine members appointed for nine-year terms by the President of the Republic, the President of the

Jacques Chirac

Senate, and the President of the National Assembly. It is charged with overseeing the balance of power between the legislative and executive branches of government as spelled out in the Constitution.

POLITICAL PARTIES

Majority parties are those political groups that combine to form an absolute majority in the National Assembly and on which the Administration relies for its support and survival.

Opposition parties are those that are not part of the majority and are generally opposed to the policies of the current administration.

Political Parties on the Left (*partis de gauche*):

    Le Parti communiste français (PCF),[c] whose numbers are declining (15.4% in 1981, 6.9% in 1988)

    Le Parti socialiste (PS),[c] the party of François Mitterrand and Lionel Jospin

Parties in the Center and on the Right:

L'Union pour la France (UPF)—see UDF,[c] led by Hervé de Charrette
Le Rassemblement pour la République (RPR),[c] formerly led by Charles de Gaulle and now under the leadership of Jacques Seguin

Far Right Party:

Le Front national,[c] whose leader, Jean-Marie Le Pen, opposes foreign immigration and the unification of Europe

Environmental Parties (*partis écologistes*):

Les Verts[c] and *Génération Ecologie*,[c] which are neither on the left nor on the right.

Orientation

Mettez-vous en groupe et comparez le système politique américain au système français. Essayez de trouver au moins cinq différences et cinq ressemblances.

Tendances de la société française

Considérée dans son ensemble, la société française actuelle présente, selon nous, certaines grandes tendances ou caractéristiques principales.

Déclin des grandes institutions

L'ETAT°

5 Nombre d'essayistes s'accordent° pour reconnaître qu'il est affaibli.° Un exemple de cet affaiblissement° : le mouvement de protestation des chauffeurs-routiers,° au cours de l'été 1992, qui, mécontents de l'instauration du permis de conduire à points,° ont bloqué, durant plusieurs jours, les principales routes du pays, paralysant la circulation et prenant en otages° des centaines de milliers de vacanciers.°

10 Qu'a fait l'Etat ? D'abord, rien. Puis il a tergiversé,° avant d'envoyer des chars° (désarmés...) dégager° les routes. Pendant ce temps, les Français qui, initialement, avaient paru sympathiser avec la cause des routiers, devenaient furieux devant la tournure des événements° et réclamaient° l'intervention de l'Etat. Celle-ci° finit

---

l'Etat *m* government, state / **s'accorder** to agree / **affaibli** = *devenu faible* / **l'affaiblissement** *m* weakening / **le chauffeur-routier** truck driver / **le permis de conduire à points** driver's license with points / **prendre en otages** to take as hostages (here, to immobilize) / **le vacancier** = *personne qui part ou est en vacances* / **tergiverser** = *hésiter* / **le char** army tank / **dégager** to clear / **la tournure des événements** turn of events / **réclamer** to call for, demand / **celle-ci** = *cette intervention*

donc par se produire,° mais son caractère « musclé » ne suffit pas à faire oublier son
15 côté « tardif° ».

LES PARTIS POLITIQUES

A l'image de° l'Etat, les principaux partis composant le paysage° politique français
(PS, PC, RPR, UDFᶜ) sont en crise. Tous, à des degrés divers, ont perdu des militants,° des adhérents,° et... des électeurs.° On remarque, lors des° élections de ces
20 dernières années, un phénomène d'abstentionnisme° croissant.° Pourquoi ? Parce
que les partis politiques ont perdu leur pouvoir d'attraction et leur crédibilité. Parce
qu'ils n'ont pas su (ou pu) trouver de solutions aux problèmes des Français, qu'ils
n'ont pas répondu à leurs attentes,° qu'ils les ont déçus.°

   Il faut toutefois préciser° que si tous les partis « établis » (ou représentés au
25 Parlement) sont touchés par ce déclin, d'autres non seulement sont épargnés,° mais
semblent en tirer profit.° C'est le cas, depuis déjà plusieurs années, du Front natio-
nalᶜ et, plus récemment, des écologistes (les Vertsᶜ et Génération Écologieᶜ). Ils ap-
paraissent, en tout cas aux yeux de° certains Français, comme des partis « neufs »,
non responsables — puisqu'°ils n'ont jamais gouverné — des difficultés que connaît°
30 le pays, et, à ce titre,° ils recueillent° de nombreux suffrages.°

L'EGLISE

Avec l'Ecole, l'Eglise fut longtemps un des piliers° essentiels de la société française,
l'instituteur° et le curé° en étant les figures emblématiques.

   Aujourd'hui, la situation a bien changé. Si le catholicisme est toujours la religion
35 dominante en France, avec 80 % des Français qui s'en réclament,° la réalité de cette
prédominance doit être nuancée.

   Ces 80 % de « catholiques » sont en effet beaucoup plus des catholiques « culturels »° que des « pratiquants° réguliers ». Ceux-ci ne sont plus qu'environ 12 % et leur
foi° ou leur respect du dogme sont souvent très différents de ce qu'ils étaient chez
40 les générations précédentes. Ainsi, beaucoup de catholiques, même pratiquants,
n'adhèrent plus à certaines croyances.° La majorité des femmes catholiques, par

---

se produire = *arriver* / **son caractère... tardif** its might was not enough to make up for
its lateness / **à l'image de** in the same way as / **le paysage** landscape / **le militant**
supporter / **l'adhérent** *m* party member / **l'électeur** *m* voter / **lors de** at the time
of / **l'abstentionnisme** *m* = *le fait que les gens ne votent pas* / **croissant** increasing /
l'attente *f* expectation / **décevoir** to disappoint / **préciser** = *noter* / **épargné**
spared / **en tirer profit** to benefit from it / **aux yeux de** to / **puisque** since /
connaître to experience / **à ce titre** = *à cause de cela* / **recueillir** = *obtenir* / **le**
suffrage = *le vote* / **le pilier** mainstay / **l'instituteur** *m* school teacher / **le curé**
local priest / **se réclamer de** to claim to have one's roots in / **les catholiques culturels**
cultural Catholics, because they belong to a culture where Catholicism has always been important / **le pratiquant** church-goer / **la foi** faith / **la croyance** belief

exemple, n'obéit pas aux interdits° du Vatican en matière de° contraception et d'avortement.°

DECLIN DU CIVISME°

45 Parallèlement au manque° de civisme symbolisé par la hausse° de l'abstention, lors de° consultations électorales récentes, on assiste à une montée° du corporatisme.° Ainsi, après les manifestations° des routiers, ce sont les producteurs de fruits qui, pour protester contre des décisions qui, selon eux, menaçaient leur propre activité professionnelle, paralysèrent le trafic ferroviaire.° La paralysie fut heureusement de 50 courte durée, mais cette réaction fut symptomatique d'un état d'esprit privilégiant° la défense d'intérêts catégoriels° au détriment de l'intérêt général.

A ces manifestations d'égoïsme collectif, de corporatisme, s'ajoutent celles de l'égoïsme individuel. Dans maints° comportements° quotidiens,° notamment en voiture, c'est le règne du « chacun pour soi° ». L'esprit de solidarité n'est souvent plus 55 qu'un vain mot.°

LA MEDIATISATION

En matière d'information, la télévision a pris une place prépondérante. La politique n'a d'existence que sous l'œil des caméras. Dûment° conseillés° par des experts en communication, les hommes politiques adaptent leurs discours et leur « look » aux 60 nécessités et contraintes du « journal de 20h »° ou de l'émission° politique du dimanche. La politique est désormais° un spectacle° télévisé, au même titre qu'une émission de variétés ou une épreuve sportive.°

Mais pourtant,° comme l'a écrit le sociologue Michel Crozier : « Toute société est un ensemble contradictoire ». La société française ne fait pas exception, elle l'est 65 même, sans doute, davantage° que d'autres.

Quelques exemples :

— L'Eglise n'occupe incontestablement plus la place qui était la sienne dans une société qui se déchristianise, mais on compte de plus en plus de groupes de prières,° et de pèlerinages° qui sont suivis par des fidèles° toujours plus nombreux.

---

l'interdit *m* = *l'interdiction* / **en matière de** concerning / **l'avortement** *m* abortion / **le civisme** public-spiritedness, good citizenship / **le manque** lack / **la hausse** = *l'augmentation* / **lors de** at the time of / **la montée** rise / **le corporatisme** = *la défense des intérêts particuliers d'un groupe de personnes* / **la manifestation** demonstration / **ferroviaire** = *des trains* / **privilégier** to favor / **catégoriel** = *d'une catégorie de personnes* / **maint** = *de nombreux* / **le comportement** behavior / **quotidien** daily / **c'est le règne du « chacun pour soi »** the attitude of "each one for oneself" prevails / **un vain mot** an empty word / **dûment** duly / **conseillé** advised / **le journal de 20 h** evening news / **l'émission** *f* program / **désormais** henceforth / **le spectacle** show / **l'épreuve** *f* **sportive** sporting event / **pourtant** yet / **davantage** more so / **la prière** prayer / **le pèlerinage** pilgrimage, retreat / **les fidèles** *m* the faithful, believers

70   — L'égoïsme individuel et collectif ne cesse de° gagner du terrain, mais beaucoup de jeunes, en particulier, se mettent au service de causes humanitaires, tandis qu'en maintes° occasions nombre de° Français savent faire preuve de° solidarité.

... A l'évidence,° la société française fait bien partie de ces sociétés complexes où coexistent une multiplicité de valeurs parfaitement hétérogènes les unes aux autres
75 et foncièrement° contradictoires.

Alain Kimmel, *Le Français dans le monde*

Qu'en pensez-vous ?

Etes-vous d'accord ou non avec les déclarations suivantes ? Justifiez votre réponse.

1. L'Etat n'est plus aussi fort maintenant qu'il y a quinze ans.
2. L'Etat a réagi très vite et très énergiquement au mouvement de protestation des chauffeurs-routiers.
3. Les chauffeurs-routiers ont manifesté en bloquant les principales routes du pays au moment des vacances.
4. Les partis politiques traditionnels ont perdu des adhérents.
5. Il y a de plus en plus de gens qui ne votent pas.
6. Le Front national et les partis écologistes sont aussi en déclin.
7. La grande majorité des Français sont des catholiques pratiquants.
8. Quand il y a des conflits dans la vie professionnelle, les Français pensent d'abord à l'intérêt général avant de défendre leurs propres intérêts.
9. La télévision joue un grand rôle dans la vie politique.
10. La société française est une société complexe avec des caractéristiques contra-dictoires.

Nouveau Contexte

Complétez le dialogue suivant en choisissant les termes appropriés (employez cha-que terme une seule fois). Puis, jouez le dialogue.

Noms :   chacun *m* pour soi, circulation *f*, corporatisme *m*, émission *f*, manifestations *f*, parti *m*
Verbes :   bloquer, déçoivent, défendre, ferai preuve de, sympathise avec
Adjectifs :   affaibli, mécontents

Discussion entre Jean-Marc et Arnauld, deux étudiants

JEAN-MARC   Tu as regardé l' _____¹ politique dimanche dernier sur France 2 ?

ARNAULD   Sur les _____² des agriculteurs ?

JEAN-MARC   Oui. Qu'est-ce que tu en penses ?

---

ne cesser de = *continuer à* / **maint** many / **nombre de** a good many / **faire preuve de** = *montrer* / **à l'évidence** obviously / **foncièrement** = *essentiellement*

ARNAULD Je _____³ leurs problèmes mais, à mon avis, ils n'ont pas le droit de _____⁴ les routes et de paralyser la _____⁵ parce qu'ils sont _____⁶ des décisions du gouvernement. Franchement, je trouve ça scandaleux !

JEAN-MARC Je n'approuve pas leur méthode non plus. La montée du _____⁷ devient vraiment un problème en France. C'est ce qui arrive quand l'Etat est _____⁸. Il semble que, de plus en plus, chacun pense à _____⁹ ses propres intérêts sans se préoccuper de l'intérêt général. C'est le règne du _____¹⁰ !

ARNAULD Tu t'intéresses à la politique ?

JEAN-MARC Oui. Je n'adhère à aucun _____¹¹ mais je vote à toutes les élections. Et toi ?

ARNAULD Moi, je voterai pour la première fois aux prochaines élections législatives. Beaucoup d'hommes politiques me _____¹². Mais je _____¹³ civisme et je voterai, bien sûr !

Vocabulaire satellite

les **élections** f (**municipales, législatives, présidentielles**) (local, legislative, presidential) elections

élire, être élu to elect, be elected

l' **électeur, l'électrice** voter

l' **élu(e)** winner

le **droit de vote** right to vote

le **mode de scrutin** poll, ballot

aller aux urnes to cast a ballot

le **suffrage universel** universal suffrage

le **référendum** referendum

le **sondage** opinion poll

se **présenter** to run for office

se **lancer dans la politique** to go into politics

un **homme** (une **femme**) **politique** politician

un **programme électoral** platform

la **campagne électorale** electoral campaign

s' **engager** to get involved, to become committed

militer dans un parti politique to be active in a political party

le **citoyen**, la **citoyenne** citizen

les **droits** m **de l'Homme** civil rights

le **député** legislator (member of the National Assembly)

le **maire** mayor

Pratique de la langue

1. Complétez les énoncés suivants en vous aidant du texte :
   a. On a pu voir que l'Etat était affaibli au moment de la manifestation des chauffeurs-routiers parce que...
   b. Le Front national et les partis écologistes recueillent de nombreux suffrages parce que...

c. Les Français qui se disent catholiques maintenant sont différents de ceux des générations précédentes parce que...

d. Il est important pour les hommes politiques de bien savoir parler à la télévision parce que...

e. Les Français agissent souvent de manière contradictoire, comme le prouvent les exemples suivants : ...

2. Imaginez les situations suivantes :

Pour montrer leur désaccord avec des décisions prises par le gouvernement (les autorités),

— des agriculteurs bloquent les routes avec leurs tracteurs au moment des départs en vacances

— des étudiants prennent en otage le président de l'université

— des ouvriers occupent leur usine et refusent de travailler

Divisez la classe en trois :   — les mécontents
                                  — les représentants de l'autorité
                                  — les médiateurs

et essayez de négocier une solution qui puisse satisfaire tout le monde.

3. Jouez les situations suivantes :

a. Deux étudiant(e)s discutent des prochaines élections (municipales ou présidentielles). L'un(e) ne s'intéresse pas du tout à la politique et n'a pas l'intention de voter ; l'autre essaie de le (la) persuader d'accomplir son devoir électoral.

b. Vous êtes candidat(e) à la Présidence de la République. Mettez-vous en groupe. Chaque groupe aura une orientation politique différente. Exposez votre programme en détail. Dites quelle sera votre position sur l'enseignement, les femmes, les immigrés, les sans-abri, la drogue, l'environnement, etc.

4. Faites un sondage sur la popularité de certains hommes ou femmes politiques dans votre pays ou sur le plan international. Demandez à vos camarades quels sont les hommes (femmes) politiques qu'ils préfèrent et pourquoi. Dressez une liste des cinq noms les plus fréquemment cités et des raisons de ce choix.

5. Quelle est la durée idéale du mandat *(term)* présidentiel (sept ans comme en France, quatre ans comme aux Etats-Unis) ? Etudiez les résultats du sondage ci-dessous et dites quel est votre avis.

• Pour la durée du mandat du président de la République, quelle vous paraît être la meilleure formule ?

	Ensemble des Français	*Sympathisants de gauche*	*Sympathisants de droite*
— Un mandat de cinq ans, renouvelable une fois	75	73	78
— Un mandat de sept ans, non renouvelable	12	13	13
— Un mandat de sept ans, renouvelable, comme actuellement	11	13	8
— Sans opinion	2	1	1

6. Quel est le but de ce tract politique ? Est-ce que les femmes sont bien représentées dans la vie politique ? Est-ce que les femmes ont un rôle spécifique à jouer en politique ?

ALLIANCE DES FEMMES
pour la démocratie
Présidente : Antoinette FOUQUE
OÙ SONT LES FEMMES ?
LE PREMIER DEVOIR, LE PREMIER POUVOIR,°
C'EST DE VOTER, C'EST D'ÊTRE ÉLU-E-S
En France, cinquante ans après l'acquisition du droit de vote, nous, les femmes, n'avons qu'un demi pouvoir. L'accès au pouvoir nous est toujours barré, l'accès au savoir,° acquis° au début du siècle, est menacé.
DÉMOCRATISONS LA VIE POLITIQUE
DIMANCHE 22 MARS
ÉLECTIONS RÉGIONALES DANS TOUTE LA FRANCE
présentons des listes qui donnent la priorité aux femmes
Aux dernières régionales la représentation des femmes a été inférieure à 9 %
Malgré leurs promesses, les partis excluent les femmes des places éligibles.
LUTTONS CONTRE L'ABSTENTION
L'abstention, la démission° favorisent la montée de l'extrême-droite.
LUTTONS CONTRE L'EXCLUSION
Femmes et hommes démocrates, nous sommes nombreux,
nous avons des forces, nous avons des idées, multiplions-les !
SOUSCRIVEZ — ADHÉREZ — PARTICIPEZ
pour donner vie à la démocratie

---

le pouvoir power / **le savoir** knowledge / **acquis** acquired, attained / **la démission** abdication

Les Femmes et la Politique

Women have been very slow in rising in the political ranks of French society. Despite their success in academia, business, medicine, and law, where their representation is often above 50%, they make up only 5.5% of *l'Assemblée nationale* (the House of Representatives). This absence can be explained by historical reasons as well as by a reluctance of French men to relinquish their power and grant women access to high office. The French Revolution of 1789, which should have given political rights to women in accordance with its ideals, never went beyond the concept of Universalism. Women, because they could be and had been influential in public life, did not feel the need to claim political power and exert pressure to be recognized as equal partners in the governance of the country.

Today, women of all political parties have started a fight to remedy their alienation from French politics and their lack of political power. One of the most controversial ideas suggested is a modification of the French Constitution to enforce parity, i.e., equal representation in all legislative bodies. Among the opponents of such a drastic measure is feminist Elisabeth Badinter, author of *XY* and *L'Amour en plus*. She explains why the concept of forced parity is a fallacious idea and contends that representatives, whether men or women, should speak for all of the people without any regard for race, religion, or gender.

Orientation

Pourquoi, à votre avis, les femmes sont-elles souvent absentes de la vie politique, et en France et aux Etats-Unis ? A partir de cette liste, choisissez les trois raisons principales, selon vous.

1. Les femmes n'ont aucun talent pour la politique.
2. Les femmes n'aiment pas la compétition.
3. Les femmes ont trop de responsabilités familiales.
4. Historiquement, les femmes n'ont pas participé au gouvernement de l'Etat.
5. Le droit de vote a été accordé aux femmes trop tard (1945 en France).
6. Les femmes se désintéressent de la politique.
7. Les hommes créent des obstacles à leur montée politique.
8. Les hommes doutent de la compétence des femmes en politique.
9. Les femmes sont trop prudentes.
10. Les hommes pensent que les femmes sont trop sensibles.
11. Les femmes jusqu'à présent n'ont pas vraiment voulu le pouvoir politique.
12. Les femmes n'ont pas assez de temps libre.

« Nous ne sommes pas une espèce° à protéger° »

LE NOUVEL OBSERVATEUR : On avait l'habitude de vous voir monter en première ligne pour défendre la cause des femmes. Pourtant vous ne participez pas au dernier combat en date, celui de la parité° entre les deux sexes dans la vie politique française. Pis encore° : vous êtes contre. Qu'est-ce qui vous arrive ?

5 ELISABETH BADINTER : Je ne suis pas « politiquement correcte » , mais je participe évidemment à ce combat-là ! Enfin on jette un pavé° dans la mare, scandaleusement stagnante, du pouvoir politique en France ! Le féminisme s'était assoupi° sur

l'espèce *f* species / **protéger** to protect / **la parité** parity / **pis encore** worse still /
Qu'est ce qu'il vous arrive ? What's happening to you? / **jeter un pavé dans la mare** =
provoquer un événement inattendu qui cause du trouble (to throw a stone into the pond) /
s'assoupir to doze off

ses lauriers° depuis vingt ans. Il se réveille, grâce aux « paritaires° » . Un point pour
elles ! Il était temps que les femmes politiques françaises mettent la pression sur leur
10 parti et transcendent leur appartenance politique pour monter publiquement au
créneau° contre l'absurdité de la mise à l'écart° des femmes dans la représentation
nationale.

Cette très tardive° offensive des femmes politiques n'absout° pas les hommes de
leur avoir barré l'accès° de manière injustifiable, mais elle explique, en partie, la si-
15 tuation pathologique dans laquelle nous nous débattons° en France. Avec nos 5,5 %
de femmes à l'Assemblée,° nous faisons moins bien qu'hier, et nous sommes à la
traîne° de tous les pays industrialisés, loin derrière l'Espagne, l'Italie et même le
Cameroun !

Je fais — cela va de soi° — le même constat accablant° que les « paritaires » : le
20 statu quo, ça suffit !° Je partage aussi la finalité° du combat qu'elles mènent.° Mais je
ne suis pas du tout d'accord avec les moyens° qu'elles préconisent° pour inscrire°
l'égalité dans les faits. Parce que le remède, en ce cas, risque d'être pire que le mal.

---

les lauriers *m* laurels / **les paritaires** *m* advocates of parity / **monter au créneau** =
s'engager personnellement dans une action (to climb into the battlements) / **la mise à l'écart**
marginalization / **tardif** belated / **absoudre** to absolve / **barrer l'accès** to bar the
entry, to prevent access to / **se débattre** to struggle / **l'Assemblée** *f* = *l'Assemblée
nationale* (House of Representatives) / **être à la traîne** to lag behind / **cela va de soi** it
goes without saying / **le constat** acknowledgement / **accablant** damning / **ça suffit**
enough already / **la finalité** purpose, goal / **mener** to lead / **les moyens** *m* means /
préconiser to advocate / **inscrire l'égalité dans les faits** to make equality a reality

N. O. : Le remède préconisé par Gisèle Halimi, qui vient de remettre° au Premier ministre le rapport de la Commission de l'Observatoire de la Parité, c'est un référen-
25 dum pour demander au peuple s'il est d'accord pour que les assemblées élues° comportent° autant de femmes que d'hommes, puis, dans la foulée,° une modification de la Constitution pour y inscrire la parité comme obligatoire. Qu'y a-t-il de si terrible dans cette démarche° ?

E. BADINTER : A ma connaissance, aucune démocratie n'a pris le risque de modi-
30 fier sa Constitution pour permettre une « discrimination positive » en faveur des femmes dans le domaine politique. Pas même les Américains, de qui nous vient cette fichue idée° de quotas. Leur *affirmative action* s'exerce dans l'entreprise° ou l'université, pas au Congrès ou au Sénat, où les femmes ne représentent que 11 % et 10 % des élus. Qu'a-t-il donc obtenu, le féminisme séparatiste et guerrier° à l'américaine° ?
35   Les Scandinaves, elles, ont réussi. Elles se sont très bien débrouillées° sans avoir besoin de bricoler° la citoyenneté.° En Norvège ou au Danemark, on a pris des mesures volontaristes de quotas, c'est vrai, mais uniquement dans le cadre des partis et du gouvernement. C'est un travail que nous entamons° à peine ° en France. Au Danemark, par exemple, 40 grandes associations féminines (femmes médecins,
40 catholiques...) ont formé ensemble un Conseil° national des Femmes qui regroupait 1 million de citoyennes,° un cinquième de la population totale du pays ! Conseil qui a pesé de tout son poids° sur les partis. Moyennant quoi° aujourd'hui le Parlement danois° compte un tiers° de femmes. En Norvège, il en compte 40 %.
       En France, les « paritaires » veulent tout et tout de suite ! Quitte à° mettre en dan-
45 ger la République... Moi, je préfère qu'on commence par le commencement, comme les Scandinaves, qu'on avance à pas contrôlés° en provoquant des mesures volontaristes dans les partis et le gouvernement, plutôt que° de foncer la tête° dans le mur pour économiser nos efforts et gagner une génération.
       Je ne suis pas convaincue qu'une représentation féminine massive à l'Assemblée
50 en 1998 changera ma vie de femme, mais je suis sûre que la parité imposée en défigurant° la Constitution portera un coup° à ma vie de citoyenne ! Les femmes ne sont pas les seules « victimes » de la société, les autres aussi vont demander leur part,° au mépris de° la cohésion. Laissons entrer le particularisme dans la définition du citoyen et nous vivrons une sinistre cohabitation de ghettos différents. Je ne veux pas
55 du communautarisme. La République repose sur l'abstraction de la règle, la généralité de la loi, pas sur la spécificité des individus ou des communautés. La solidarité

---

remettre to hand over / **élues** (pp **d'élire**) elected / **comporter** to include / **dans la foulée** = *sur son élan (along with it)* / **la démarche** step / **la fichue idée** lousy idea / **l'entreprise** *f* business / **guerrier** militant / **à l'américaine** in the American way / **se débrouiller** to manage / **bricoler** to tinker with / **la citoyenneté** citizenship / **entamer** to start / **à peine** barely, just / **le conseil** council, board / **le citoyen, la citoyenne** citizen / **peser de tout son poids** to weigh heavily / **moyennant quoi** in return for which / **danois** Danish / **un tiers** one third / **quitte à** even if it means / **à pas contrôlés** in measured steps / **plutôt que** rather than / **foncer la tête** to charge headlong / **défigurer** to disfigure / **porter un coup** to deal a blow / **demander sa part** to ask one's share / **au mépris de** regardless of, in defiance of

des Français en fonction de leur citoyenneté, et non pas parce qu'ils sont femmes, noirs ou musulmans, c'est une spécificité magnifique de notre pays. Je ne jetterai pas le bébé avec l'eau du bain, pas même provisoirement,° pendant une « décennie°
60 paritaire » qui serait « une entorse° exceptionnelle » , comme le propose Olivier Duhamel !

Elle est fragile, la République, et à force de° lui imposer des remèdes contraires à ses principes, on va la tuer. Le principe des principes, celui auquel je tiens° plus qu'à tout autre, c'est l'universalisme. Au nom duquel ce qui nous unit l'emporte sur° ce
65 qui nous divise, grâce° auquel les femmes sont des citoyens comme les autres, et les hommes des êtres humains comme les femmes. C'est ce principe-là qui a fait de moi une féministe, il a été notre moteur dans la conquête° de nos droits. Et nous, nous en sommes pas si mal sorties° : en matière de mesures en faveur de l'égalité des sexes, de droits sociaux, du nombre de femmes au travail, la France est l'un des trois pays
70 les plus avancés du monde, sans la parité...

Elisabeth Badinter, *Le Nouvel Observateur*

Qu'en pensez-vous ?

Etes-vous d'accord ou non avec les déclarations suivantes ? Justifiez votre réponse.

1. Elisabeth Badinter défend toujours la cause des femmes.
2. Elisabeth Badinter s'oppose à la parité entre les deux sexes en politique.
3. Elisabeth Badinter pense qu'en politique, les hommes ont barré la route aux femmes.
4. Les pays industrialisés ont moins de femmes que la France dans leurs assemblées politiques.
5. Elisabeth Badinter est contre l'idée d'un référendum sur la parité obligatoire.
6. Aucune constitution n'a été modifiée pour imposer une égalité de représentation hommes-femmes en politique.
7. Les Scandinaves sont arrivées à la parité en imposant des quotas.
8. Selon Elisabeth Badinter, une modification de la Constitution française pour imposer la parité politique changera l'idée de citoyenneté.
9. La spécificité des individus est un concept important en politique française.
10. L'universalisme n'est pas un principe cher à Elisabeth Badinter.

Nouveau Contexte

Complétez le dialogue suivant en choisissant les termes appropriés (employez chaque terme une seule fois). Puis, jouez le dialogue.

provisoirement for the time being / **la décennie** decade / **l'entorse** *f* infringement / **à force de** by dint of / **tenir à** to value / **l'emporter sur** to prevail over / **grâce à** thanks to / **la conquête** conquest / **nous en sommes pas si mal sorties** we haven't pulled through so badly

Noms :   Assemblée *f*, citoyens *m*, constitution *f*, danger *m*, discrimination *f*, inégalité *f*, parité *f*, principe *m*, quotas *m*, représentation *f*, solidarité *f*

Adjectif :   compétentes

Expressions idiomatiques :   ont barré l'accès, demander leur part

Dialogue entre une féministe pour la parité (Gisèle) et une autre contre (Elise)

GISELE   Mais comment peux-tu refuser de signer cette pétition pour la _____[1] dans la vie politique ? Je te croyais féministe !

ELISE   Tu sais que je suis féministe mais je m'oppose à une modification de la _____[2] pour permettre une _____[3] en faveur des femmes.

GISELE   Ecoute, le XXIème siècle est là et nous avons 5,5 % de femmes à l' _____[4]. Nous sommes aussi _____[5] que les hommes et il n'y a aucune raison pour cette _____[6].

ELISE   C'est vrai, Gisèle. Les hommes nous _____[7] aux responsabilités politiques mais imposer une _____[8] paritaire ne peut que mettre en _____[9] la république.

GISELE   Tu exagères ! Il s'agit seulement d'établir des _____[10] pendant quelques années puis, lorsque notre but est atteint, de les abandonner.

ELISE   Mais c'est ouvrir la porte à tous les particularismes. Tous les autres groupes vont _____[11] et notre grand _____[12] de l'universalisme va disparaître. Hommes et femmes, nous sommes des _____[13] et c'est cela qui doit créer notre _____[14].

Vocabulaire satellite

la **parité**   parity

la **représentation paritaire**   equal representation

l' **égalité** *f*   equality

l' **égalité** *f* **des sexes**   equality of sexes

l' **inégalité** *f*   inequality

le **pouvoir politique**   political power

le **parti politique**   political party

la **Constitution**   Constitution

le **député**   deputy

le **sénateur**   senator

le **maire**   mayor

le, la **ministre**   minister

la **loi**   law

la **citoyenneté**   citizenship

le **citoyen**, la **citoyenne**   citizen

le **Conseil**   council, board

le **principe**   principle

le **combat**   fight, struggle

le **particularisme**   sense of identity (sense of belonging to an ethnic group or minority)

la **spécificité des individus**   specificity of people based on ethnic differences

l' **universalisme** *m*   universalism (political principle based not on the idea of differences but on universal values)

Pratique de la langue

1. Qu'est-ce que le politiquement correct ? Etes-vous pour ou contre ce concept ?
2. Aux USA, le concept de « affirmative action » est très contesté. Est-il nécessaire ou non ?
3. A votre avis, établir des quotas pour obtenir une représentation paritaire, est-ce une bonne idée ou une mauvaise idée ?
4. Les femmes sont-elles bien préparées à la politique ?
5. Enumérez des femmes qui, à votre avis, ont été/sont de brillantes politiciennes et expliquez les raisons de leur succès.
6. Vous êtes conseillère municipale, mariée avec deux enfants. Imaginez que vous voulez vous présenter aux élections pour devenir maire.
    a. Choisissez la ville dans laquelle vous exercez vos fonctions administratives.
    b. Préparez une campagne électorale. Quels seront les thèmes sur lesquels vous insisterez ? Que devrez-vous faire pour être élue ?
    c. Y aura-t-il des obstacles à votre montée politique ? Que ferez-vous pour les surmonter ?
7. En vous inspirant des idées d'Elisabeth Badinter, expliquez les différences entre les principes régissant la société française et la société américaine. Sur quel concept s'appuie la société française ? Sur quel concept, au contraire, se base la société américaine ?
8. A votre avis, faut-il insister sur le particularisme et la spécificité des individus ou, au contraire, renforcer l'universalisme ?

L'Economie de la France

In the past, the French were not particularly known for their faith in the free market. They disliked *laissez-faire* and preferred to rely on government control. Today their economic endeavors are ruled by free market policies. Faced with the globalization of the economy and the increasing exchanges within the European Union, France, since the mid-eighties, has acquiesced in the liberation of its markets, despite the high unemployment rate it has created.

Today France is the fourth largest industrial power in the world. It is the fourth largest exporter of goods and the second largest exporter of services. This position of strength was not achieved through traditional industries (such as food, fashion, or luxury goods) but through France's mastery of technology.

France's achievements in aeronautics and electronics have placed it in the forefront of industrialized nations. France is a key player in the production of commercial aircraft: the Airbus jet, for example, is used not only in Europe but by American airline companies as well. Companies such as Dassault, Socata, and Reims aviation are major manufacturers of business, leisure, and stunt planes. French helicopters are found around the world because of France's participation in the Eurocopter Consortium. France has also been a leader in space technology. European cooperation in satellite launching technology, for example, has been very successful. The European Ariane launcher went into regular production in the early nineties and, in 1993, 60% of all civilian satellites were launched by Arianes. On the ground, the TGV *(train à grande vitesse)*, a high-speed train, has linked all major cities in France and, thanks to the opening of the Chunnel in 1994, London is less than three hours from Paris by train. This comfortable and speedy rail system has been exported to such countries as Spain, Korea, and the USA (Texas chose the TGV for its Dallas-Houston-San Antonio link).

Creativity and a quest for excellence have made French engineers innovative in the field of electronics as well. French companies such as Hachette, Matra, Thomson, and Alcatel have played a major role in developing high definition TV production equipment and interactive programming. Computer and software companies are active in the fields of object-oriented databases and artificial intelligence. The largest French computer company, Bull, is Europe's second largest computer company and occupies tenth place worldwide. Finally, France's own version of the Internet, the "Minitel," is still very much alive twenty years after its creation and continues to provide an array of services (weather, airline reservations, news, bank balances, etc.) to its users, sometimes fostering animosity among the French themselves towards the dominance of the Internet.

France's prominence in these fields and others (biotechnology and pharmacology, for example) could not have been achieved without the emergence of a new breed of managers dedicated to innovative methods and techniques. These young executives and entrepreneurs are intent on ensuring the success of their firms and meeting the challenge of international competition. Creating their own business has become the dream of thousands of young men and women and, despite the resistance of the older technocrats towards innovation, the American myth of the self-made person holds strong sway in France today.

Orientation

Un(e) de vos ami(e)s est à la recherche de son premier emploi. Il (Elle) a une bonne formation universitaire mais n'a pas d'expérience professionnelle. Quels conseils allez-vous lui donner ? Choisissez dans la liste suivante ceux qui vous semblent les plus utiles et dites pourquoi.

1. Lis les petites annonces *(classified ads)* dans les journaux tous les jours.
2. Prends rendez-vous avec plusieurs personnes qui exercent des métiers qui t'intéressent et demande-leur de t'expliquer ce qu'elles font.
3. Ecris ton CV *(résumé)* avec soin.
4. Envoie ton CV et une lettre de motivation *(cover letter)* à toutes les entreprises qui te semblent intéressantes.

5. Crée ta propre entreprise.
6. Passe des tests pour connaître tes compétences *(skills)*.
7. Inscris-toi à une agence d'intérim *(temporary help agency)* pour obtenir une expérience professionnelle.
8. Essaie de faire un stage *(internship)*, payé ou non, dans une entreprise qui te plaît.
9. Utilise le piston *(pull strings)*.

Chef d'entreprise° à vingt ans

« Les études m'avaient semblé trop théoriques » nous dit Thomas, diplômé de Sciences-Po.[1] « Du concret, je voulais du concret. Faire des choses tangibles, réelles. Et surtout être mon propre patron.° Je ne supportais° pas l'idée d'obéir ; je suis trop indépendant pour cela. » Tous les jeunes chefs d'entreprise justifient leur 5 décision avec les mêmes arguments.

... Dure, dure est la vie de ces jeunes patrons. Ils travaillent entre dix et quatorze heures par jour, sept jours sur sept, et ne prennent jamais de vacances. Ils semblent heureux pourtant : « Les gens de notre âge ont une vie plate° et unie° » , explique l'un d'entre eux. « Nous, nous vivons pleinement, à 100 à l'heure,° en risquant tout 10 tous les jours. Ce stress, cette vie intense, riche d'émotions, j'en ai besoin. »

Ils sont de plus en plus nombreux à choisir cette voie.° En 1981, on comptait 150 000 immatriculations° d'entreprises nouvelles en France. En 1986, 210 000 dont 40 000 créées par des jeunes de dix-huit à vingt-cinq ans. L'image de l'entreprise s'est considérablement améliorée : 3 millions de personnes, soit 12 % de la population ac- 15 tive,° déclarent avoir un projet d'entreprise. Parmi ceux-ci, un quart ont moins de vingt-cinq ans et 40 % sont des femmes. Il est vrai que l'investissement financier de départ° est à la portée de° davantage de bourses.° Le capital-plancher° légal d'une création d'entreprise en SARL° est de 50 000 francs : une somme que l'on peut trouver, même à vingt ans, et un risque limité.

20 A la base de toute création d'entreprise, on trouve une passion et le goût du jeu.° Le chef d'entreprise fait souvent de son hobby son métier. Christophe, à vingt ans, est créateur de l'agence Microgolf, une société chargée de concevoir et de réaliser des parcours de golf.° Il raconte : « Alors que j'étais encore tout gamin,° mon père

---

le chef d'entreprise entrepreneur / **le patron** = *le chef* / **supportais** = *tolérais* / **plate** = *ennuyeuse* / **uni** = *uniforme* / **100 à l'heure** = *100 km à l'heure, très vite* / **la voie** way / **l'immatriculation** *f* registration / **active** = *qui travaille* / **l'investissement** *m* **financier de départ** start-up financing / **est à la portée de** = *est accessible à* / **davantage de bourses** more pocketbooks / **le capital-plancher** = *le capital minimal* / **la SARL** = *la Société à Responsabilité Limitée* / **le goût du jeu** taste for gambling, risks / **le parcours de golf** golf course / **le gamin** = *l'enfant*

---

[1]Sciences Po = L'Institut des Sciences Politiques : établissement d'enseignement supérieur qui prépare surtout aux professions dans l'administration

m'emmenait° jouer au golf le week-end. Il adorait ça et, dès onze ans, le virus m'a
25 saisi.° J'ai toujours voulu faire coïncider ma vie professionnelle et ma passion.
Lorsque, avec une amie d'école, nous avons décidé de monter° notre entreprise, il
ne pouvait être question° de faire autre chose que du golf. »

Quant à Julien, vingt ans, qui vient de monter, avec des amis plus âgés, dont° son
ancien professeur de mathématiques, une société de logiciels,° Hyphéa Informa-
30 tique, il travaille dans l'informatique° depuis 1981 : il avait alors quatorze ans. « Plus
qu'un hobby, l'informatique a toujours été ma passion, je ne m'imagine pas faire
autre chose que cela. »

L'enthousiasme n'est pas le seul facteur déclenchant.° Une autre motivation importante est de « faire un truc° avec les copains » . Les jeunes créateurs sont rare-
35 ment des solitaires ; ils se lancent° en général à deux ou à trois. François, vingt-six

---

emmener to take / **le virus m'a saisi** the virus (or bug) got me / **monter** = *ici, créer* /
il ne pouvait être question it couldn't be a question / **dont** including / **le logiciel**
software / **l'informatique** *f* computer science / **déclenchant** = *déterminant* / **faire**
un truc (*fam*) = *faire quelque chose* / **se lancer** = *se lancer dans les affaires*

ans, un des trois associés de Play Bac, une nouvelle entreprise de jeux de société,° explique : « Jerôme et moi avions des activités sportives communes, tennis, course,° natation.° C'est en nous entraînant° pour un marathon et en parlant du succès mondial du jeu *Trivial Pursuit* que l'idée nous est venue de l'imiter. Nous nous sommes

40 réunis en secret tous les jeudis soirs pendant quinze mois pour mettre le jeu au point.° Personne ne connaissait nos projets. Ni nos parents, ni nos amies : nous nous sentions l'âme de conspirateurs,° c'était sympa.° Le fond de l'affaire,° c'est que c'est super° de bosser° avec des copains, de réaliser des choses ensemble » .

« Une association entre amis » , voilà comment Sophie, vingt-trois ans, cofonda-

45 trice° de Café Couette° qualifie sa jeune société de location° de chambres chez l'habitant,° à la manière des *Bed and Breakfast* britanniques. « Seule, je n'y serais jamais parvenue.° Il faut être au moins deux ; d'abord, ça évite le découragement, la tentation de laisser tomber.° Et puis, nous nous complétons : l'une est pleine d'idées mais pas très rigoureuse, l'autre est réaliste et réfléchi.° »

50 Et puis, comme le dit Alexandre : « Quand on n'a pas fait d'études,° il n'y a pas trente-six moyens° pour réussir dans la vie. Il faut fonder sa propre « boîte° » . Mais quelle satisfaction de gagner, quand les professeurs vous ont répété toute votre enfance que vous étiez nul et archinul° et que vous ne feriez jamais rien dans l'existence. »

55 Les diplômés des grandes écoles^c sont rares parmi les jeunes créateurs d'entreprise. Dans leurs modes de pensée, il reste plus valorisant° de s'intégrer à° une très grosse entreprise avec l'espoir d'y faire une carrière brillante. De plus, les exigences financières° des élèves des grandes écoles^c ne s'accommodent guère° des salaires de début, souvent dérisoires,° que s'octroient° les jeunes PDG° qui sacrifient tout

60 à la « boîte » . « Pendant un an ou deux, être payé au SMIC,° merci, très peu pour moi » , nous dit un jeune centralien.°

Pourtant, selon les sondages, plus du tiers° des étudiants voudraient créer leur entreprise. Les valeurs libérales à la mode — indépendance, individualisme,

---

le jeu de société parlor game   /   **la course** running   /   **la natation** swimming   /
s'entraîner to train   /   **mettre au point** = *perfectionner*   /   **nous nous sentions l'âme de**
conspirateurs = *nous avions l'impression d'être des conspirateurs*   /   **sympa** (*fam*) =
sympathique   /   **le fond de l'affaire** fundamentally   /   **super** (*fam*) = *formidable*   /
bosser (*fam*) = *travailler*   /   **la cofondatrice** cofounder   /   **la couette** quilt   /   **la**
location rental   /   **chez l'habitant** in private homes   /   **je n'y serais jamais parvenue** =
je n'y aurais jamais réussi   /   **laisser tomber** = *abandonner l'entreprise*   /   **réfléchi**
serious   /   **on n'a pas fait d'études** = *on n'est pas allé à l'université*   /   **trente-six moyens**
= *d'autre façon*   /   **la boîte** (*fam*) = *entreprise, société*   /   **nul et archinul** = *mauvais*
et très mauvais   /   **il reste plus valorisant** = *c'est mieux de*   /   **s'intégrer à** = *faire*
partie de   /   **les exigences** *f* **financières** financial demands   /   **ne s'accommodent guère**
de are not at all satisfied   /   **dérisoires** = *insignifiants*   /   **s'octroyer** = *se donner*   /
le PDG = *le Président-Directeur Général* (Chief Executive Officer)   /   **le SMIC** = *le salaire*
minimum interprofessionnel de croissance (minimum wage)   /   **le centralien** = *ancien*
élève de l'Ecole Centrale (une des grandes écoles d'ingénieurs)   /   **le tiers** one third

responsabilité — ont gagné le monde estudiantin.° Fini l'entreprise comme symbole
65 de la lutte des classes : celle-ci est devenue le lieu° privilégié de la réussite° et de la
création. La crise de l'emploi n'y est pas étrangère° : quel meilleur moyen de trouver
un « bon job » que de le fabriquer soi-même.

Liliane Delwasse, *Le Monde de l'Education*

Qu'en pensez-vous ?

Etes-vous d'accord ou non avec les déclarations suivantes ? Justifiez votre réponse.

1. Les jeunes chefs d'entreprise comme Thomas se sont lancés dans les affaires parce qu'ils voulaient être leur propre patron.
2. Ces jeunes patrons se disent satisfaits de la vie intense et stressante qu'ils mènent.
3. Peu de femmes deviennent chefs d'entreprise.
4. Les nouveaux patrons sont en général des hommes près de l'âge de la retraite.
5. Pour créer une entreprise, il faut un capital-plancher important que l'on peut rarement obtenir à vingt ans.
6. Certains chefs d'entreprise réussissent à faire coïncider leur vie professionnelle et leur passion.
7. Julien s'intéresse à l'informatique depuis quatorze ans.
8. Les jeunes créateurs sont souvent des solitaires asociaux.
9. François a mis au point son premier jeu de société en collaborant secrètement et joyeusement avec des copains.
10. Café Couette est la version française des *Bed and Breakfast* anglais.
11. Sophie pense que, quand on se lance dans les affaires, il faut être au moins deux pour se soutenir moralement et élargir ses propres compétences.
12. Fonder sa propre boîte, c'est la seule solution pour réussir dans la vie quand on n'a pas fait d'études.
13. Les créateurs d'entreprise ont été, en général, d'excellents élèves, encouragés par leurs professeurs.
14. Les diplômés des grandes écoles sont rares parmi les jeunes créateurs d'entreprise.
15. D'une certaine façon, la crise de l'emploi favorise la création d'entreprise.

Nouveau Contexte

Complétez le dialogue suivant en choisissant les termes appropriés (employez chaque terme une seule fois). Puis, jouez le dialogue.

Noms :   copains *m*, logiciel *m*, métier *m*, ordinateurs *m*, PDG *m*, prix *m*
Verbes ou expressions verbales :   ai échoué, fonder ta propre boîte, perdre
Adjectif :   passionnés

---

estudiantin = *des étudiants*   /   **le lieu** = *l'endroit*   /   **la réussite** = *le succès*   /   **n'y est pas étrangère** is not unrelated

La Saga d'Olivier

PRESENTATEUR
A LA T.V.
Olivier, tu as 22 ans, tu es le _____*1* de Luditech, une entreprise d'informatique qui marche très bien ; peux-tu nous dire comment tu es arrivé là ?

OLIVIER
Eh bien, j'ai toujours aimé les _____*2* et je savais que mon futur _____*3* serait dans l'informatique.

PRESENTATEUR
Comment est-ce que tu as débuté ?

OLIVIER
Pendant ma dernière année au lycée, j'avais créé, avec trois autres _____*4* qui avaient les mêmes intérêts que moi, un club d'informatique. Tous ensemble, nous avons conçu notre propre _____*5*. Je me souviens que nous étions tellement _____*6* par ce projet que nous n'en dormions plus et que nous y travaillions sept jours sur sept.

PRESENTATEUR
Vous ne deviez pas avoir beaucoup de temps pour préparer le bac ?

OLIVIER
Non, du reste, j'_____*7* au bac à la fin de l'année.

PRESENTATEUR
Qu'est-ce que tu avais décidé de faire après le lycée ?

OLIVIER
Comme je n'avais rien à _____*8*, j'avais décidé de présenter notre projet au Salon de l'informatique à la fin du mois de juillet et, miracle ! nous avons gagné le grand _____*9* du logiciel-étudiant.

PRESENTATEUR
C'est ce qui t'a permis de _____*10* ?

OLIVIER
Oui, grâce à l'argent qu'on a reçu, on a pu créer Luditech.

Vocabulaire satellite

le **monde des affaires** business world

se **lancer dans les affaires** to go into business

la **PME** small and medium-sized firm (petite et moyenne entreprise)

la **PMI** small and medium-sized industry (petite et moyenne industrie)

l' **industriel** *m* industrialist

la **gestion des affaires** business administration, management

l' **esprit** *m* **d'entreprise** entrepreneurship

faire un stage to do an internship

la **concurrence** competition

lancer un nouveau produit to launch a new product

se **recycler** to retrain oneself

les **petites annonces** *f* classified advertisements

le **curriculum vitae (CV)** résumé

la **lettre de motivation** cover letter

poser sa candidature to apply for a job

l' **entretien** *m* **d'embauche** job interview

être embauché to be hired

l' **agence** *f* **d'interim** temporary help agency

faire faillite to go bankrupt

être licencié to be laid off

Pratique de la langue

1. Vous voulez créer votre propre entreprise avec des copains. Dans quels secteurs vous orienterez-vous (les services, la communication, etc.) ? Quel type de produit ou de service voulez-vous lancer sur le marché ? Pourquoi ? Quel public voulez-vous toucher ? Comment allez-vous organiser votre société ? Travaillez en groupe et présentez votre projet à la classe.

2. L'entreprise que vous venez de créer marche bien et vous avez besoin de recruter du personnel.

   a. Etablissez le profil des personnes que vous recherchez et élaborez des annonces d'offres d'emploi sur le modèle ci-dessous.

   b. Interviewez les candidat(e)s que vous avez sélectionné(e)s.

3. Pensez-vous que l'argent tient une trop grande place dans notre société ?

la téléphonie telephone company / **l'aisance** *f* ease / **les plats cuisinés allégés** prepared diet / **ESSEC/Sup. de Co.** grandes écoles de commerce

Sujets de discussion ou de composition

1. Que pensez-vous de l'influence de la télévision sur la vie politique, particulièrement au moment de l'élection présidentielle ?

2. Etes-vous d'accord avec cette assertion : « Les nouveaux entrepreneurs sont les héros de notre époque » ?

3. Vous voulez aller faire un stage en France. Ecrivez une lettre à la banque ou à l'entreprise dans laquelle vous aimeriez travailler pour vous présenter et poser votre candidature. N'oubliez pas de joindre votre curriculum vitae.

7

Images de la France

Les Français vus par les Français

« La France se nomme diversité. »
—Fernand Braudel, historian

A t a time when the borders between France and the other European countries are being abolished and when the French population is becoming more and more diverse ethnically, it is not surprising that there is a great deal of thinking about national identity.

What does being French mean? How does one become a French citizen? What characterizes France as a nation? What will be her role in the future? These questions are at the center of heated political and philosophical debates. It is, therefore, timely to examine how the French view themselves.

L'extrait suivant constitue le premier chapitre d'un livre intitulé « Les Français vus par les Français », — autoportrait donc — élaboré de la façon suivante. Douze personnes de 30 à 35 ans choisies au hasard° parmi les cadres° de l'industrie et du commerce et les professions libérales ont été réunies pendant deux journées autour d'un animateur° pour discuter de la France et du tempérament français. Le but final de ces réunions était « utilitaire ». On demandait au groupe de chercher à résoudre le problème suivant : comment faire pour que les Français réussissent à mieux vendre leurs produits et à améliorer° leur image à l'étranger.°

A la première réunion, la question posée était : « Quelles sont les premières choses qui vous viennent à l'esprit° à propos des Français ? »

Orientation

Répondez à la question : Quelles sont les premières choses qui vous viennent à l'esprit à propos des Français ? Travaillez pour cela en groupe de deux et faites une liste d'au moins dix adjectifs, noms ou verbes. Puis, comparez vos réponses avec celles de vos camarades de classe.

Les Premières Choses qui vous viennent à l'esprit...

Vous voici campé° devant le miroir et, au premier coup d'œil,° que discernez°-vous ?

Pour commencer, vous êtes *supérieur*. Cette supériorité est de droit.° Elle est assise° sur un héritage historique et culturel (de Gaulle,° la Révolution,° le savoir°

---

au hasard at random / **le cadre** executive / **l'animateur** *m* discussion leader /
améliorer to improve / **à l'étranger** abroad / **l'esprit** *m* mind / **campé** = *placé* /
au premier coup d'œil at first glance / **discerner** = *remarquer, noter* / **de droit** =
indiscutable, évident / **elle est assise** it rests / **la Révolution** = *la Révolution de
1789* / **le savoir** = *la culture*

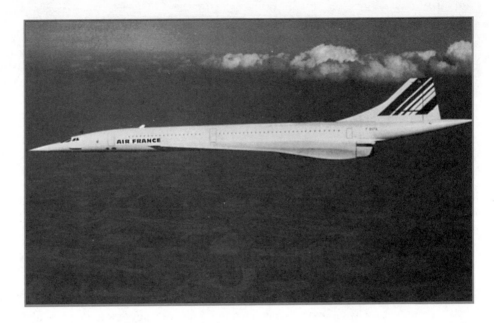

français), sur un palmarès° technique et industriel (Bouygues, Renault, Dassault, le
5   Concorde, le France[1]) et sur la paternité française des grandes valeurs universelles
(la liberté, les droits de l'homme°).

Cette supériorité se relie° à l'image que vous avez de vous-même en tant que°
guerrier° : vous possédez la bombe,° vous avez les armes, vous êtes prêt à ressortir°
l'uniforme de l'armée...
10   L'avantage que vous donne cette supériorité héréditaire, c'est que vous pouvez
vous installer dedans° et vous sentir bien dans votre peau,° bien dans votre vie où
vous jouissez de° tout ce qu'il vous faut : la bouffe,° le vin, les animaux domestiques,
les petites femmes, le béret et le litron,° votre accent et vos congés payés,° vos pan-
toufles° et vos idées toutes faites,° le PMU,ᶜ le pastis°... *Casanier,°* vous chérissez
15   votre terroir,° qui est aussi votre basse-cour° (vous êtes le coq°...). Chauvinisme et

---

le palmarès honors list / **les droits** *m* **de l'homme** human rights / **se relie** is linked /
en tant que as / **le guerrier** warrior / **la bombe** = *la bombe atomique* / **ressortir**
to take out again, dig up / **s'installer dedans** to settle in it / **vous sentir bien dans votre
peau** to feel comfortable / **jouir de** to enjoy / **la bouffe** (*fam*) = *la nourriture* / **le
litron** (*fam*) = *le litre de vin ordinaire* / **les congés** *m* **payés** (5 weeks of) paid holidays
(a year) / **les pantoufles** *f* slippers / **les idées** *f* **toutes faites** set ideas / **le pastis**
anise-flavored aperitif / **casanier** homebody / **le terroir** = *le pays* / **la basse-cour**
farmyard / **le coq** = *l'animal qui symbolise la France*

---

[1]Francis Bouygues : industriel français (travaux publics) ; Renault : marque d'automobile,
1ᵉʳ constructeur français, 6ème rang mondial ; Marcel Dassault : industriel français (avions,
armements) ; Le Concorde : avion supersonique ; Le France : gros bateau qui transportait des
passagers et qui n'est plus en service.

racisme accompagnent ce sentiment aigu° d'appartenance.° Vous êtes suffisant,° et
comment ne le seriez-vous pas, vu que° vous vous suffisez à vous-même ? Quel besoin avez-vous des autres ou de vous transposer ailleurs° ? Vous êtes satisfait d'être
comme vous êtes et où vous êtes.

20   Se rattachant à° votre supériorité, et constituant un de ses fondements,° est votre
côté *rationnel*, votre capacité pour l'abstrait aussi bien que votre talent pour la
précision. Rien jusqu'à présent, dans cette vision, qui ne soit° homogène. Supérieur,
guerrier, casanier et rationnel forment un seul et même massif° qu'on pourrait appeler le « masculin français » . Mais vous vous représentez aussi comme *frivole* :°
25   doué de° fantaisie, porté sur° la galanterie,° sensible° à l'esthétique des choses,
voire même° à leur superficialité. Là se dessinent° les traits° d'un « féminin français » qui fait contraste avec les thèmes précédents. La représentation que vous
vous faites de vous-même est androgyne.°

      Maintenant examinons non plus les Français en général, mais le Français en par-
30   ticulier, vous... Comment vous voyez-vous ?

      ... On vous retrouve *la bouche en avant* — râleur,° gueulard,° bâfreur° (y a° qu'en
France qu'on mange°) et beau parleur° — comme on vous retrouve *supérieur* : fier

---

aigu = *extrême* / **l'appartenance** *f* belonging / **suffisant** very sure of oneself, cocky /
vu que = *puisque* / **ailleurs** elsewhere / **se rattachant à** linked to / **le fondement**
= *la base* / **rien... qui ne soit** nothing which isn't / **le massif** = *ici, le côté* / **frivole**
frivolous / **doué de** endowed with / **porté sur** prone to / **la galanterie** = *la politesse
(surtout envers les femmes)* / **sensible** sensitive / **voire même** = *et aussi* / **se
dessiner** to become apparent, take shape / **les traits** *m* = *les caractéristiques* / **androgyne** = *qui appartient aux deux sexes* / **râleur** (*fam*) = *qui n'est jamais content* /
gueulard (*fam*) = *qui parle beaucoup et très fort* / **bâfreur** (*fam*) = *qui mange avec
excès* / **y a** (*fam*) = *il n'y a* / **qu'on mange** = *qu'on mange bien* / **beau parleur** =
qui parle facilement, qui séduit en parlant

de votre pays, le plus beau, jouant un rôle dans le monde, capable de grands des-
seins.° Mais dans la façon dont vous revendiquez° cette supériorité, l'on discerne
35　une ambivalence. A la fois° vous y croyez et vous n'y croyez pas : on a été une grande
nation mais on s'est endormi sur ses lauriers°...

　　... De nouveaux éléments de relief° ont surgi° :

　　Vous êtes *possesseur* : vous avez la maladie de la pierre,° et notez-vous drôlement, « un côté or° » . Vous accumulez, vous conservez, détenez,° épargnez°... La
40　vulgarité de l'argent fait qu'on le met de côté° plutôt qu'on ne le brasse° ou qu'on ne
le laisse circuler et fructifier° librement. Quiconque° amasse craint pour ses biens,°

---

le dessein = *le projet* / **revendiquer** to claim / **à la fois** at one and the same time /
s'endormir sur ses lauriers to rest on one's laurels / **les éléments** *m* **de relief** =
éléments distinctifs / **surgir** = *apparaître soudainement* / **la maladie de la pierre** =
le besoin presque pathologique de posséder des pierres (une maison) / **un côté or** = *le
désir d'accumuler des pièces d'or* / **détenir** = *garder* / **épargner** to save / **mettre
de côté** to set aside / **brasser de l'argent** = *manipuler de l'argent* / **fructifier** to bear
fruit / **quiconque** whoever / **ses biens** *m* = *sa propriété*

d'où votre instinct grégaire.° Dans un troupeau° on se sent protégé. Vous réclamez° que l'autorité fasse œuvre de police,° tout en vous reconnaissant individualiste, indiscipliné, contradicteur : ici apparaît le thème *frondeur*° — le Français veut et ne
45   veut pas être gouverné.

Tous ces traits renforcent et enrichissent le massif du masculin français. L'autre massif, celui du féminin français, n'en est pas moins présent dans le paysage° puisque vous vous affirmez *raffiné-jouisseur*° — élément qui fait de vous le champion du savoir-vivre.° Vous êtes original, civilisé et versatile ; vous pensez culturel, vous
50   n'avez pas de pétrole° mais des idées. Et puis vous êtes touche-à-tout° et tout vous chatouille.°

Enfin, vous êtes *ouvert*... Ce qui veut dire franc, spontané, accueillant,° hospitalier...

Guy Nevers, *Les Français vus par les Français*

Qu'en pensez-vous ?

Etes-vous d'accord ou non avec les déclarations suivantes ? Justifiez votre réponse.

1. Les Français se sentent supérieurs parce qu'ils ont un passé glorieux.
2. Le France et le Concorde sont des hôtels très connus à Paris.
3. Les Français sont de grands voyageurs.
4. Le lion est l'animal qui symbolise la France.
5. Le côté rationnel et le goût pour l'abstraction caractérisent l'aspect féminin du caractère français.
6. Le Français est de tempérament timide et n'aime pas critiquer.
7. Les Français pensent que la France n'est plus une très grande nation et qu'elle s'est un peu endormie sur ses lauriers.
8. Les Français sont de grands commerçants qui aiment dépenser et investir leur argent.
9. Le Français est frondeur parce qu'il aime l'autorité.
10. D'une façon générale, les Français valorisent *(value)* tout ce qui est culturel.

Nouveau Contexte

Complétez le dialogue suivant en choisissant les termes appropriés (employez chaque terme une seule fois). Puis, jouez le dialogue.

grégaire = *sociable* / **le troupeau** herd / **réclamer** = *insister* / **faire œuvre de police** = *instaurer l'ordre* / **frondeur** = *qui critique tout le temps* / **le paysage** landscape / **raffiné-jouisseur** = *qui aime le plaisir et les choses raffinées* / **le savoir-vivre** = *l'art de vivre* / **le pétrole** oil / **être touche-à-tout** = *s'intéresser à tout* / **chatouiller** to tickle / **accueillant** cordial

Noms :   beaux parleurs *m*, bons vivants *m*, conversation *f*, idées *f* toutes faites, nourriture *f*
Adjectifs :   accueillant, casanier, chauvin, hospitaliers
Adverbe :   ailleurs

PROFESSEUR DE FRANÇAIS	Jason, tu viens de passer un semestre dans une famille française, les Pelot. Peux-tu nous parler de ton expérience ?
JASON	Volontiers. Avant mon départ, on m'avait dit que les Français n'étaient pas très _____*1* et qu'ils étaient assez froids vis-à-vis des étrangers. Cela n'a pas du tout été mon expérience. Au contraire, tout le monde a été très _____*2* avec moi.
PROFESSEUR	Est-ce que tu as parlé beaucoup avec ta famille ?
JASON	Oh oui, on m'a posé des tas de questions sur les Etats-Unis. Je les ai trouvés très intéressés et quelquefois surpris par mes réponses. M. et Mme Pelot avaient beaucoup d'_____*3* sur mon pays.
PROFESSEUR	Est-ce que ce sont des gens qui ont beaucoup voyagé ?
JASON	Non, je ne crois pas. M. Pelot est assez _____*4*. Il se trouve très bien en France et n'a pas envie d'aller voir _____*5*.
PROFESSEUR	Il y avait un fils de ton âge dans la famille, n'est-ce pas ?
JASON	Oui. Oh lui, il est très différent de son père. Il n'est pas du tout _____*6* ; au contraire, tout ce qui vient de l'étranger l'intéresse.
PROFESSEUR	Qu'est-ce qui a été le plus difficile pour toi ?
JASON	Les repas. Oui, les repas. Les Pelot sont des _____*7* et ils passent des heures à table. La _____*8* est très importante pour eux.
PROFESSEUR	Pourquoi est-ce que c'était si difficile ?
JASON	Parce qu'à table tout le monde parle à la fois ! Vous savez comme les Français sont _____*9* et aiment la contradiction ; quand ils discutaient de politique, par exemple, il m'était impossible de placer un mot dans la _____*10* !

Vocabulaire satellite

la **patrie**   motherland
la **liberté**   freedom
le **peuple**   people, nation
  être chauvin   to be super-patriotic
  fier (fière) de   proud
la **fierté nationale**   national pride
le **chauvinisme**   chauvinism, superpatriotism

comparer quelque chose à autre chose   to compare something to something else
discuter avec quelqu'un de quelque chose   to discuss, argue with someone about something
critiquer   to criticize

porter **un jugement sur**   to
give an opinion on
apprécier quelque chose   to
enjoy something
la **façon, la manière**   way
l' **habitude** *f* habit
être mal à l'aise   to be ill at
ease, uncomfortable
avoir le mal du pays   to be
homesick
se **passer de**   to do without
manquer   to miss

amical   friendly
accueillant   hospitable,
welcoming
bavard   talkative
silencieux, -euse   silent
discipliné   disciplined
indiscipliné   unruly
intellectuel, -le   intellectual
artiste (*adj*)   artistic
créateur, -trice   creative
le **comportement**   behavior
le **tempérament**   character

Pratique de la langue

1. Travaillez en groupe et trouvez dix objets qui, à votre avis, représentent le mieux la France. Comparez et analysez vos résultats avec ceux des autres groupes. Faites le même travail sur les Etats-Unis et recherchez dix objets que vous considérez comme étant les plus représentatifs.

2. Improvisez les situations suivantes :
   a. Deux étrangers qui étudient en France se retrouvent dans un café. L'un a le mal du pays et beaucoup de choses familières lui manquent. L'autre, au contraire, est très content de son séjour et adore tout ce qui est différent. Imaginez leur conversation.
   b. Expliquez le tempérament et le comportement des Français à un homme (ou une femme) d'affaires américain(e) qui va travailler pour quelque temps en France.

3. Aimeriez-vous vivre à l'étranger ? Pourquoi ? Pourquoi pas ? Quel pays choisiriez-vous ? Combien de temps voudriez-vous y rester ? Iriez-vous en touriste ? dans un but professionnel ? humanitaire ? etc...

Test

Testez votre connaissance de la France. Dites si les propositions ci-dessous sont vraies ou fausses, et donnez la bonne réponse si c'est nécessaire. Les réponses se trouvent au bas de la page.

1. V   F   La religion musulmane est la deuxième religion en France par le nombre de pratiquants.
2. V   F   Les Français ont droit à cinq semaines de congés payés par an.
3. V   F   Le TGV est un avion supersonique.
4. V   F   Il y a beaucoup d'accidents de voitures en France.

Réponses : 1. V 2. V 3. F 4. V

5. V   F   Le plat national est le bifteck frites.
6. V   F   Il n'existe que des chaînes de télévision nationales.
7. V   F   Le parti communiste a de plus en plus de membres.
8. V   F   On entend beaucoup de chansons en anglais à la radio française.
9. V   F   Le cinéma en France a toujours été considéré comme un art.
10. V   F   Les Gauloises bleues sont des cigarettes.
11. V   F   Les femmes ne sont pas admises à courir le Tour de France.
12. V   F   Les Français sont de grands consommateurs d'eau minérale.
13. V   F   Le fromage se sert avant le dessert.
14. V   F   L'énergie nucléaire est très importante en France.
15. V   F   Le français est la troisième langue internationale utilisée aux Nations-Unies.

Mode et haute couture

« La mode, c'est ce qui se démode.° »
— Coco Chanel

Traditionally Parisian, but not exclusively so anymore, *la haute couture* caters only to a limited and faithful clientele of wealthy women, movie stars, and fashionable members of royalty. Inaccessible to most ordinary people, it is however crucial to every fashion designer because with the *collections*, what is at stake is the lucrative market of the *prêt-à-porter* (ready to wear). When prestigious couturiers—Dior, Pierre Cardin, Givenchy, Balmain, Guy Laroche, Yves Saint-Laurent, Christian Lacroix, Paul Gauthier, Thierry Mugler—present their *couture* designs on the runways of Paris, they are trying to influence, through their image, the international clothing market.

Presented twice a year in the famous *défilés* (showings), Paris fashions are conceived in an atmosphere of tremendous excitement and utmost secrecy. But in a matter of weeks or even days, the outstanding features of the original designs are reproduced in the *prêt-à-porter*—first in luxury versions and then, much later, in popularized, mass-produced copies.

French designers, eager to get their share of this commercial bonanza, have expanded their fashions for men and for a less exclusive female clientele by opening their own boutiques. These establishments sell clothes that, although not true

Réponses : 5. V   6. F   7. F   8. V   9. V   10. V   11. F   12. V   13. V   14. V   15. V

se démoder = *n'être plus à la mode*

originals, nevertheless carry their designers' prestigious labels while following a more practical style. Yves Saint-Laurent revolutionized the traditional world of *couture* in the 1970s by systematically marketing his own products, including a line of accessories bearing his name. His purpose was to attract younger customers by creating a line of stylish clothes appealing to their taste, and he promoted these clothes in his "Yves Saint-Laurent/Rive Gauche" boutique in the heart of the *Quartier latin*. His example was followed by other designers, so that today the practice of putting designer labels on items ranging from ties to hand luggage is widespread in the fashion industry.

One designer who showed a great sense of chic and inventiveness was Coco Chanel. Gabrielle "Coco" Chanel (1883–1971), precursor of the modern woman, designed clothes that gave women freedom of movement at a time when most of them were still in corsets and frilly dresses. With a style inspired by men's clothing, yet fluid and supple, Chanel created a line of feminine outfits that were sober, functional, and elegant. Now almost a generic term, *un Chanel* has been used for over fifty years to

designate a tailored suit of high-quality flannel or tweed, with a waist-length, collarless jacket generally trimmed with silk braid. And of course her perfume—especially the famous Chanel No. 5, the financial backbone of her empire—has for years been, to most foreigners, the epitome of French perfume.

Orientation

Comment s'habillent les étudiants ? Ont-ils leur propre mode ? Mettez-vous en groupe et décrivez les vêtements qui sont à la mode en ce moment sur le campus de votre école ou université. Y a-t-il différents styles ? Quels sont-ils ? Indiquent-ils une appartenance° à un groupe particulier ? Y en a-t-il que vous aimez ou n'aimez pas particulièrement ?

Elle disait...

Je suis contre une mode qui ne dure° pas. C'est mon côté masculin. Je ne peux envisager que l'on jette ses vêtements parce que c'est le printemps.

l'appartenance *f* belonging / **durer** to last

Je n'aime que les vieux vêtements. Je ne sors jamais avec une robe neuve. J'ai trop peur que quelque chose craque.°

5   Les vieux vêtements sont de vieux amis.

J'aime les vêtements comme les livres, pour les toucher, pour les tripoter.°

Les femmes veulent changer. Elles se trompent.° Moi, je suis pour le bonheur. Le bonheur ça n'est pas de changer.

L'élégance ne consiste pas à mettre une robe neuve. On est élégant parce qu'on
10   est élégant, la robe neuve n'y fait rien.° On peut être élégant avec une jupe et un tri-cot°1 bien choisis. Ce serait malheureux s'il fallait s'habiller chez Chanel pour être élégant. Et tellement limité !

Autrefois, chaque maison de couture avait son style. J'ai fait le mien. Je ne peux pas en sortir.

15   Je ne peux pas me mettre sur le dos° quelque chose que je ne fabriquerais pas. Et je ne fabriquerais rien que je ne puisse mettre sur mon dos.

Il n'y a plus de mode. On la faisait pour quelques centaines de personnes. Je fais un style pour le monde entier. On voit dans les magasins : « style Chanel » . On ne voit rien de pareil pour les autres.

20   Je suis l'esclave° de mon style.

Chanel ne se démode pas. Un style ne se démode pas aussi longtemps qu'il s'adapte à son époque. Lorsqu'il y a incompatibilité entre la mode et un certain état d'esprit, ce n'est jamais la mode qui gagne.

Je me trouve très limitée dans ce que je fais. Donc il faut que ce soit soigné,° que
25   l'étoffe° soit belle. Autant que possible, il faut que je montre un peu de goût et que je ne change pas trop. On dirait que je ne fais plus mes robes.

Qu'est-ce que ça veut dire, une mode jeune ? Que l'on s'habille en° petite fille ? Je ne connais rien qui vieillisse davantage.°

La nouveauté ! On ne peut pas faire tout le temps de la nouveauté. Je veux faire
30   classique. J'ai un sac que l'on vend régulièrement. On me pousse à en lancer° un autre. Pourquoi ? J'ai le même depuis vingt ans, je le connais, je sais où placer mon argent et le reste.

En matière de° mode aussi, il n'y a que les imbéciles qui ne changent pas d'avis.
La couleur ? Celle qui vous va.°

35   Pour être irremplaçable, il faut rester différente.

---

craquer to split at the seams / **tripoter** to finger, to handle / **se tromper** to be mistaken / **n'y fait rien** has nothing to do with it / **le tricot** sweater / **me mettre sur le dos** = *porter (un vêtement)* / **l'esclave** *m, f* slave / **soigné** = *fait avec soin, très bien fait* / **l'étoffe** *f* fabric / **en** = *comme une* / **davantage** more / **lancer** to launch / **en matière de** = *en ce qui concerne* / **aller** to suit, fit

---

[1]C'est Chanel qui a lancé la mode des pull-overs perlés *(beaded)* dans les années 50.

Rien n'est laid° du moment que° c'est vivant. Des femmes me disent : « J'ai des jambes un peu grosses... » Je leur demande : « Elles vous portent° ? C'est l'essentiel. Les jambes vous portent, on ne les porte pas. N'y pensez plus, ce n'est pas cela qui rend heureux. »

Marcel Haedrich, Coco Chanel secrète

Qu'en pensez-vous ?

Etes-vous d'accord ou non avec les déclarations suivantes ? Justifiez votre réponse.

1. Chanel aimait le fait que la mode ne dure pas.
2. Elle portait une robe neuve chaque fois qu'elle sortait.
3. Elle considérait ses vieux vêtements comme de vieux amis.
4. On ne peut être élégant(e) que si on s'habille chez un grand couturier.
5. Le style « Chanel » est connu dans le monde entier.
6. La mode reflète l'état d'esprit d'une époque.
7. Coco Chanel ne faisait pas très attention aux étoffes qu'elle employait.
8. Chanel essayait de renouveler constamment son style.
9. Chanel pensait que, pour être heureux, il faut se sentir bien dans sa peau et s'accepter tel que l'on est.
10. Dans ce passage, elle fait preuve de bon sens, d'humour et d'optimisme.

Nouveau Contexte

Complétez le dialogue suivant en choisissant les termes appropriés (employez chaque terme une seule fois). Puis, jouez le dialogue.

Noms : apprentie *f*, clef *f*, élégance *f*, étoffes *f*, goût *m*
Verbes et expressions verbales : dessiner, durent, me mettre sur le dos, ont réussi professionnellement
Adjectif : soignés

Une journaliste du magazine *Elle* interroge Chloë, jeune créatrice de mode.

JOURNALISTE   Chloë, dites-moi, êtes-vous devenue créatrice de mode par hasard ?

CHLOE   Non, la mode m'a toujours intéressée. Quand j'étais petite, je changeais de vêtements plusieurs fois par jour, pour le plaisir. J'adorais me déguiser et _____*1* de vieilles robes de ma grand-mère.

JOURNALISTE   Comment avez-vous débuté ?

CHLOE   Je suis entrée chez Chanel comme _____*2* quand j'avais 17 ans. J'y ai appris les bases du métier. Je dois tout à Mademoiselle

---

laid = *pas beau*   /   **du moment que** as long as   /   **porter** to carry

Chanel. Son _____[3] très sûr, son sens inné de
l' _____[4] m'ont beaucoup influencée.

JOURNALISTE   Pourquoi avez-vous quitté la Maison Chanel ?

CHLOE   J'avais envie de _____[5] et de créer mes propres modèles.

JOURNALISTE   Comment expliquez-vous votre succès ?

CHLOE   Mes clientes sont des femmes qui travaillent, des femmes qui
_____[6]. J'ai compris qu'elles voulaient une garde-robe
(wardrobe) pratique et élégante. Je choisis de belles _____[7]
et je crée des vêtements classiques et _____[8] qui
_____[9] plusieurs années. Je crois que c'est ça la
_____[10] de mon succès.

Vocabulaire satellite

la **haute couture**   high fashion
le **couturier**   fashion designer
le **créateur, la créatrice de mode**   stylist
le **prêt-à-porter**   ready-made clothes
le **mannequin**   fashion model
porter des vêtements   to wear clothes
être à la mode   to be fashionable, to follow fashion
dans le vent   very up-to-date, "in"
essayer des vêtements   to try on clothes
ce qui me (vous) va   what fits me (you), what looks good on me (you)
bien (mal) habillé   well (poorly) dressed

négligé   carelessly done, unkempt
le **tailleur**   (woman's) suit
le **chemisier**   blouse
la **jupe**   skirt
le **collant**   tights
le **costume trois-pièces**   (man's) three-piece suit
la **veste**   jacket
le **pantalon**   trousers
la **cravate**   tie
le **nœud-papillon**   bow-tie
la **taille**   size
la **pointure**   shoe size
le **marché aux puces**   flea market
les **vêtements** *m* **d'occasion**   second-hand clothes
en solde *(inv)*   on sale

Pratique de la langue

1. Quelle est votre attitude vis-à-vis de la mode ? La suivez-vous de près ? Dites pourquoi ou pourquoi pas. Est-il vraiment possible de ne pas suivre la mode ?
2. Improvisez les dialogues suivants :
   a. Une vendeuse dans une boutique à la mode essaie de convaincre une cliente, conservatrice et peu sûre d'elle, d'acheter une robe excentrique aux couleurs très voyantes *(garish)*.

b. Une mère de famille et sa fille ou son fils de quatorze ans se trouvent dans un grand magasin au mois de septembre pour acheter des vêtements pour la rentrée des classes. Ils ne peuvent se mettre d'accord *(agree)* parce que chacun a des idées très différentes sur ce qu'il convient d'acheter. Imaginez leur discussion.

3. Que pensez-vous de la mode masculine ? La trouvez-vous trop limitée, raisonnable, conventionnelle, trop fantaisiste, triste, etc. ? Si vous étiez grand couturier, que proposeriez-vous pour la changer ?

4. Comment expliquez-vous la popularité du blue jean au cours des années et à travers le monde ?

5. Transformez la classe en boutique de troc *(barter)*. Faites des échanges de vêtements, chaussures, chapeaux, accessoires, etc., entre vous. Essayez de marchander *(bargain)*.

Cuisine et Gastronomie

« Dis-moi ce que tu manges, je te dirai qui tu es. »
— Brillat-Savarin

Despite the popularity of what the French call "le fast-food"—McDonald's, to name but one fast food chain, is quite popular in France—and the new but ever-growing interest in frozen food, the French still cling with pride to their culinary traditions. Families continue to lavish much effort and care on the preparation of a good meal, especially on special occasions. Many refined palates are still willing to travel long distances to dine at a famous or cherished restaurant, and there is hardly anyone in France who will not argue that French cheeses are the best in the world.

Tradition dies hard in France, especially when the topic is cuisine. For example, although the French do their food shopping mostly in modern supermarkets, they also enjoy shopping in the traditional specialty stores—the *boulangerie*, the *charcuterie*, the *boucherie*, the *fromagerie*, the *marchand de légumes*—where they are assured of quality and freshness, and have a personal relationship with the shopkeeper-owner.

Regional cuisines are also appreciated in France, as evidenced by the recent popularity of bistros and restaurants that offer such specialties as sauerkraut from Alsace, bouillabaisse from Marseilles, and cassoulet from Toulouse. There is virtually no similarity between home cooking in Alsace, Normandy, Provence, or Périgord, except that each is, in its own way, delectable.

And what about "French cuisine" as practiced in hundreds of high-priced restaurants from Oslo to Hong Kong, not to mention France itself? It too, of course, is "French"—more French, in a sense, than any local or family specialty, because it

represents the distillation of techniques and recipes accumulated over generations by specialists.

The traditions of *la haute (grande) cuisine* go back to the Ancien Régime and were handed down through prestigious chefs such as Vatel (d. 1671), Carême (1784–1833), and Escoffier (1847–1935). But today, despite the survival of traditional *haute cuisine*, it would be impossible to identify any particular style as the quintessence of French gastronomy. There was a time when the glory of French cuisine was associated with the infinite variety of its complex and sophisticated sauces, each developed to accompany a specific preparation of meat, fish, poultry, or vegetables. Recently, however, the advocates of *la nouvelle cuisine* recoiled from such elaborate traditions, developing in their place a new style of sophisticated simplicity based on the idea that "less is more."

The masters of *la nouvelle cuisine* staged their quiet revolution by shifting emphasis from what accompanies or seasons the food to the foods themselves. Chefs such as Bocuse, Michel Guérard, the brothers Troisgros, Raymond Thuillier, and many others have settled away from Paris, often in small out-of-the-way towns, in order to have access to abundant garden vegetables, fresh fish, or poultry in their natural environment. Their cuisine aims at rediscovering the unadulterated taste of food and borrows some of its techniques from the Orient. They also cater to the modern diner's preoccupation with fitness and calories, hence the name of *cuisine minceur* (thin), a common synonym for *nouvelle cuisine*.

Eating not only to be slim but to be fit has become a preoccupation of the French. Although they have not abandoned their taste for fine food, the French are becoming increasingly conscious of the importance of a balanced diet rich in vitamins and minerals. Preventing diseases through a balanced and varied diet is the aim of many an amateur nutritionist.

Orientation

Quelles sont vos habitudes alimentaires ? Mettez-vous en groupe et répondez aux questions suivantes :

1. Quel repas de la journée préférez-vous : le petit déjeuner, le déjeuner ou le dîner ?
2. Grignotez-vous *(nibble)* entre les repas ?
3. Combien de fois par mois mangez-vous dans des restaurants fast-food comme les Mac-Dos ?
4. Qu'est-ce que vous buvez habituellement en prenant vos repas ?
5. Prenez-vous un dessert à la fin du repas (toujours, quelquefois, jamais) ?
6. Préférez-vous ce qui est sucré ou ce qui est salé *(salted)* ?
7. Quel est votre plat préféré ?
8. Achetez-vous beaucoup de produits allégés *(light or diet)* ?
9. Prenez-vous des vitamines chaque jour ?
10. A votre avis, que faut-il manger pour être en bonne santé ?
11. Quelles boissons préférez-vous ?

Nourriture et santé : le vrai, le faux, l'idiot

Dans chaque Français, il y a un gastronome° qui sommeille.° Désormais,° il y a aussi un médecin qui veille.° Comment manger sans risque ? C'est aujourd'hui la grande question. Loin de céder° au catastrophisme, les diététiciens allongent° la liste des maladies qui pourraient être prévenues° par une alimentation° équilibrée,° variée,
5 riche en vitamines et en oligo-éléments° protecteurs. On commence même à parler d'aliments° anticancer. Faut-il pour autant,° à l'exemple des Américains, se bourrer° de vitamines ? Faut-il se méfier° des excès de protéines et ne plus jurer° que par les fruits et les légumes ?

C'est le grand rêve de cette fin de siècle : bientôt, pour prévenir toutes les maladies et vivre très longtemps en parfaite santé, il suffira° de... manger. Mais attention :
10

le gastronome a judge of the art of cuisine / **sommeiller** to lie dormant / **désormais** from now on / **veiller** to be on watch / **céder** to give in / **allonger** to extend / **prévenu** prevented / **l'alimentation** *f* diet / **équilibré** balanced / **l'oligo-élément** *m* trace element / **l'aliment** *m* food / **pour autant** for all that / **se bourrer** to stuff oneself / **se méfier de** to distrust / **jurer** to swear / **suffire** to be enough

manger équilibré, vitaminé, sain,° protecteur. Certes,° on avait déjà entendu ça quelque part.° Chacun connaît l'adage : « On creuse° sa tombe avec ses dents. » Mais il y
a comme° un retournement° de tendance. Car il ne suffit plus à présent d'éviter° les
aliments qui font du mal.° Encore° faut-il se ruer° sur ceux qui font du bien. Le vieil
15 Hippocrate déjà conseillait : « Que ta nourriture soit ta première médecine. »

On aurait pu gagner° énormément de temps,° environ vingt-quatre siècles, en
l'écoutant tout de suite et en mangeant toujours équilibré. Au lieu de quoi on alterna,
pendant des millénaires,° la dénutrition° des époques de famine avec les déplo-
rables ripailles° des périodes d'abondance. Mais mieux vaut tard que jamais° : nous
20 sommes enfin disposés à écouter le message d'Hippocrate. Et déterminés à exiger°
des pitances° à la fois° saines, agréables et médicalement préventives.

C'est que désormais une suffisante accumulation de connaissances nous en donne
les moyens.° La science de la nutrition a enregistré ces dernières années d'énormes
progrès, et semble déboucher° enfin sur la définition d'une alimentation vraiment
25 diététique. Naguère° on assistait, au gré° des modes et des pseudo-découvertes, à
une succession d'oukases° contradictoires : du sel / pas de sel. Mangez du pain et
des nouilles° / évitez les féculents.° Le bifteck est souverain contre l'anémie° et la
tuberculose / attention, la viande donne du cholestérol ! Le vin rouge donne des
forces / ne buvez jamais d'alcool. Les légumes secs° font grossir / ils sont bourrés°
30 de magnésium et de vitamines indispensables...

Aujourd'hui — et c'est tout récent — les spécialistes semblent enfin arriver à un
consensus. Et celui-ci est plutôt° agréable : il faut manger de tout, de manière équilibrée, et en quantités raisonnables, car la meilleure alimentation est la plus variée.

Plutôt que de traquer° inlassablement° les aliments interdits,° la nouvelle diété-
35 tique se consacre° à identifier ceux qui « font du bien » , en raison des° principes actifs qu'ils renferment.° Viande rouge et boudin° pour le fer.° Huile de tournesol°
pour la vitamine E. Fruits et légumes pour beaucoup d'autres vitamines. Chocolat
pour le magnésium. Poissons gras,° huile d'olive et (un peu de) vin rouge contre les
maladies cardio-vasculaires. Abricots° secs pour le potassium, qui permet de rester
40 jeune. Brocolis et autres choux° contre le cancer.

sain healthy, sound / **certes** admittedly / **quelque part** somewhere / **creuser** to
dig / **il y a comme** there is like / **le retournement** reversal / **éviter** to avoid /
faire du mal to harm / **encore** still / **se ruer** to pounce / **gagner du temps** to save
time / **le millénaire** millennium / **la dénutrition** undernourishment / **la ripaille**
feast, pig-out / **mieux vaut tard que jamais** better late than never / **exiger** to demand /
la pitance sustenance / **à la fois** at the same time / **le moyen** means / **déboucher**
sur to lead to / **naguère** formerly / **au gré de** according to / **l'oukase** *m* decree /
les nouilles *f* noodles, pasta / **le féculent** starchy food / **l'anémie** *f* anemia /
sec dry / **bourré de** stuffed with / **plûtot** rather / **traquer** to track down /
inlassablement tirelessly, unremittingly / **interdit** forbidden / **se consacrer** to devote
oneself / **en raison de** owing to / **renfermer** to contain / **le boudin** blood sausage /
le fer iron / **l'huile** *f* **de tournesol** sunflower oil / **le poisson gras** oily fish /
abricot *m* apricot / **le chou** cabbage

La tentation est grande, évidemment, de déraper° dans l'excès. De « corriger » les aliments naturels afin de les enrichir exagérément en ces principes actifs dont le bénéfice n'est démontré qu'à faibles doses. En ignorant que, comme dit le sage, « le mieux est souvent l'ennemi du bien » .

Le « French Paradox »

45 Avec un apport° de « mauvais cholestérol » sensiblement° comparable, les Français meurent deux fois moins d'infarctus° que les Belges, trois fois moins que les Américains, quatre fois moins que les Finlandais. Lorsque les épidémiologistes américains, d'abord° incrédules, ont fait cette constatation,° ils ont créé l'expression devenue

---

déraper to skid, to slip / **l'apport** *m* provision / **sensiblement** perceptibly /
l'infarctus *m* infarction, coronary / **d'abord** to first / **la constatation** observation

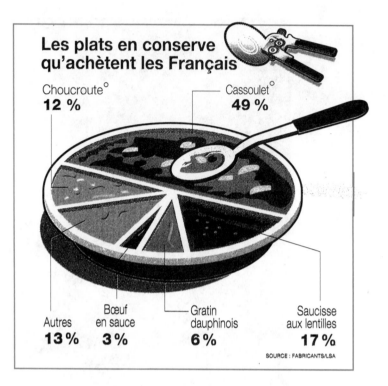

Les plats en conserve qu'achètent les Français

Choucroute° 12 %

Cassoulet° 49 %

Autres 13 %

Bœuf en sauce 3 %

Gratin dauphinois 6 %

Saucisse aux lentilles 17 %

SOURCE : FABRICANTS/LSA

fameuse de « French paradox ». Un paradoxe auquel ils ont trouvé ensuite deux ex-
50 plications principales : 1) les Français ont une alimentation plus variée, moins riche
en acides gras saturés, plus riche en antioxydants (vitamines C et E, béta-carotene,
sélénium que l'on trouve notamment° dans le foie° et dans les huîtres°) ; 2) les Français boivent du vin, et ce n'est pas l'alcool qui est en jeu,° mais bien le vin, spéciale-
ment le vin rouge. En effet, d'autres pays dans lesquels la consommation de boissons°
55 est, en terme de degrés d'alcool, absolument comparable ne bénéficient nullement
de cet effet protecteur. Mais le vin rouge, contrairement par exemple à la bière, au
gin, au whisky ou au vin blanc, contient des molécules très particulières, les flavo-
noïdes, qui, estime° un spécialiste, « pourraient protéger les vaisseaux sanguins° par
leur action antioxydante ». De plus,° le vin contient de l'acide salicylique, un com-
60 posé apparenté° à l'aspirine, laquelle est également efficace dans la prévention de
l'infarctus.

Fabien Gruhier, *Le Nouvel Observateur*

la choucroute sauerkraut / **le cassoulet** stew / **notamment** notably / **le foie**
liver / **les huîtres** *f* oysters / **en jeu** at stake / **la boisson** drink / **estimer** to feel,
to reckon / **le vaisseau sanguin** blood vessel / **de plus** moreover / **apparenté** related

Une journée alimentaire

Petit déjeuner
36 % des Français boivent du café noir,
23 % du café au lait, 14 % du thé,
11 % du jus de fruits. 46 % mangent
des tartines de pain,°
13 % des biscottes,
12 % des céréales.
6 % ne prennent pas de petit déjeuner.

Déjeuner
70 % le prennent chez eux en semaine.
66 % mangent de la viande, 38 % des
légumes, 29 % des pommes de terre,
19 % du riz, des pâtes ou de la semoule,°
9 % du poisson, 3 % un sandwich.
Les trois quarts mangent du pain.
Au restaurant, 60 % commandent une entrée
(dans la moitié des cas, des crudités),°
59 % un dessert.

Dîner
27 % mangent de la viande,
23 % de la soupe (43 % des plus de 50 ans),
17 % des pommes de terre, 9 % du jambon,
9 % des œufs,
6 % d'autres charcuteries.°
71 % prennent du fromage.

(Sondage CFES/BVA, octobre 1994)

Qu'en pensez-vous ?

Etes-vous d'accord ou non avec les déclarations suivantes ? Justifiez votre réponse.

1. Tous les Français se croient gastronomes.
2. Aujourd'hui, on peut prévenir certaines maladies par une alimentation saine.
3. Il suffit d'éviter les aliments qui font du mal pour être en bonne santé.
4. Hippocrate était convaincu que la nourriture était la première médecine.

la tartine de pain bread with jam or butter   /   **la semoule** grains   /   **les crudités** *f* raw vegetables   /   **la charcuterie** cold meats and prepared salads

5. Par le passé, l'alimentation était cyclique.
6. Autrefois, les conseils diététiques étaient contradictoires.
7. Aujourd'hui, la nouvelle diététique établit des listes d'aliments interdits.
8. Pour avoir de la vitamine E, il faut manger des fruits et des légumes.
9. Aujourd'hui, on corrige les aliments naturels pour les enrichir.
10. Les Français ont moins de cholestérol que les Américains.
11. C'est parce qu'ils boivent du vin que les Français ont trois fois moins d'infarctus que les Américains.

Nouveau Contexte

Complétez le dialogue suivant en choisissant les termes appropriés (employez chaque terme une seule fois). Puis, jouez le dialogue.

Noms :   aliments *m*, alimentation *f*, diététique *f*, nourriture *f*, viande *f*, vitamines *f*
Verbes :   bourre, éviter, prévenir, veilles
Adjectifs :   interdit, saine

Dialogue entre deux amies, Anne et Laure :

ANNE   Je suis contente que nous ayons décidé de nous rencontrer dans ce restaurant végétarien. La _____*1* y est sûrement très _____*2*.

LAURE   Depuis quand _____*3*-tu à ton _____*4* ?

ANNE   Depuis que j'ai lu que les _____*5* que l'on mange peuvent _____*6* certaines maladies.

LAURE   Tu ne vas pas me dire que tu es devenue une fana de _____*7*, toi qui adorais la _____*8* bien rouge et les steaks énormes.

ANNE   Non, pas une fanatique, je veux seulement _____*9* les produits gras ou sans valeur nutritive. Je ne me _____*10* pas de _____*11*. Je veux tout simplement manger équilibré.

LAURE   Mais les avis sont toujours contradictoires. Un jour, le gras est _____*12*. Le lendemain, on vous dit : « l'huile d'olive est excellente pour la santé » . Comment t'y retrouves-tu ?

ANNE   Certes, autrefois, les avis étaient contradictoires, mais aujourd'hui, les spécialistes sont tous d'accord pour dire qu'il faut manger de tout, en quantités raisonnables, car la meilleure alimentation est la plus variée.

Vocabulaire satellite

la **nourriture** food	le **pâté** pâté
les **crudités** *f* raw vegetables served as hors d'œuvres	le **poisson** fish (la **sole**, le **cabillaud** [sole, fresh cod])

les **crustacés** *m* shellfish (les **moules** *f*, les **huîtres** *f* [mussels, oysters])

la **viande** meat (le **bœuf**, le **porc**, le **mouton**, le **veau** [beef, pork, mutton, veal])

les **légumes** *m* vegetables (les **épinards** *m*, les **haricots verts** [spinach, green beans])

la **crème caramel** caramel custard

la **tarte aux pommes** apple pie

la **casserole** saucepan

la **poêle** frying-pan

le **four** oven

le **four à micro-ondes** micro-wave oven

le **congélateur** freezer

les **aliments** *m* **frais** fresh food

les **surgelés** *m* frozen food

les **conserves** *f* canned food

cuisiner, faire cuire to cook

faire de la pâtisserie to bake

mélanger to mix

ajouter to add

assaisonner to season

se régaler (de) to feast (on)

être au régime to be on a diet

les **produits** *m* **allégés** light, diet items

la **santé** health

la **vitamine** vitamin

la **diététique** nutrition

l' **alimentation** *f* diet

sain healthy

prévenir to prevent

éviter to avoid

le **végétarien**, la **végétarienne** vegetarian

les **matières** *f* **grasses** fat

la **carte** menu

commander to order

l' **addition** *f* bill, check (in a restaurant or café)

le **pourboire** tip

Pratique de la langue

1. Qu'est-ce qu'une alimentation diététique ? Quels sont les aliments recommandés par la diététique ?

2. Quelles sont les propriétés :
   a. des fruits et légumes ?
   b. du chocolat ?
   c. de l'huile d'olive ?
   d. du vin rouge ?
   Nommez d'autres aliments bénéfiques pour la santé.

3. Faites-vous attention aux aliments que vous mangez ? Quels aliments choisissez-vous de préférence ? Avez-vous déjà fait un régime ? lequel ?

4. Croyez-vous qu'on puisse guérir grâce à *(thanks to)* son alimentation ? De quelles maladies ?

5. Vous êtes diététicien (diététicienne) et les personnes suivantes ont besoin de vos conseils. Quels régimes conseilleriez-vous à :
   a. la mère d'un enfant de six ans qui n'aime rien
   b. un(e) adolescent(e) qui a tendance à grossir

c. un(e) étudiant(e) pendant la période des examens

d. un(e) grand(e) sportif (sportive) ?

6. Vous êtes garçon ou serveuse dans un restaurant français. Improvisez des dialogues avec les clients suivants :

   a. une dame qui est au régime

   b. un(e) végétarien(ne) qui se méfie de tous les aliments traités avec des produits chimiques

   c. un(e) étudiant(e) qui a peur de ne pas avoir assez d'argent pour payer l'addition

   d. un jeune homme qui cherche à impressionner la jeune fille qu'il a invitée à dîner

Sujets de discussion ou de composition

1. Ecrivez une carte postale à un(e) de vos ami(e)s à l'occasion d'un voyage en France. Mentionnez des détails sur la nourriture, la mode, et le tempérament français en général.

2. « Les vieux vêtements sont de vieux amis » . Vous avez 75 ans ; dans une malle *(trunk)*, vous retrouvez des vêtements des saisons passées. Qu'est-ce qu'ils vous disent ?

3. Une silhouette, un vêtement, un air de musique dessinent une époque avec ses obsessions et ses fantasmes. Comment représenteriez-vous le temps présent sur une affiche, par exemple ? Quelle silhouette, quel vêtement choisiriez-vous ?

4. Ecrivez un court article pour un magazine spécialisé (comme *Le Magazine des Gourmets*) décrivant un repas (délicieux ou très mauvais) dans un restaurant de votre choix.

8

La Francophonie

التلغراف البريد التليفون
TELEGRAPHE   POSTE   TELEPHONE

Le Monde francophone

L*a francophonie* is a term used to designate the diverse and loosely connected French-speaking community of nations. Today the total population of those countries where French is spoken numbers over 200 million. The French-speaking area in Western Europe includes portions of Belgium, Luxembourg, and Switzerland. The expansion of the French language overseas resulted from imperial adventures pursued over four centuries. Scattered remnants of France's once vast colonial empire still survive: French Guiana in South America; Martinique and Guadeloupe in the Caribbean; Saint-Pierre-et-Miquelon off Canada; Réunion in the Indian Ocean; Tahiti and New Caledonia in the Pacific. In addition, the French language continues to be spoken in many other countries that ceased to be French as far back as the eighteenth century (Canada) or as recently as the 1970s (the Comoro Islands).[1]

France's modern colonial empire was acquired between 1830, when France invaded Algeria, and the end of World War I. It came to an end between 1941, when Syria and Lebanon were promised independence, and 1962, when French rule ended in Algeria. The decolonization process was sometimes violent—as in Indochina and Algeria—but often resulted from a peaceful negotiated settlement. All the former French territories in sub-Saharan Africa have maintained close economic and cultural ties with France. Most of them still belong to the currency zone of the franc.

To a greater or lesser extent, France followed a policy of assimilation in its overseas possessions. Before their nations won independence, the presidents of several African states—Senghor of Senegal, Houphouët-Boigny of the Ivory Coast, Sékou Touré of Guinea—were members of the French National Assembly. In these states, education was usually conducted in French at all levels; a hand-picked elite was systematically sent to France to complete its education.

A small number of overseas possessions and a number of former dependencies are incorporated into the French Republic as overseas departments[c] or territories in much the same way as Hawaii and Alaska became the forty-ninth and fiftieth states of the Union. There are five such *départements d'outre-mer:* Martinique, Guadeloupe, French Guiana in the Caribbean basin, Saint-Pierre-et-Miquelon in the North Atlantic, and the Indian Ocean island of La Réunion. Their inhabitants are French citizens, and they vote in legislative and presidential elections just like other French citizens.

The French presence in the Caribbean dates back to the seventeenth century—Martinique came under French control in 1635—and has left many traces. Haiti fought a successful revolution against France and became independent in 1804, but remains a French-speaking state today. The majority of the population of the overseas

---

[1] For the use of French throughout the world, see the map at the front of the book.

departments are of non-European stock; most are of African descent, but those in Guiana include Amerindians, and those of La Réunion absorbed immigrants from almost every land bordering on the Indian Ocean. As a result, each of these territories has developed a distinctive but decidedly hybrid culture. In Martinique and Guadeloupe, for example, standard French has long been the official language, but it exists side by side with Creole, which includes obsolete and distorted French words along with African words and syntax. Creole is also the folk idiom of Haiti and even survives in a number of West Indian islands that have long ceased to be French. In recent years, its use has been advocated by some as a vehicle for the affirmation of cultural autonomy.

The French West Indies have produced their share of politicians, civil servants, scholars, and artists. Several artists—including Aimé Césaire, the poet and politician who first coined the word *négritude*, and Frantz Fanon, the revolutionary author of *Peau noire, masques blancs* (1952) and *Les Damnés de la terre* (1961)—have achieved worldwide celebrity.

IMMIGRATION

Because of the strong ties between France and its former colonies, it is not surprising that immigration in France has always been very high. Political refugees, students, and laborers looking for a better way of life have come to the *Métropole* and transformed it into a multicultural society.

In France, as in other countries, immigration and the issues it often raises—prejudice, racism, integration, and national identity—are the object of growing concern. Between three and four million foreigners reside in France, and each year approximately 120,000 foreigners settle there legally. In addition to these legal immigrants a slightly larger number of clandestine aliens—estimates vary from 150,000 to 180,000—have built their lives in France. Their children, born and schooled in France, feel as much a part of French society as the sons and daughters of French citizens.

From the end of World War II to the early seventies, France promoted the immigration of foreigners to assist in the rebuilding of France, encouraging them to adopt the French way of life. Foreign laborers, especially from Algeria, Morocco and Tunisia and other former North African colonies, immigrated to France to perform the arduous, low-paying jobs in industry and public works that French citizens were increasingly avoiding. However, the onset of the recession and the oil crisis, the rise of unemployment due to the disappearance of manufacturing jobs, and changes in the global economy altered this scenario; this cheap labor force, once desirable, began to be seen by the French as a threat to their job security and wage increases. In 1974, the government of Valéry Giscard d'Estaing decided to stop temporarily the immigration of laborers. Only family members of people already living in France would be allowed to settle in France, and a law for the prevention of clandestine immigration was passed.

In 1981, the French socialist government of François Mitterrand decided to soften the laws regarding entry into the country, and it took action to regularize the status of 132,000 illegal aliens. Faced, however, with growing racial tensions and the threatening popularity of Jean-Marie Le Pen's *Front national,* an extreme right-wing party advocating immigrant repatriation, the left gradually changed its course. All political parties now agree that immigration needs to be monitored and if "zero immigration," as Le Pen demands, is not an option, at least illegal immigration should be curbed. Several measures taken after 1986 have aimed at tightening entry into the country and limiting the stay of visitors in France. Long-term resident permits are now harder to get and the renewal of temporary visas is being strictly monitored. It has also become more difficult to obtain French nationality.

Caught in the maze of new laws, immigrants who came to France on a temporary *titre de séjour* or tourist visa in the hope of becoming permanent residents, even those who have lived in France for years, now frequently lose their legal status and become *sans-papiers.* Most continue to work illegally without insurance and other benefits and are in constant fear of being caught and repatriated.

Orientation

Indiquez si vous êtes d'accord ou non avec les opinions suivantes :

1. Chacun a le droit de s'installer dans le pays de son choix.
2. Un enfant né dans un pays, quel qu'il soit, devrait avoir la nationalité de ce pays.
3. Il faut réglementer les conditions d'entrée et le séjour des étrangers.
4. Il faut renvoyer dans leur pays les immigrés illégaux.
5. Un pays d'accueil *(accepting country)* a le droit d'expulser tout étranger condamné pour délit *(offence)* grave.
6. Un travailleur étranger a le droit de faire venir dans le pays d'accueil son conjoint, ses enfants et ses ascendants.
7. On ne pourra jamais réduire à zéro le nombre de clandestins dans un pays.
8. Tant que les autres pays n'auront pas atteint notre niveau de vie, il y aura des immigrés illégaux.
9. Il faut augmenter le nombre de policiers aux frontières.
10. La répression est la seule solution pour enrayer *(to curb)* l'immigration illégale.

La Galère° ordinaire d'un sans-papiers°

« Vivement que° tout ça se termine », soupire°-t-il en berçant° sa fille de 8 mois sur ses genoux,° devant le théâtre de la Cartoucherie de Vincennes, où se sont retrouvés° les rescapés° de l'église Saint-Bernard.° Kleber a de la chance. Ce Haïtien

la galère galley, slave ship (fig. hell) / **le sans-papiers** illegal alien / **vivement que** *(fam)* how I wish / **soupirer** to sigh / **bercer** to rock (a baby) / **sur ses genoux** on his lap / **se retrouver** to meet / **le rescapé** survivor / **l'église Saint Bernard** = *l'église de Paris où s'étaient réfugiés des sans-papiers*

de 32 ans fait partie des 48 sans-papiers régularisés° par le gouvernement dès juin
5 dernier.° « Enfin,° en principe, parce que rien n'est encore réglé.° » Voilà des semaines qu'il fait le siège de° la préfecture° de Bobigny, où on lui répète que son
dossier « n'est pas complet ». La semaine dernière, sous la pression° d'un bénévole°
de Médecins du monde, le préfet° en personne a fini par intervenir° pour qu'on lui
donne un titre de séjour° temporaire.

10 Ainsi se termine — provisoirement° — le combat dans lequel il s'est lancé,° en
mars dernier, avec sa femme et ses deux enfants. Six mois d'errance° et d'expulsions successives, de l'église Saint-Ambroise, du gymnase Jappy, de l'entrepôt°
SNCF° de la rue Pajol, jusqu'aux derniers coups de hache° dans la porte de Saint-
Bernard...

15 Kleber quitte Haïti en 1989 pour échapper° au régime des tontons macoutes° qui
ont, affirme-t-il, tué son père. « Ils m'ont arrêté et tabassé,° j'ai les certificats de
l'hôpital et les rapports de police », insiste-t-il en montrant l'épaisse° chemise° en
carton° qui ne le quitte jamais, bourrée de° fiches de paie,° de cartes de Sécurité sociale, d'extraits de naissance° et même de déclarations d'impôts.° Les traces de sept
20 ans de démarches° administratives. Son premier titre de séjour lui est délivré° par
l'Ofpra° : un récépissé° temporaire lui donnant le droit de travailler en attendant
qu'on examine sa demande° de statut° de réfugié. Ce qui prend plus de trois ans. Il
trouve alors un emploi dans une société de nettoyage,° s'installe dans un appartement du XVIIIᵉ arrondissement° et se marie, en 1991, avec une compatriote.

25 Un an plus tard, alors que° vient de naître leur premier enfant, la préfecture
lui confisque° le précieux récépissé : « Le délai de recours° est écoulé,° lui explique-
t-on. Il faut que vous retourniez à Haïti pour régulariser votre situation. » Il se
retrouve subitement° clandestin, et licencié° par son patron. A la mairie,° on lui ap-
prend° que son fils est également° sans papiers : « C'était avant la loi Pasqua,° je

régularisé legalized / **dès juin dernier** as recently as last June / **enfin** that is /
réglé settled / **faire le siège** besiege / **la préfecture** prefecture (seat of government) /
sous la pression de pressured by / **le bénévole** volunteer / **le préfet** prefect (head of
a prefecture) / **intervenir** to intervene / **le titre de séjour** temporary resident permit /
provisoirement temporarily / **se lancer** to leap, to jump / **l'errance** *f* wandering /
l'entrepôt *m* warehouse / **SNCF** = *la Société nationale des chemins de fer* (French
Railway) / **le coup de hache** stroke of the ax / **échapper à** to escape / **les tontons** *m*
macoutes = *les membres d'une milice créée en Haïti par Duvalier pour réprimer toute
opposition* / **tabasser** (*fam*) to punch (someone) / **épais** thick / **la chemise** file /
le carton cardboard / **bourré de** stuffed with / **la fiche de paie** paystub / **l'extrait** *m*
de naissance birth certificate / **la déclaration d'impôts** tax return / **les démarches** *f*
procedures, steps / **délivré** issued / **l'Ofpra** = *l'Office* m *français de protection
des réfugiés et apatrides, l'organisme chargé des réfugiés* / **le récépissé** a receipt /
la demande application / **le statut** status / **la société de nettoyage** cleaning establishment / **l'arrondissement** *m* arrondissement (administrative district in Paris) / **alors que**
when, as / **confisquer** to confiscate / **le délai de recours** appeal deadline / **écoulé**
expired / **subitement** suddenly / **licencié** laid off / **la mairie** city hall / **on lui**
apprend he is told / **également** also / **la loi Pasqua** = *la loi de 1993 du nom du
ministre de l'Intérieur, Charles Pasqua, visant à un durcissement de l'immigration*

30 croyais qu'il était français, puisque né ici : on m'a répondu qu'il n'avait aucun droit puisque j'étais illégal. » La mère, elle, est pourtant° en règle,° titulaire° d'une carte de séjour° temporaire qu'elle fait renouveler° chaque année depuis 1990. Elle dépose° donc une demande de regroupement familial.° Refusée : « Votre mari doit rentrer chez lui. »

35 En septembre 1995, Kleber est arrêté par une patrouille° dans le métro, pendant que sa femme, enceinte° et malade, se trouve° à l'hôpital. Cela ne suffit pas pour attendrir° le juge, qui le condamne à deux mois de prison et cinq ans d'interdiction° du territoire pour défaut° de titre de séjour. Il fait aussitôt appel,° ce qui ne le dispense pas de purger° sa peine à la Santé,° tandis que° son fils est confié° à des voisins. Il

40 sort à temps° pour assister à° la naissance de sa fille, le 9 janvier 1996, « le lendemain de la mort de Mitterrand° ». Désespéré,° il découvre en mars la nouvelle de l'occupation de l'église Saint-Ambroise et décide de s'y installer avec toute sa famille. « On n'avait plus rien à perdre, explique-t-il. Sans papiers, on a l'impression

pourtant however / **en règle** in order, straight with the authorities / **le titulaire (d'un permis)** holder (of a permit) / **la carte de séjour** resident's permit / **renouveler** to renew / **déposer** to fill out / **la demande de regroupement familial** = *la demande d'autorisation de séjour pour tous les membres de la même famille* / **la patrouille** patrol / **enceinte** pregnant / **se trouver** = *être* / **attendrir** to move, to touch / **l'interdiction** *f* ban / **le défaut** lack / **faire appel** to appeal / **purger une peine** to serve a sentence / **la Santé** = *prison de Paris* / **tandis que** while / **confié** entrusted / **à temps** in time / **assister** to be present / **Mitterrand** = *le président de la République de 1981–1995* / **désespéré** desperate

de ne plus faire partie des humains. » Comme les autres, Kleber est à la merci
45 d'escrocs° : il travaille ainsi pendant plusieurs mois, au noir,° pour un peintre en bâ-
timent° qui refuse ensuite de le payer. Sans parler de° ce faux propriétaire° qui lui
« loue° » un appartement imaginaire, en encaissant° une caution° et deux mois de
loyer° avant de disparaître dans la nature.° Malgré ses malheurs,° Kleber n'imagine
pas retourner au pays. « Mes enfants sont nés ici, je voudrais qu'ils soient élevés°
50 dans une vraie démocratie, ce qui n'est toujours pas le cas à Haïti, même avec Aristide.° Tout ce que je demande, c'est de vivre en paix en oubliant° tout ça. » A condition que la préfecture tienne ses promesses.

Gilbert Charles, L'Express

Qu'en pensez-vous ?

Etes-vous d'accord ou non avec les déclarations suivantes ? Justifiez votre réponse.

1. Kleber, un sans-papiers, ne pourra pas être régularisé par le gouvernement.
2. La préfecture refuse de régulariser sa situation parce que son dossier n'est pas complet.
3. Un médecin est intervenu pour l'aider.
4. Kleber est venu en France pour des raisons économiques.
5. Kleber a reçu un permis de travail en 1989.
6. Kleber est devenu clandestin parce qu'il a laissé passer le délai de recours.
7. Le fils de Kleber est français.
8. La femme de Kleber a fait une demande de regroupement familial.
9. Kleber a rejoint les illégaux qui occupaient l'Eglise Saint-Ambroise.
10. Kleber est si fatigué de ce combat qu'il voudrait rentrer dans son pays.

Nouveau Contexte

Complétez le dialogue suivant en choisissant les termes appropriés (employez chaque terme une seule fois). Puis, jouez le dialogue.

Noms : clandestins *m*, démarches *f*, étrangers *m*, expulsions *f*, immigration *f*,
immigrés *m*, réfugiés *m*, répression *f*, sans-papiers *m*, titres *m* de séjour

Verbes : s'installer, rejoindre

Dialogue entre un journaliste et le ministre de l'Intérieur

JOURNALISTE   Monsieur le Ministre, pourquoi cette question de l' _____*1*
n'a-t-elle pas encore été résolue ?

---

l'escroc *m* swindler / **travailler au noir** = *travailler illégalement, sans être déclaré* /
le peintre en bâtiment building painter / **sans parler de** not to mention / **le propriétaire** landlord / **louer** to rent / **encaisser** to collect / **la caution** security deposit /
le loyer rent / **disparaître dans la nature** to vanish into thin air / **le malheur** misfortune / **élevé** raised / **Aristide** = *le Président de Haïti* / **oublier** to forget

MINISTRE   Parce que ce problème concerne non seulement les _____*2* légaux mais aussi les _____*3*.

JOURNALISTE   Donc, vous ne préconisez *(advocate)* pas l'immigration zéro ?

MINISTRE   Bien sûr que non. 100 000 _____*4* viennent _____*5* légalement en France chaque année pour étudier, pour _____*6* leur famille, ou comme _____*7* politiques. Ce que nous devons régulariser, c'est la présence irrégulière sur le territoire français.

JOURNALISTE   Que suggérez-vous donc pour régler ce problème des _____*8* ? Allez-vous renforcer les _____*9* ? Allez-vous accorder des _____*10* ?

MINISTRE   Chaque cas devra être examiné individuellement. Un de nos principes sera le respect de la vie familiale. Nous simplifierons les _____*11* administratives mais nous intensifierons la _____*12* du travail irrégulier.

JOURNALISTE   Merci, Monsieur le Ministre.

Vocabulaire satellite

l' **étranger**, l'**étrangère** foreigner

l' **immigré(e)** immigrant

l' **immigration** *f* immigration

l' **émigrant(e)** emigrant

le **clandestin** illegal worker

le **sans-papiers** person residing in France without a residence permit

refouler to turn back

expulser to expel, to deport

la **politique migratoire** immigration policy

le **titre de séjour** visa

le **droit d'asile** right of asylum

les **formalités** *f* **d'entrée dans un pays** procedures to enter a country

les **démarches** *f* **administratives** administrative procedures

la **nationalité** nationality

Pratique de la langue

1. Essayez de résumer le cas de Kleber. Pourquoi sa situation n'a-t-elle pas été régularisée ? Est-il responsable de ses ennuis ? Qu'aurait-il pu faire pour les éviter ?
2. A débattre : il faut laisser entrer dans un pays quiconque le souhaite.
3. Faut-il faire une différence entre les immigrés ? Quelles catégories d'immigrés faut-il accepter ? Quelles catégories faut-il contrôler ?
4. Pourquoi, à votre avis, les gouvernements des pays industrialisés veulent-ils rigoureusement limiter le nombre des immigrants ?
5. Pensez-vous que la xénophobie et le racisme jouent un rôle dans les mesures gouvernementales sur l'immigration et dans l'attitude des citoyens à l'égard des immigrés ?

6. A votre avis, les sans-papiers ont-ils le droit de se réfugier dans des églises ou des sanctuaires ?
7. A votre avis, les enfants des illégaux nés dans un pays d'accueil ont-ils le droit à l'école gratuite, aux soins gratuits ?
8. Etes-vous ou connaissez-vous des enfants d'immigrés ? Pour quelles raisons êtes-vous venu(e) (sont-ils venus) dans un nouveau pays ? Quelles sont les difficultés rencontrées par les immigrés lorsqu'il s'installent dans un nouveau pays ?

Ecrivains algériens d'expression française

After they captured the capital city, Algiers, in 1830, the French settled in Algeria. For generations afterwards, French colonists controlled the country administratively, economically, and culturally. Though they continued to maintain strong ties with France, these colonists considered Algeria to be their country. This helps to explain the complexity of the Algerian problem of the 1950s, when Arab nationalist movements were formed to fight for independence from France. Following a brutal, hard-fought war, the repercussions of which are still felt today, independence was ultimately achieved in 1962. At great cost to themselves, the French settlers or *pieds-noirs*[c] had to leave Algeria. The majority of them resettled in France, particularly in the Midi. Most of them have become integrated into French society while maintaining their own traditions and a close sense of community.

Upon attaining independence, the new Algerian government wanted to eradicate French influence at every level, and education was no longer conducted in French. Many intellectuals who had been educated in French and did not express themselves in Arabic were confronted with the following dilemma: should they represent their own people and write in Arabic or should they continue to write for a small group in French?

Assia Djebar, born in 1936 in Algeria, is an Algerian writer who, like her compatriots Rachid Boudjedra, Mohammed Dib, Nabile Fares, and Yacine Kateb, writes in French. The struggle against colonialism left its mark on these writers and constitutes a major theme in their works. They express the cultural alienation caused by this struggle, which forced them to speak two languages, one expressing the dominant culture, the other the culture of the colonists. In the following excerpt, Djebar takes up this theme as well as the alienation of women caused by their total subjugation to men.

Orientation

Discutez avec un(e) camarade de classe des raisons pour lesquelles vous apprenez une langue étrangère.

J'apprends le français :
— parce que je veux voyager (travailler) en France
— parce que j'aime la musique de cette langue
— parce que c'est un cours obligatoire dans mon université
— parce que je veux lire des œuvres littéraires en français
— parce que je pense que cela me sera utile dans ma profession
— parce que j'adore les langues étrangères et que j'en connais déjà une (plusieurs) autre(s)
— parce que j'ai des ami(e)s dans des pays francophones et que j'aimerais leur rendre visite
— parce que, afin d'avoir une bonne culture générale, il faut se familiariser avec une culture étrangère
— autres raisons

Mon Père écrit à ma mère

Ma mère, comme toutes les femmes de sa ville, ne désignait jamais mon père autrement que par le pronom personnel arabe correspondant à « lui » . Ainsi, chacune de ses phrases, où le verbe, conjugué à la troisième personne du masculin singulier, ne comportait° pas de sujet nommément désigné,° se rapportait-elle° naturellement à
5 l'époux. Ce discours caractérisait toute femme mariée de quinze à soixante ans...

Très tôt, petits et grands, et plus particulièrement fillettes et femmes, puisque les conversations importantes étaient féminines, s'adaptaient à cette règle de la double omission nominale° des conjoints.°

Après quelques années de mariage, ma mère apprit progressivement le français.
10 Propos° hésitants avec les épouses des collègues de mon père ; ces couples pour la plupart étaient venus de France et habitaient, comme nous, le petit immeuble° réservé aux enseignants° du village.

Je ne sais exactement quand ma mère se mit à° dire : « Mon mari est venu, est parti... Je demanderai à mon mari », etc.... Je retrouve aisément le ton, la contrainte°
15 de la voix maternelle. Je sens combien il a dû coûter à sa pudeur° de désigner, ainsi

---

comporter to include / **nommément désigné** = *désigné par un nom* / **se rapportait à** = *désignait* / **nominale** = *du nom* / **les conjoints** = *le mari et la femme* / **le propos** = *la parole* / **l'immeuble** *m* apartment building / **l'enseignant(e)** = *l'instituteur/l'institutrice, le professeur* / **se mit à** (*passé simple*) = *se mettre à, commencer à* / **la contrainte** restraint / **combien il a dû coûter à sa pudeur** how it must have wounded her modesty

directement, mon père. Une écluse° s'ouvrit en elle, peut-être dans ses relations conjugales... Des années passèrent. Au fur et à mesure que° le discours maternel évoluait, l'évidence m'apparaissait à moi, fillette de dix ou douze ans déjà : mes parents devant le peuple° des femmes, formaient un couple, réalité extraordinaire !

20   ... Un jour, mon père, au cours d'un° voyage exceptionnellement lointain (d'un département à l'autre, je crois), mon père donc écrivit à ma mère — oui à ma mère ! Il envoya une carte postale avec, en diagonale, de sa longue écriture appliquée,° une formule brève, du genre° « meilleur souvenir de cette région lointaine », ou bien « je fais un beau voyage et je découvre une région pour moi inconnue », etc., et il ajouta,

25 en signature, simplement son prénom.° Mais, sur la moitié de la carte réservée à l'adresse du destinataire,° il avait écrit « Madame », suivi du nom d'état civil,° avec en ajout° — mais je n'en suis pas sûre — « et ses enfants », c'est-à-dire nous trois, dont moi l'aînée,° âgée de dix ans environ...

    La révolution était manifeste : mon père, de sa propre écriture, et sur une carte

30 qui allait voyager de ville en ville, qui allait passer sous tant et tant° de regards

---

l'écluse *f* floodgate / **au fur et à mesure que** as / **le peuple** = *l'ensemble* / **au cours de** = *pendant* / **l'écriture** *f* **appliquée** painstaking handwriting / **du genre** like / **le prénom** first name / **le destinataire** addressee / **le nom d'état civil** = *le nom de famille* / **en ajout** = *en addition* / **l'aîné(e)** = *le (la) plus âgé(e)* / **tant et tant** so many

masculins, y compris° pour finir celui du facteur° de notre village, un facteur musul-
man° de surcroît,° mon père donc avait osé° écrire le nom de sa femme qu'il avait
désignée à la manière occidentale : « Madame Untel°... » ; or,° tout autochtone,° pauvre ou riche, n'évoquait femme et enfants que par le biais de° cette vague péri-
35   phrase : « la maison » .

Ainsi mon père avait « écrit » à ma mère. Celle-ci, revenue dans la tribu, parla de
cette carte postale avec un ton et des mots très simples certes.° Mais les femmes
s'étaient écriées° devant la réalité nouvelle, le détail presque incroyable :

— Il t'a écrit à toi ?

40   — Il a mis le nom de sa femme et le facteur a dû ainsi le lire ? Honte° !...

— Il aurait pu adresser tout de même° la carte à ton fils, pour le principe, même
si ton fils n'a que sept ou huit ans !

Ma mère se tut.° Sans doute satisfaite, flattée, mais ne disant rien. Peut-être
soudain gênée,° ou rosie° de confusion° ; oui, son mari lui avait écrit à elle en per-
45   sonne !... L'aînée des enfants, la seule qui aurait pu lire la carte, c'était sa fille : alors
fille ou épouse, quant au° nom du destinataire, où se trouve la différence ?

— Je vous rappelle que j'ai appris à lire le français maintenant !

C'était, de fait,° la plus audacieuse des manifestations d'amour...

J'ai été effleurée,° fillette aux yeux attentifs, par ces bruissements° de femmes
50   reléguées.° Alors s'ébaucha,° me semble-t-il, ma première intuition du bonheur possible, du mystère, qui lie° un homme et une femme.

Mon père avait osé « écrire » à ma mère. L'un et l'autre, mon père par l'écrit, ma
mère dans ses nouvelles conversations où elle citait désormais° sans fausse honte°
son époux, se nommaient réciproquement, autant dire° s'aimaient, ouvertement.

Assia Djebar, *L'Amour, la fantasia*

Qu'en pensez-vous ?

Etes-vous d'accord ou non avec les déclarations suivantes ? Justifiez votre réponse.

1. Quand elle parlait arabe, la mère de l'auteur ne disait jamais « mon mari » quand
elle désignait son époux.
2. Elle agissait ainsi parce qu'elle n'aimait pas son mari.
3. Le père de l'auteur était probablement enseignant.
4. Sa mère avait appris le français avant son mariage.

y compris including / **le facteur** mailman / **musulman** Muslim / **de surcroît**
furthermore / **oser** to dare / **Madame Untel** Mrs. So-and-So / **or** now, however /
l'autochtone *m, f* native / **par le biais de** = *à travers* / **certes** = *certainement* /
s'écrier = *s'exclamer* / **honte !** *f* shame on you ! / **tout de même** all the same, anyhow
/ **se tut** = *se taire (passé simple)* / **gêné** embarrassed / **rosi** flushed / **la confusion** embarrassment / **quant à** as for / **de fait** actually / **effleuré** = *touché, influ-
encé* / **le bruissement** murmur / **relégué** = *exilé, confiné* / **s'ébaucha** = *commença* / **lier** = *joindre* / **désormais** = *à partir de maintenant* / **sans fausse honte**
without any self-consciousness / **autant dire** = *c'est-à-dire*

5. En parlant français, sa mère a appris à dire « mon mari » quand elle parlait de son époux.
6. Cela a changé leurs relations conjugales.
7. Un jour, le père a écrit une très longue lettre à ses enfants.
8. L'adresse sur la carte postale a une très grande importance symbolique.
9. Le facteur était un fonctionnaire français.
10. Les autres femmes de la tribu pensaient qu'il était honteux que le père n'ait pas adressé la carte à son fils.
11. L'aîné des enfants était un garçon.
12. Cette communication dans une autre langue a permis aux parents de l'auteur d'exprimer ouvertement leur amour.

Nouveau Contexte

Complétez le dialogue suivant en choisissant les termes appropriés (employez chaque terme une seule fois). Puis, jouez le dialogue.

Noms :   cartes *f* postales, destinataire *m*, épouse *f*, pudeur *f*, signature *f*
Verbes :   n'aurait jamais osé, rapportait
Adjectifs :   gênée, musulmanes, reléguée

Une femme écrivain algérienne nous parle de son enfance.

JOURNALISTE Vous m'avez dit que votre mère avait eu beaucoup d'influence sur vous. Pouvez-vous nous parler un peu d'elle ?

ECRIVAIN C'était une _____¹ soumise, _____² à la maison comme toutes les femmes _____³ de sa génération. Elle n'était pas allée à l'école longtemps, mais elle était très intelligente et très curieuse.

JOURNALISTE C'est vous qui lui avez appris le français, n'est-ce pas ?

ECRIVAIN Oui. Quand je suis allée à l'école française, elle ne pouvait plus m'aider à faire mes devoirs et cela l'attristait.

JOURNALISTE Est-ce que c'est elle qui vous a demandé de l'instruire ?

ECRIVAIN Oh non, elle avait bien trop de _____⁴ pour cela ; elle _____⁵.

JOURNALISTE Alors, comment avez-vous fait ?

ECRIVAIN Je lui ai dit que j'avais besoin d'elle. Je lui ai demandé de répéter avec moi des mots et des phrases. Au début elle était _____⁶, mais, très vite, elle a pu converser avec moi en français.

JOURNALISTE Elle a appris à écrire aussi ?

ECRIVAIN Oui, et c'est devenu très important pour elle. En français, elle pouvait tout dire, elle pouvait révéler sa vraie personnalité. Elle écrivait presque tous les jours des _____⁷ dans lesquelles elle _____⁸ les petits événements de sa vie. Ces cartes n'avaient pas de _____⁹ et elle n'y mettait jamais sa _____¹⁰. Moi seule connaissais l'existence de cette correspondance et c'était un merveilleux secret entre nous.

Vocabulaire satellite

la **colonie**   colony

le **colon**   colonist, settler

l' **indigène, l'autochtone** *m, f*
 native (of any country)

les **mœurs** *f*   habits, customs

la **coutume**   custom

l' **acculturation** *f*   cultural
 adaptation

 être déchiré   to be torn apart

s' **aliéner**   to become estranged
 from

 renoncer à   to renounce

 être dépendant de   to be
 dependent on

la **femme voilée**   veiled woman

 perdre son identité   to lose
 one's identity

 déraciné   uprooted

Pratique de la langue

1. Expliquez comment les relations de la mère ont changé vis-à-vis de son mari quand elle s'est mise à parler français. Quand elle parle de son mari en arabe, que dit-elle ? Qu'est-ce que cela signifie ? Quand elle parle de son mari en français, que dit-elle ? Qu'est-ce que cela signifie ?

2. Discutez les deux points de vue suivants : D'après vous, en adoptant le français, est-ce que cette femme renonce à sa culture et à ses coutumes et s'aliène des autres femmes ? Ou pensez-vous, au contraire, qu'elle se libère, qu'elle acquiert une identité aux yeux des autres et, en particulier, de son mari qui la traite alors différemment ?

3. Imaginez une discussion entre la mère de l'auteur et les autres femmes de la tribu qui lui reprochent son émancipation.

4. Frantz Fanon dans *Peau noire, masques blancs* écrit : « Parler une langue, c'est assumer (*interiorize*) un monde, une culture » . Expliquez cette phrase en vous appuyant sur le texte d'Assia Djebar ou en prenant d'autres exemples.

5. Change-t-on de personnalité quand on apprend une autre langue ? Avez-vous fait cette expérience ? A-t-elle été positive ou négative pour vous ?

Les Canadiens français

In 1763, in the peace settlement following the Seven Years War, Louis XV light-heartedly surrendered all French claims to Canada and the Mississippi Valley in order to recover Martinique and Guadeloupe. That choice did not seem absurd at the time: Voltaire had remarked that it was hardly worthwhile for England and France to fight over "a few acres of snow." So the French aristocrats and senior officials went home, leaving behind their poorer compatriots.

Over the next two centuries, immigrants—including many American Loyalists—poured into Canada, but few were absorbed into the French Canadian community, which expanded almost exclusively because of its own demographic vitality. From

an initial population of some 65,000, the French Canadians have grown to over six million, or about 24 percent of the total population of Canada. Taking into account the thousands of French Canadians who immigrated to New England in the nineteenth century, this means that this vigorous community virtually doubled its numbers over each successive generation. In recent times, however, that trend has been reversed, and French Canadians now have one of the lowest birth rates in the Western World.

The bulk of the French Canadian population lives in Canada's largest province, Quebec. The Quebecois have had their own government—comparable to that of an American state—for over one hundred years, but they regard themselves as a nation because they have preserved a common language, a common culture, and a sense of their collective identity. Many of them also view Quebec as an oppressed nation, although Canada's most durable Prime Minister, Pierre Trudeau, was himself a French Canadian. The roots of this feeling are largely economic: despite some equalization, French Canadians still have a lower average income and a higher unemployment rate than the rest of the country. In a city like Montreal the more affluent sections are predominantly English-speaking. Until very recently, learning English was an absolute precondition of upward social mobility for the French Canadians.

The notion of an independent Quebec is not exactly new, but during the mid-1960s it acquired an unprecedented vehemence attended by occasional terrorism. Emotions ran high when General de Gaulle visited Canada in 1967 and ended his prepared speech in Montreal with the provocative cry, "*Vive le Québec libre!*" Separatist movements combined in the 1970s to form the *Parti Québécois* (PQ), which gained control of the provincial government in 1976 under the leadership of René Lévesque (1967–1984). The new government took steps to establish French as the official language of Quebec and to generalize its use throughout the educational system. In June 1980, however, Lévesque's plan to make Quebec a sovereign state freely associated with the rest of Canada was rejected by 59% of the province's electorate.

Today, the question of Quebec's relationship to the rest of the country remains at issue. In fact, Canadians as a whole are divided about the future of their country. Over the past few years, there has been constant disagreement over federal proposals that would reshape the government and the constitution. The Meech Lake Accord of 1987, which among other items defined Quebec as a "distinct society" within the Canadian federation, failed to be approved by the parliament of each province. In August 1992, this accord was renegotiated in Charlottetown and submitted to a national referendum in October of the same year, but it was rejected again by 54% of the country.

The Quebec *Indépendantistes*, however, under the leadership of Quebec Premier Lucien Bouchard, have remained undeterred. In the 1995 sovereignty referendum in Quebec those voting in favor were defeated by a very slim margin (50.6% to 49.4%). Only time will tell what kind of political and economic accommodation the *révolution tranquille*—the name the *Indépendantistes* have given to their movement— might bring about, and how it might affect the future relationship between the province of Quebec and Canada as a whole.

The following excerpt, written by popular writer and political activist Yves Beauchemin, illustrates the emotional attraction of Quebec as a homeland.

Orientation

Parmi les institutions et symboles suivants, lesquels sont, à votre avis, plutôt canadiens (c'est-à-dire exclusivement canadiens anglais) ou plutôt québécois ? Mettez-vous en groupe et échangez votre avis. (Vous trouverez les réponses au bas de la page.)

	CANADIEN	QUEBECOIS
1. Le drapeau fleurdelisé		
2. L'armée		
3. Les Blue Jays		
4. Le Saint-Laurent		
5. L'Eglise catholique		
6. Les Montagnes Rocheuses		
7. Le bilinguisme		
8. Le drapeau avec la feuille d'érable (*maple leaf*)		

Réponses : 1. Q 2. C 3. C 4. Q 5. Q 6. C 7. C 8. C

Comment mon âme° canadienne est morte

Je me suis senti° canadien jusqu'à° l'âge de dix ans. A l'école primaire de Clova° en Abitibi,° une carte° du monde pendait° au fond de° la classe. Je la contemplais parfois, fier° de l'immense tache° rose que formait mon pays.

J'ai commencé à douter du bonheur d'être canadien en observant mon père un
5 dimanche après-midi attablé° dans la salle à manger. Un Harrap's° à côté de lui, il écrivait, biffait° et grognait,° n'arrivant à rien.° Papa travaillait à l'époque° pour la *Canadian International Paper Company* et devait pondre° des rapports° pour ses patrons.° En anglais, bien sûr : ils ne lisaient pas d'autre langue. Moi, je l'avais apprise dans la rue en jouant avec mes camarades (Clova était un village biethnique :
10 patrons anglophones et employés francophones). L'anglais avait toujours représenté pour moi la langue du plaisir, celles des *comics* et des films du samedi, projetés gratuitement° dans notre école.

Mais en le voyant trimer,° je pris soudain conscience° que l'anglais était aussi la langue du travail et que mon père trouvait ce travail pénible,° voire° humiliant.
15 « Pourquoi n'écris-tu pas en français ? » lui demandai-je.

Il me regarda, interloqué.° A l'époque, on ne se posait guère° ce genre de questions. Le pouvoir° temporel° parlait anglais, l'obéissance français. Tout le monde acceptait ces règles du jeu.° Elles formaient les bases de l'harmonie nationale, qui semblaient inaltérables.
20 Ce jour-là, à mon insu,° mon âme canadienne commença à mourir tout doucement.

En 1954, mes parents s'établirent° à Joliette.° L'anglais disparut de mon univers auditif : cette jolie ville de province ne le connaissait guère et ne semblait pas s'en porter plus mal.° Stupéfait, je faisais connaissance° avec un autre Québec : celui de la majorité.°
25 En 1962, je vins habiter Montréal comme étudiant à l'université. Mon univers changea de nouveau. L'anglais réapparut, mais pas l'harmonie que j'avais connue dans mon village. Montréal était manifestement une ville dominée par les anglophones — mais notre soumission à leur égard° diminuait. A regarder° les enseignes°

---

l'âme *f* soul / **je me suis senti** I felt / **jusqu'à** till / **Clova** = *village québécois situé à peu près à 200 miles de Montréal* / **Abitibi** = *région de l'ouest du Québec* / **la carte** map / **pendre** to hang / **au fond de** at the back of / **fier** proud / **la tache** spot / **attablé** = *assis devant une table* / **Harrap's** = *dictionnaire français-anglais* / **biffer** to cross out / **grogner** to grumble / **n'arrivant à rien** getting nowhere / **à l'époque** at the time / **pondre** = *produire* (lit. to lay) / **le rapport** report / **le patron** boss / **gratuitement** = *sans payer* / **trimer** (*fam*) = *travailler dur* / **je pris conscience** I realized / **pénible** = *difficile* / **voire** even / **interloqué** taken aback / **ne... guère** hardly / **le pouvoir** power / **temporel** = *sur les choses matérielles* / **la règle du jeu** rule of the game / **à mon insu** without my being aware of it / **s'établir** to settle / **Joliette** = *ville au nord-ouest de Montréal* / **s'en porter plus mal** to fare the worse for it / **faire connaissance** to become acquainted / **la majorité** = *où la majorité des gens sont francophones* / **à leur égard** with respect to them / **à regarder** from looking at / **l'enseigne** *f* sign

et les affiches,° nous avions parfois l'impression d'être des fantômes. Dans les ma-
30 gasins du centre-ville, on acceptait mon argent, mais beaucoup moins ma langue° ;
souvent on la rejetait. Je compris que pour être un vrai Canadien, un Québécois devait tailler° dans son âme.

C'était le début de la Révolution tranquille. René Lévesque° émergeait. Comme
des milliers° de Québécois je découvrais avec ivresse° le sens° de notre destin. Des
35 données° s'accumulaient, accablantes° pour le mythe canadien. En voici deux : les
Québécois francophones ne constituent que 2 % de la population nord-américaine,
massivement anglaise. Terrible fragilité. Fait aggravant : leur importance numérique
dans le Canada ne cesse de° décroître° ; leur pouvoir aussi. A la naissance de la Confédération,° ils comptaient pour un Canadien sur° trois ; aujourd'hui, ils sont à peine
40 un sur quatre et bientôt un sur cinq. Si les nations puissantes tiennent mordicus°
à leur indépendance, combien davantage° doit y tenir une petite nation comme
la nôtre, tellement plus vulnérable. Qu'on pense° aux Louisianais,° aux Franco-
Américains,° disparus (ou en train de disparaître) parce que sans prise° politique sur
leur destin. Nous formons le dernier carré.°

45 J'avais quinze ans lorsque le sort° de mon peuple a commencé à me préoccuper. J'en ai cinquante et un et les discussions sur notre avenir dévorent toujours nos énergies. Le temps et la démographie jouent désormais° contre nous. Les
francophones constituent encore aujourd'hui les trois cinquièmes de la population de Montréal ; mais ils reculent° d'un pour cent par année. Bientôt ils seront
50 minoritaires.

Oui, décidément, être canadien nous coûte trop cher. Comme la Tchécoslovaquie
ou la Belgique, ce pays artificiel condamne deux cultures à un combat permanent.
La plus forte vaincra° : l'anglaise. A moins que° nous ne nous donnions un pays. Le
mot Québec me parle de liberté. Le mot Canada, lui, n'exprime en fait que notre ab-
55 sence du monde.

Yves Beauchemin, *L'Actualité*

---

l'affiche *f* poster / **la langue** = *le langage* / **tailler** to cut, carve / **René Lévesque**
= *ancien chef du parti séparatiste québécois* / **des milliers** thousands / **avec ivresse**
ecstatically / **le sens** = *la direction* / **les données** *f* data / **accablant** overwhelming, crushing / **ne cesse de** = *continue de* / **décroître** to decrease / **la**
Confédération = *l'Acte de l'Amérique du nord du 1er juillet 1867 qui donne jour à la*
Constitution canadienne / **sur (trois)** out of (three) / **tenir mordicus** to hold on
obstinately / **combien davantage** how much more / **qu'on pense** we only have to think
of / **les Louisianais** *m* = *les habitants de la Louisiane, dont les ancêtres sont français* /
les Franco-Américains *m* = *les habitants du nord-est des Etats-Unis, dont les ancêtres*
sont français / **parce que sans prise sur** because they don't have a grasp on / **le carré**
(military metaphor) square formation, making it possible to face the enemy on all sides / **le**
sort = *le destin* / **désormais** henceforth / **reculer** to move back, decline / **vaincre**
to overcome, win / **à moins que** unless

Qu'en pensez-vous ?

Etes-vous d'accord ou non avec les déclarations suivantes ? Justifiez votre réponse.

1. Jusqu'à l'âge de dix ans, l'auteur a été fier d'être canadien.
2. Son père n'écrivait pas bien l'anglais.
3. Dans le village biethnique où il a passé son enfance, les patrons pouvaient être soit français soit anglais.
4. A cette époque, tout le monde acceptait que les anglophones aient le pouvoir.
5. Yves Beauchemin n'est pas allé à l'université.
6. Quand il habitait Montréal, les affiches et les enseignes étaient toujours écrites en français.
7. Dans les magasins du centre-ville, il était obligé de parler anglais.
8. L'auteur est heureux parce que les francophones sont de plus en plus nombreux.
9. D'après Yves Beauchemin, les Québécois souhaitent former leur propre pays.
10. Yves Beauchemin pense que l'avenir appartient aux francophones.

Nouveau Contexte

Complétez le dialogue suivant en choisissant les termes appropriés (employez chaque terme une seule fois). Puis, jouez le dialogue.

Noms : carte *f*, langue *f*, souveraineté *f*
Verbes : s'est établie, ne m'en porte pas plus mal, vous sentez-vous, tiens, ont trimé
Adjectifs : fier, pénible

Nous avons rencontré deux Québécois qui ont des opinions divergentes sur l'avenir de leur province : Victor Landry, 28 ans, technicien à Chicoutimi et Yvette Bérard, 40 ans, pharmacienne à Montréal.

ENQUETEUR M. Landry, _____[1] d'abord canadien ou québécois ?

VICTOR LANDRY Je me sens d'abord québécois et je suis _____[2] de l'être.

ENQUETEUR Est-ce que vous connaissez bien le Canada ? Avez-vous visité d'autres provinces ?

VICTOR LANDRY Non, jamais, et je _____[3]. Le Québec, c'est bien assez grand. Regardez une _____[4] du monde ; ça contient presque l'Europe.

ENQUETEUR Est-ce que votre famille _____[5] à Chicoutimi il y a longtemps ?

VICTOR LANDRY Je pense bien. Ça fait plus de 150 ans qu'on est là ! Mes ancêtres _____[6] pour se faire une place ici. Ils ont eu une vie _____[7]. Je me sens chez moi ici. Je veux garder ma _____[8] et ma culture et je suis prêt à me séparer du reste du Canada si c'est le prix qu'il faut payer pour cela.

ENQUETEUR   Et vous Mme Bérard, êtes-vous du même avis ?

YVETTE BERARD   Non, moi je me sens plus canadienne que québécoise. Je
_____⁹ beaucoup à ma culture aussi mais je veux garder
le pays entier. Je suis d'accord pour que le Québec ait une certaine
_____¹⁰ mais pas pour qu'il se détache complètement du
Canada.

Vocabulaire satellite

avoir droit à   to have a right to
être attaché à   to be attached to
être conscient de   to be conscious of
être coupé de   to be cut off from
appartenir à   to belong to
la **revendication**   demand
les **inégalités** *f* **sociales**   social inequalities

le **bilinguisme**   bilingualism
le **pluralisme culturel**   cultural pluralism
s' **identifier à**   to identify with
la **parenté**   kinship
l' **affinité** *f*   affinity
angliciser   to Anglicize
franciser   to Frenchify
américaniser   to Americanize

Pratique de la langue

1. Précisez la pensée de l'auteur.
   a. Jusqu'à l'âge de dix ans, quels rapports Yves Beauchemin entretenait-il avec la société anglophone ?
   b. Comment a-t-il perdu son âme canadienne ? De quoi s'est-il rendu compte ?
   c. Pourquoi est-il en faveur de l'indépendance du Québec ? Quelles raisons donne-t-il pour justifier cette revendication ?
2. Essayez de répondre à Yves Beauchemin en trouvant des arguments pour justifier le maintien du Québec à l'intérieur de la fédération canadienne. Organisez ensuite un débat qui présente les deux points de vue.
3. Improvisez les dialogues suivants :
   a. Un anglophone et un francophone, habitant tous deux Montréal, discutent des problèmes et des bienfaits de la cohabitation des deux communautés linguistiques et culturelles.
   b. Des Québécois décident de retourner dans le village natal de leurs ancêtres en Normandie. Ils y retrouvent des cousins qui sont agriculteurs comme eux. Ils parlent de leur vie au Québec et de leur désir pour l'indépendance.

Querelle linguistique au Québec

Sujets de discussion ou de composition

1. Regardez la carte au début du livre. Imaginez que vous pouvez avoir un billet d'avion gratuit pour aller dans un pays francophone. Lequel choisiriez-vous ? Pourquoi ?

2. Vous êtes l'envoyé spécial du journal *Le Monde* dans un pays francophone de votre choix. Faites des recherches et présentez un court reportage, oral ou écrit, sur la situation politique, économique et linguistique actuelle de ce pays.

3. A discuter : Vous faites partie d'un groupe minoritaire aux Etats-Unis dont la culture, la langue et le mode de vie sont en danger de disparition. Voulez-vous lutter pour sauver votre héritage ou allez-vous vous intégrer à la majorité ? Donnez les raisons qui détermineraient votre choix.

4ème

PARTIE

Vie culturelle

9

Interactions

Les Nouvelles Façons d'apprendre

C omputer use in France is not as widespread as in the United States. In 1997, only 17% of French families had a computer in their homes (compared to 50% in the United States), and only a few schools had computers in their classrooms (compared to 99% in the United States). Few people (around half a million) are connected to the Internet, and until very recently even elite professionals did not have any computer training—there is a real reluctance among French executives to accept a technology that gives everyone equal access to information. There also exists a natural resistance towards a technology spawned by the Anglo-British world.

The underutilization of computer technology in firms and government agencies could be a real handicap for France in the future. Instead of being at the forefront of technological progress as it was in 1982 when the Minitel—an electronic network linking individuals to databases stored in a large central computer—was first introduced, France is on the verge of lagging behind its competitors and jeopardizing its leadership in economic development. Fortunately, the younger generation, which has been raised on Nintendo and video games, is taking an active interest in the new multimedia computers and, thanks to the initiative and dynamism of a growing number of concerned teachers, CD ROMs and the Internet are gradually becoming more accessible in schoolrooms around the country.

Orientation

Etes-vous un adepte de l'Internet ? Pourquoi l'utilisez-vous ?
— pour faire des recherches dans votre travail
— pour obtenir des renseignements culturels/médicaux
— pour vous informer des événements de l'actualité/du temps
— pour visiter des musées
— pour faire des achats
— pour communiquer avec des inconnus
— autres raisons

Les Nouvelles Façons d'apprendre

C'est un petit bus blanc qui chemine° d'école en école sur les routes de l'Ardèche° avec six micro-ordinateurs° flambant neufs° à bord.° Les enfants des villages découvrent grâce à° lui le maniement° de la souris.° Ils cliquent° dans tous les sens et

cheminer to make its way / **l'Ardèche** = *département du sud-est de la France* / **le micro-ordinateur** personal computer / **flambant neuf** brand-new / **à bord** on board / **grâce à** thanks to / **le maniement** handling / **la souris** mouse / **cliquer** to click

visitent le Louvre sur CD-ROM. Beaucoup restent des heures devant l'écran,° pas-
5 sionnés par des programmes éducatifs aux allures° de dessins animés.° Le conducteur du bus leur apprend° à fabriquer en classe leurs propres œuvres multimédias, à
partir de° dessins,° de poèmes, de musiques. Et les professeurs, séduits° par la dé-
monstration, demandent parfois au maire et aux parents de débloquer° des fonds°
pour acheter une de ces étonnantes bécanes.°

10   Les gamins° nourris aux jeux vidéo depuis la maternelle° passent des heures ac-
crochés° à leur console. Tour à tour° super-héros, pilote d'essai° ou joueur de foot,°
ils se concentrent, les yeux écarquillés,° pour améliorer° leur score. « Il suffit de
transférer un peu, juste un peu, de cette excitation° sur des problèmes de type scolaire pour faciliter les apprentissages° », explique un instituteur grenoblois,° fasciné
15 par l'énergie que mettent les enfants à se défier° eux-mêmes. « Mes élèves préparent
davantage° les contrôles° corrigés° par la machine que ceux que je note° moi-même.
Pour les jeunes de banlieue,° l'ordinateur est neutre, fiable.° Avoir une bonne note,
dans ces conditions, devient une question d'honneur » , relève en écho° Josiane
Come, professeur de biologie à Drancy (Seine-Saint-Denis).

20   Génération techno. L'ordinateur règne en maître° dans l'univers professionnel.
Les jeunes le savent. Beaucoup sont équipés à la maison. Une famille sur six a son
micro.° Les prodiges° du multimédia séduisent° tous ceux qui s'y frottent.° Et, aujourd'hui que la demande est là, pressante, les collectivités° territoriales, responsables de l'équipement des classes, commencent à se mobiliser. Une école par-ci,°
25 un collège ou un lycée par-là.° La plupart offrent du matériel à ceux qui se battent°
pour l'obtenir. Au rythme du° petit bus blanc...

Depuis deux ans, on assiste à° un foisonnement° d'expériences° passionnantes
un peu partout en France.

A Pleumeur-Bodou (Côtes-d'Armor), Michel Lemeu, professeur de musique,
30 utilise chaque jour de multiples encyclopédies sur CD-ROM pour animer ses classes.
« Je peux faire entendre à mes élèves des instruments du monde entier, afin qu'ils
comparent leurs sonorités avec celles de nos violons ou de nos pianos. Et, lorsqu'on
étudie l'œuvre d'un musicien, je leur montre aussi des tableaux,° des sculptures de

---

l'écran *m* screen / **aux allures** with a look, appearance / **le dessin animé** cartoon /
apprendre to teach / **à partir de** starting with / **le dessin** drawing / **séduit**
fascinated / **débloquer** to free up / **les fonds** *m* funds / **la bécane** machine /
le gamin kid / **la maternelle** kindergarten / **accroché** hitched / **tour à tour**
in turn / **le pilote d'essai** test pilot / **le joueur de foot** soccer player / **les yeux** *m*
écarquillés eyes wide-open / **améliorer** to improve / **l'excitation** *f* excitement /
l'apprentissage *m* learning / **grenoblois** = *de Grenoble, ville dans les Alpes* / **se défier**
soi-même to challenge oneself / **davantage** more / **le contrôle** test / **corrigé**
corrected / **noter** to grade / **la banlieue** suburbs / **fiable** reliable / **relever en**
écho to echo / **régner en maître** = *dominer* / **le micro** = *le micro-ordinateur* /
le prodige astounding feat / **séduire** to fascinate / **se frotter à** to encounter /
la collectivité community / **par-ci, par-là** here and there / **se battre** to fight /
au rythme de at the pace of / **assister à** to witness / **le foisonnement** proliferation /
l'expérience *f* experiment / **le tableau** painting

la même époque. Ces nouveaux outils° sont extraordinaires. Ils remplacent des bi-
35 bliothèques et des discothèques entières », s'enflamme°-t-il. A Drancy, les collégiens
profitent,° eux, des machines pour simuler toutes sortes d'expériences irréalisables
au milieu de° leurs HLM° : étudier le comportement° du rouge-gorge° mâle° au printemps, par exemple.

Des microexpériences stimulantes, mais qui reposent° uniquement sur l'énergie
40 de quelque-suns, critiqueront les ricaneurs.° C'est un peu vrai. Huit enseignants° sur
dix, selon les dernières statistiques, n'utilisent pour l'instant° jamais l'outil informatique.° Les machines sont peu nombreuses° dans les collèges et les écoles et la
moitié sont obsolètes. En dépit° des textes officiels, l'immense majorité des profs
débutants° ne reçoit toujours pas une formation° appropriée. On se félicite° des ini-
45 tiatives locales, mais l'Etat s'est débranché° sans trop de scrupules. Symptomatique : les familles qui le peuvent s'équipent et dépensent de petites fortunes pour
que leur progéniture° cumule° toutes les chances de réussite.° Futurekids, école

---

l'outil *m* tool / **s'enflammer** to say with passion / **profiter de** to take advantage of /
au milieu de in the midst of / **HLM** = *habitation f à loyer modéré* (low-rent housing
unit) / **le comportement** behavior / **le rouge-gorge** robin / **mâle** male / **reposer**
to be based upon / **le ricaneur** detractor / **l'enseignant** *m* educator / **pour l'instant**
for the moment / **informatique** *f adj* computer / **peu nombreux** rare / **en dépit**
de despite / **débutant** *adj* beginning / **la formation** training / **se féliciter de** to be
very pleased with / **se débrancher** to disconnect oneself / **la progéniture** offspring /
cumuler to accumulate / **la réussite** success

américaine d'initiation à l'informatique,° disposera° cette rentrée° de huit centres en France. Les bambins° de Monaco, de Neuilly-sur-Seine ou de Saint-Germain-en-Laye
50 pourront y découvrir les joies de l'interactivité. A raison de° 100 francs l'heure.

Le secteur privé profite naturellement des failles° de l'Education nationale. Tant pis° pour ceux qui ne peuvent pas payer ? Tant pis pour les écoliers° qui sont tombés dans une commune° pauvre ? Tant pis pour les collégiens° qui vivent dans un département peu branché° ? Les vastes plans centralisés sont peut-être voués° à
55 l'échec.° Mais, dans ce domaine-là comme dans d'autres, l'Etat ne devrait-il pas se rappeler que son rôle est de veiller à° l'égalité des chances° ?

Agnès Baumier, *L'Express*

Qu'en pensez-vous ?

Etes-vous d'accord ou non avec les déclarations suivantes ? Justifiez votre réponse.

1. Les enfants des villages ont difficilement accès aux micro-ordinateurs.
2. C'est le conducteur du bus qui leur apprend l'informatique.
3. Les écoles manquent de fonds pour acheter des ordinateurs.
4. Les enfants sont naturellement fascinés par les programmes éducatifs informatiques.
5. Les jeunes veulent se familiariser avec les ordinateurs.
6. En France, les expériences informatiques sont encore relativement rares.
7. Les CD-ROM facilitent l'enseignement du professeur de musique.
8. Il existe un décalage *(gap)* entre les textes officiels et la formation des enseignants.
9. Le ministère de l'Education nationale a pris des mesures pour favoriser l'enseignement informatique.
10. L'égalité des chances n'existe pas dans le domaine informatique.

Nouveau Contexte

Complétez le dialogue suivant en choisissant les termes appropriés (employez chaque terme une seule fois). Puis, jouez le dialogue.

Noms : apprentissage *m*, clavier *m*, console *f*, fonds *m*, informatique *f*, jeux-video *m*, ordinateurs *m*, recherches *f*, souris *f*

Adjectif : connecté

l'informatique *f* computer science / **disposer de** to have at one's disposal / **la rentrée** beginning of the school year / **le bambin** kid / **à raison de** at the rate of / **la faille** flaw / **tant pis** too bad / **l'écolier** *m* elementary school student / **la commune** village, town / **le collégien** secondary school student / **peu branché** not well connected / **voué** dedicated *(here, doomed)* / **l'échec** *m* failure / **veiller à** to see to / **l'égalité** *f* **des chances** equal opportunity

Dialogue entre un instituteur et ses élèves

M. MARTIN   Classe, notre école vient de recevoir des _____*1* pour acheter de nouveaux _____*2*. Aujourd'hui, nous allons apprendre à manier la _____*3* et visiter la forêt équatoriale.

MARIE   Monsieur, moi j'ai des _____*4* à la maison. Je suis sûre que je saurai utiliser la _____*5*.

PASCAL   Moi aussi, Monsieur, J'ai un micro à la maison. Je sais déjà utiliser le _____*6*. En plus, mon père est _____*7* à l'Internet et quelquefois nous faisons des _____*8* ensemble.

M. MARTIN   Bien, les enfants. L' _____*9* va être plus facile pour vous que pour moi. L' _____*10* n'aura plus de secret pour vous.

MARIE ET PASCAL   Chouette ! Nous allons être votre professeur !

Vocabulaire satellite

l' **informatique** *f*   computer science

l' **ordinateur** *m*   computer

la **souris**   mouse

l' **écran** *m*   screen

le **clavier**   keyboard

   taper sur une touche   to hit a key

la **puce**   microchip

la **base de données**   database

la **disquette**   diskette

le **logiciel**   software

le **réseau**   network

le **traitement de texte**   word processing

le **courrier électronique (le mel)**   e-mail

   surfer sur l'internet   to surf the Internet

la **toile**   web

le **modem**   modem

Pratique de la langue

1. Comment l'informatique a-t-elle atteint les petits villages de l'Ardèche ? A votre avis, est-ce une idée innovatrice ? Pensez-vous qu'elle marcherait aux USA ?

2. A votre avis, pourquoi les enfants sont-ils aptes à l'informatique ?

3. D'après le texte, pourquoi la France est-elle en retard en matière d'informatique ?

4. Imaginez que vous êtes instituteur français (institutrice française). Comment utiliserez-vous les nouveaux ordinateurs dans votre enseignement ? Faites une liste des expériences possibles.

5. En France, pour les élites, l'ordinateur est un outil de secrétaire ou d'ingénieur. Essayez de convaincre un responsable politique des avantages de l'utilisation de l'ordinateur.

6. Si la France ne suit pas le progrès informatique, quelles seront les conséquences pour ce pays ?

7. A votre avis faut-il réglementer l'Internet, interdire certains sites ?

Pour mieux suivre l'actualité,
L'EXPRESS vous donne rendez-vous
désormais sur Internet
http://www.lexpress.presse.fr

Vos cont@cts :

Rédaction : Corinne Denis - 01.53.91.12.50
cdenis@lexpress.presse.fr

Publicité Alexis Pézerat - 01.53.91.10.82
internationale : apezerat@lexpress.presse.fr

La Télévision en France

As in the United States, television in France is very popular.[1] Though the average viewing time is not as high in France,[2] television has, in some ways, a greater impact because a greater segment of the total population watches it. There is less fragmentation, as fewer homes receive cable television and the three major channels (TF1, France 2, and France 3) control the network. This is particularly true for the *journaux télévisés* (news broadcasts), which are a shared experience for the majority of French people.

Until the early 1980s, the French government held a complete monopoly over the monolithic ORTF (*Office de Radiodiffusion Télévision Française*). The deregulation of French television really started during the Mitterrand administration. Six channels now compete for viewers in France. TF1 is the oldest and largest of the national channels. Denationalized in 1986, it became the first privately owned television station in France. France 2 and France 3 are both state-owned channels, the latter having a more cultural bias with fewer commercials and more educational programs and movies. M6 belongs to the private sector; it shows a great deal of American TV series and has yet to define a personality of its own. Canal Plus is a pay channel that shows mainly sports and movies. The innovative ARTE is a cultural, binational, bilingual (French and German) channel. Cable television is becoming popular especially in Paris, where viewers can receive nearly twenty channels, many of which come from other European countries.

French television is, at the moment, trying to adapt to its changing structures. One recent change has been the introduction of commercials. For many years, French television was strictly non-commercial and funded, as it still is today in large part, by an annual fee (*la redevance*) paid by the viewers.

So far the new private channels have been struggling to offer high-quality programming, which is often expensive, and they have had to rely on imported programs and cartoons, many of them American and Japanese. To counteract the invasion of foreign media products, private and public channels alike are trying to produce programs that reflect national tastes. But French television is also looking beyond its borders. Telecommunication satellites have been put in orbit over Europe, opening the way to international television. France is especially looking towards a unified Europe with a potential market of 300 million viewers.

[1] 91% of French households have a color TV.
[2] around three hours a day

Orientation

Qu'est-ce que vous aimez regarder à la télévision ? Indiquez ce que vous regardez et comparez vos résultats avec ceux de vos camarades de classe.

	SOUVENT	QUELQUEFOIS	JAMAIS
le journal télévisé (*news*)			
les films			
les publicités (*commercials*)			
les documentaires			
les débats politiques			
les émissions (*programs*) sportives			
les dessins animés (*cartoons*)			
les jeux			
les feuilletons (*soaps*)			
les spectacles de variétés			
les programmes musicaux			
autres			

Les « Sans-télé »°

« Je donne ma télé à qui° en veut » . L'objet en question, relégué° dans un coin du salon, modèle récent, en couleurs, est en bon état de marche° ; son propriétaire, Jean-Luc, vingt-six ans, célibataire, instituteur à Paris, a bien réfléchi : « Si je ne m'en débarrasse° pas, je vais passer tout l'hiver planté devant » .

5 « Une espèce en voie de disparition° ». C'est ainsi que mi-sérieux,° mi-sourire,° ils se qualifient. Ils n'ont plus, n'ont pas, n'ont jamais eu la télévision. 32 % des ménages° ne possédaient pas de poste° en 1970, 13 % en 1977, 6 % aujourd'hui. Soit° 1 200 000 foyers° qui ne connaissent pas les surprises du zapping.° Un chiffre° encore supérieur à celui des foyers non équipés en° réfrigérateurs. A cette différence 10 près° qu'en 1987 pour ne pas avoir la télévision, il faut le plus souvent le vouloir. En effet, il n'est pas très coûteux d'acheter un poste d'occasion,° noir et blanc, ou d'en décharger° un ami ou parent qui vient d'en acquérir un plus moderne. En fait quatre

---

les « **sans-télé** » *m* = *les personnes qui n'ont pas de télévision* / **à qui** = *à celui qui* / **relégué** = *mis, oublié* / **en bon état de marche** in good working order / **se débarrasser de** to get rid of / **une espèce en voie de disparition** an endangered species / **mi-sérieux** half-serious / **mi-sourire** half-joking / **le ménage** household / **le poste (de télévision)** (television) set / **soit** that is / **le foyer** home / **le zapping** = *l'action de changer constamment de chaînes, à distance* / **le chiffre** figure, number / **non équipé en** without / **à cette différence près** = *avec cette grande différence* / **d'occasion** = *qui n'est pas neuf* / **d'en décharger** = *d'en débarrasser*

personnes sur cinq des « sans-télé » travaillent et sont le plus souvent cadres supé-
rieurs° ou exercent une profession libérale.

15   Une vie sans télé ? C'est celle d'Odette et d'André, professeur et universitaire°
maintenant à l'âge de la retraite.° Un jour, ce dernier, heureux lauréat° d'un con-
cours° de supermarché, gagne une télévision... qu'il offre aussitôt à sa mère. Seule
entorse° : lors des° Jeux olympiques, ce couple de sportifs loue° un poste.

Même chose pour Elizabeth, professeur de français dans la région parisienne :
20   « J'ai eu la télévision pendant deux mois. Mon mari restait des heures à la regarder.
En son absence, un soir, je l'ai fait imploser.° Depuis j'ai divorcé et n'ai toujours pas
la télévision ». Elle n'a pas de mots assez durs° pour ce qui fut,° croit-elle, la cause
de ses malheurs passés. « Je ne supporte° pas ce matraquage,° cette intrusion à
domicile° et la passivité qu'elle entraîne.° Et contrairement à ce que l'on veut nous
25   faire croire, elle délivre un message très idéologique » .

Si Catherine, directrice d'un petit salon de coiffure° à Paris, refuse d'acheter un
poste° de crainte que° ce ne soit chaque soir de longues batailles pour coucher les
enfants, Dominique, lui, responsable° d'une discothèque, s'interroge : « Avons-nous
le droit d'ôter° cette forme de consommation° et, d'une certaine manière, de socia-
30   bilité à nos enfants ? »

... On constate que ces rebelles sont jeunes : en effet, on en compte deux fois plus
chez les moins de trente-cinq ans, socialement plutôt aisés° et célibataires pour 40 %
d'entre eux. Cinéphiles,° grands lecteurs ou mélomanes,° ils n'éprouvent° pas le besoin de regarder la télévision. Ce qui ne signifie pas qu'ils ne soient pas au courant
35   de° la vie des chaînes.° Ils lisent bien souvent avec assiduité° les journaux spécialisés.[1] Et font parfois, en vacances, en famille, une « cure » de° télévision ou s'orga-
nisent pour aller voir telle ou telle émission° qu'ils jugent exceptionnelle chez des
amis : « Comme pour une sortie au cinéma, au restaurant, on la prévoit,° on s'y prépare. » Il n'est pas non plus surprenant que 55 % d'entre eux habitent dans des villes
40   de plus de cent mille habitants et un sur dix en Ile-de-France,° qui offrent une vie culturelle animée.°

---

universitaire = *professeur à l'université* / **la retraite** retirement / **le lauréat**
winner / **le concours** contest / **l'entorse** *f* twist / **lors des** = *au moment des* /
louer to rent / **imploser** to implode, to burst / **dur** harsh / **fut** = *a été (passé simple)*
/ **supporter** = *tolérer* / **le matraquage** here, brain-washing / **à domicile** = *chez soi* /
entraîner = *causer* / **le salon de coiffure** hairdresser's salon / **le poste** set /
de crainte que = *de peur que* / **responsable** in charge of / **ôter** = *enlever* /
la consommation consumption / **aisé** = *riche* / **cinéphile** = *passionné de cinéma* /
mélomane = *grand amateur de musique* / **éprouver** = *sentir* / **être au courant de**
to be aware of / **la chaîne** TV channel / **l'assiduité** *f* = *la régularité* / **faire une**
cure de = *regarder intensivement* / **l'émission** *f* program / **prévoir** to plan /
Ile-de-France = *la région autour de Paris* / **animé** lively

[1]Journaux comme *Télé-magazine, Télé-7-jours, Télérama*, qui sont lus par un très grand
nombre de lecteurs.

Ces « sans-télé » ne sont pas tous pour autant° téléphobes.° Au contraire. Dans certains cas, c'est parce qu'ils en sont friands° qu'ils redoutent son emprise.° Ainsi Daniel, quarante ans, a de mauvais souvenirs. Dépressif,° il est resté seul chez lui

45 pendant deux mois devant son récepteur.° Plus que du téléviseur, c'est de lui-même, de sa faiblesse qu'il se méfie. « Il est très difficile de garder l'esprit critique ; la télévision est souvent la plus forte », dit Jacques Ellul, sociologue, qui n'en possède une que depuis quatre ans. « La télévision est une source d'évasion,° reconnaît-il presque à regret, le plus grand moyen de diversion ou de divertissement au sens pascalien°

50 du terme. »

Dès lors° le choix — celui d'avoir ou pas la télévision — relève° de la gestion° de son temps libre. Un choix rendu possible, et non nécessaire, par une situation familiale, économique, sociale et culturelle à un moment donné. Mais si demain celle-ci° devait être perturbée, la santé° plus fragile, l'entourage° moins présent, peut-être

55 alors un trône serait avancé° au pied du lit, au coin du feu ou au bout de° la table pour y poser la boîte magique. Qui peut dire « Fontaine, je ne boirai pas de ton eau° » ?

Ariane Bonzon, Le Monde

Qu'en pensez-vous ?

Etes-vous d'accord ou non avec les déclarations suivantes ? Justifiez votre réponse.

1. Jean-Luc veut se débarrasser de sa télévision parce qu'elle ne marche pas.
2. Aujourd'hui, 6% des ménages n'ont pas de postes de télévision.
3. Les « sans-télé » sont souvent des chômeurs ou des gens dont les revenus sont modestes.
4. Parce qu'ils n'ont pas la télévision chez eux, Odette et André louent un poste de télévision au moment des élections présidentielles.
5. Elizabeth pense que la télévision a eu une très mauvaise influence sur sa vie privée.
6. Les « sans-télé » sont en général passionnés de cinéma ou de musique et lisent beaucoup.
7. Il est intéressant de constater que ceux qui n'ont pas la télévision aiment aller voir quelques bonnes émissions chez des amis.
8. Les « sans-télé » vivent surtout à la campagne.

---

pour autant necessarily, thereby / **téléphobe** = *qui déteste la télévision (néologisme)* /
être friand de = *aimer beaucoup* / **redouter l'emprise** f **de** = *se méfier de l'influence
de* / **dépressif** continually depressed / **le récepteur** = *le téléviseur* / **l'évasion** f
escape / **le divertissement au sens pascalien** *(d'après le philosophe Blaise Pascal)* =
l'occupation qui détourne l'homme de penser aux problèmes essentiels / **dès lors** = *donc* /
relever de = *dépendre de* / **la gestion** management / **celle-ci** = *ici, la situation
familiale* / **la santé** health / **l'entourage** m = *la famille, les amis* / **avancé** =
mis / **au bout de** at the end of / **Fontaine, je ne boirai pas de ton eau** Never say never

9. En fait, beaucoup d'entre eux adorent la télévision et ont peur de son emprise.

10. Des sociologues ont remarqué que la télévision développe l'esprit critique.

11. Il est à noter que ceux qui ont pris la décision de ne pas avoir la télévision ne changent pas d'attitude au cours de leur vie.

Nouveau Contexte

Complétez le dialogue suivant en choisissant les termes appropriés (employez chaque terme une seule fois). Puis, jouez le dialogue.

Noms :   dessins *m* animés, divertissement *m*, émissions *f*, journal *m* télévisé, poste *m*, temps *m* libre

Verbes :   n'éprouve pas le besoin, éteindre, être au courant, résister à son emprise

Conversation entre deux étudiants, François et Frédéric

FRANÇOIS   Qu'est-ce que tu vas faire cet après-midi ?

FREDERIC   Je vais rester dans ma chambre et regarder la Coupe d'Europe de football à la télé. Et toi ?

FRANÇOIS   Moi, je vais sortir parce que je n'ai pas de _____*1* de télé dans ma chambre.

FREDERIC   Ça ne te manque pas ?

FRANÇOIS   Quand il y a des _____*2* exceptionnelles comme celle-là, si, mais je peux toujours les voir chez un copain. D'habitude, je _____*3* de regarder la télé à l'université. J'ai trop de devoirs et peu de _____*4*.

FREDERIC   Moi, je ne pourrais pas vivre sans télé. Je regarde le _____*5* tous les soirs. Cela me permet d' _____*6* de ce qui se passe dans le monde. Et puis, la télé, ça me détend, c'est un _____*7* formidable. Il m'arrive de regarder des _____*8*, des feuilletons *(soaps, serials)* juste pour me changer les idées pendant une demi-heure.

FRANÇOIS   Oui, mais moi je ne sais pas si j'aurais la force d' _____*9* la télévision au bout d'une demi-heure. J'ai du mal à _____*10*. Alors, en ce moment, je préfère ne pas l'avoir.

Vocabulaire satellite

le **petit écran**   television set
le **téléviseur**   television set
allumer la télé   to turn the TV on
éteindre la télé   to turn the TV off
zapper   to channel surf, to go from one channel to the next

la **télécommande**   remote control
le **spot publicitaire**   commercial
la **publicité (la pub)**   advertising
le **parrainage**   sponsoring
l' **appel** *m* **de fonds**   fund-raising
le **téléspectateur**, la **téléspectatrice**   television viewer
la **chaîne à péage**   pay channel

être abonné au câble to subscribe to cable	**susciter la réflexion** to stimulate thought
l' **heure** *f* **de grande écoute** prime time	**divertir** to entertain
diffuser to broadcast	**détendre** to relax
le **présentateur,** la **présentatrice** news commentator	**amusant** amusing
	divertissant entertaining
	nuisible harmful

Pratique de la langue

1. Comment caractérisez-vous les « sans-télé » (âge, milieu socio-culturel, lieu d'habitation, etc.) ? Connaissez-vous personnellement quelqu'un qui appartient à cette espèce en voie de disparition ?
2. Comment choisissez-vous les programmes que vous voulez voir ? (lecture de magazines spécialisés, conseil d'un ami, hasard, etc.)
3. Quand plusieurs membres de votre famille veulent regarder des émissions différentes, comment négociez-vous généralement le choix d'un programme ?
4. Vous intéressez-vous aux spots publicitaires ? Quels sont ceux que vous aimez et ceux que vous détestez particulièrement ? Dites pourquoi.
5. Improvisez les situations suivantes :
   a. Deux amis discutent de leurs loisirs. L'un est un citadin « sans-télé », mélomane et cinéphile, l'autre habite à la campagne et la télévision est pour lui le principal divertissement.
   b. Organisez une table ronde sur le thème de la violence à la télévision et de ses effets sur les enfants. Interrogez successivement un(e) enfant, une mère de famille, un psychiatre, un créateur de dessins animés violents, et une personne responsable de la sélection des programmes pour les jeunes.
   c. Vous travaillez pour une chaîne publique ; adressez-vous aux téléspectateurs pour solliciter de l'argent afin de pouvoir continuer à leur offrir des émissions de qualité.
   d. Faites discuter deux parents qui ont des avis différents sur l'influence de la télévision sur les enfants. L'un pense que la télévision les aide à se développer intellectuellement et élargit (*broadens*) leur connaissance du monde ; l'autre croit, au contraire, que la télévision tue toute créativité chez l'enfant et ne lui donne qu'une image déformée du monde.

La Vague° bouddhiste

Traditionally, France has been a Catholic country: from the conversion of Clovis at the end of the fifth century to the Revolution of 1789, France was governed by Catholic kings. The church, strong and powerful, dominated society. After 1789

la vague the wave

the State dropped Catholicism as the official religion and in 1804, during the reign of Napoleon, it became "*chrétien.*" In 1905, the separation of church and state formally took effect and France became a secular country. Yet Catholicism remained France's dominant religion and, until the end of the seventies, ninety percent of French people were baptized. But this is changing rapidly. Two new religions are spreading through France: Islam and Buddhism. Three to four million people living in France are Moslems (half of whom have French nationality) and around two million French citizens, when asked what the religion of their choice is, answer Buddhism. Attracted by its modernity, values, and ethics, many of the well-educated decide to practice meditation and live according to the principles of Buddhism.

Orientation

Répondez aux questions suivantes :

1. La religion a-t-elle de l'importance dans votre vie ?
2. Vous sentez vous athée, agnostique, croyant(e) ?
3. Si on vous demandait votre religion vous déclareriez-vous chrétien (chrétienne), juif (juive), musulman(e), bouddhiste, hindou(e), confucianiste, etc. ?
4. Avez-vous reçu une éducation religieuse quand vous étiez enfant ou avez-vous choisi votre religion à l'âge d'adulte ?
5. Avez-vous intégré des aspects d'autres religions dans votre religion ?
6. La religion joue-t-elle un rôle important dans notre société ?
7. A votre avis, est-il possible d'être spirituel sans être religieux ?

France : La Vague bouddhiste

Comme chaque matin depuis bientôt° trois ans, dans son studio parisien où il vit seul, François se lève à l'aube.° Après une douche° rapide, il enfile° un pantalon° de jogging pour faire *zazen*, la méditation assise silencieuse du bouddhisme zen. Il s'assied en tailleur° sur un *zafu*, un coussin° rond et épais,° face° au mur.° Le dos°
5 parfaitement droit,° les deux mains jointes° en contact avec l'abdomen, les yeux mi-clos,° il porte son attention sur sa respiration, longue et profonde. Il laisse dérouler° le film de ses pensées — soucis° de la veille,° choses à faire dans la journée — sans s'y arrêter° ni les refuser. Sans cesse, il reporte son attention° sur la tension musculaire de son corps et la respiration. Au bout° d'une heure, il prend un copieux° petit

bientôt nearly / **l'aube** *f* dawn / **la douche** shower / **enfiler** to slip on /
le pantalon pants / **s'asseoir en tailleur** to sit cross-legged / **le cous-sin** cushion /
épais thick / **face à** facing / **le mur** wall / **le dos** back / **droit** straight / **joint**
joined (past participle of **joindre**) / **mi-clos** half-closed / **dérouler** to unwind / **le**
souci worry, concern / **la veille** day before / **s'arrêter à** to dwell on / **reporter son**
attention to fix one's attention / **au bout de** at the end of / **copieux** hearty

10 déjeuner à base de céréales biologiques et file° à son travail. A 32 ans, François est
un cadre° de gestion du personnel° bien dans sa peau.° « Avant de pratiquer la méditation bouddhiste, explique-t-il, détendu° et souriant, je partais au boulot° l'esprit
embué° ou agité par toutes sortes de soucis. La méditation quotidienne° m'a progressivement amené° à transformer mes habitudes et à vivre davantage° dans l'ins-
15 tant présent. Mes journées de travail ont complètement changé. Je suis à la fois°
moins stressé et plus attentif. »

   François n'est pas une exception. Il fait partie de° ces dizaines de milliers° de
Français venus au bouddhisme par la méditation zen ou tibétaine.° La plupart de ces
nouveaux adeptes° ont, comme lui, entre 30 et 45 ans, sont des citadins° céliba-
20 taires° ou vivent en concubinage.° Comme François, ils ont fait des études supérieures, ils sont, eux aussi, cadres ou exercent une profession libérale.° Depuis peu,°
le bouddhisme commence à s'étendre° à toutes les couches° de la population et devient l'un des phénomènes spirituels les plus étonnants° de notre société, en cette
fin de XXe siècle.

filer to dash / **le cadre** executive / **la gestion du personnel** human resources
management / **être bien dans sa peau** to feel great / **détendu** relaxed / **le boulot**
(*fam*) = *le travail* / **embué** misted over, clouded / **quotidien** daily / **amener** to lead
/ **davantage** more / **à la fois** at the same time / **faire partie de** to be part of / **des
dizaines de milliers** tens of thousands / **tibétain** Tibetan / **l'adepte** *m, f* practitioner
/ **le citadin** city-dweller / **célibataire** single / **en concubinage** in cohabitation /
une profession libérale = *une profession de caractère intellectuel (avocat, médecin, archi-
tecte)* / **depuis peu** recently / **s'étendre** to extend / **la couche** layer / **étonnant**
astounding

25   A la question : « Quelle est la religion qui a votre préférence ? » 2 millions de
Français (5 % des plus de 18 ans) répondent : « Le bouddhisme. » Plus surprenant
encore, la religion du Bouddha vient au troisième rang,° loin derrière le catholicisme
(68 %), mais presque à égalité avec le protestantisme (6 %). Dans un classement° où
l'on peut citer trois religions par ordre d'intérêt décroissant,° le bouddhisme obtient
30   les suffrages° de 6 millions de Français (15 % des plus de 18 ans). Signe des temps :
c'est aussi la première fois que le bouddhisme apparaît dans un sondage d'opinion°
sur les croyances° des Français.

Ces résultats sont confirmés par bien° d'autres faits. La popularité du dalaï-lama°
ne cesse de croître.° Les notions de karma et de réincarnation progressent incroy-
35   ablement, puisque un Français sur quatre y croit. Pourquoi, à l'aube du XXIᵉ siècle,
le bouddhisme progresse-t-il partout en Europe et séduit°-il tout particulièrement°
les Français ?

C'est qu'°à la différence° des traditions religieuses monothéistes il trouve un
écho profond dans la modernité. « Je me sens° bien dans le bouddhisme, explique
40   Martine, médecin de 37 ans, parce que c'est une voie° spirituelle parfaitement con-
ciliable° avec la culture occidentale° d'aujourd'hui. A l'inverse de° l'éducation religieuse que j'ai reçue, il ne m'apparaît en rien° incompatible avec mes études
scientifiques ni avec mon métier.° » Noël, informaticien° de 33 ans, partage° ce point
de vue : « Je ne pouvais plus croire en un Dieu extérieur au monde ou en quelques
45   vérités éternelles et immuables.° Le bouddhisme m'a réconcilié avec la religion : lui
demeure° toujours relié° à l'expérience, il supporte° la critique de la raison, il ne fait
jamais appel à° une quelconque° extériorité. Ni Dieu tout-puissant,° ni dogmes in-
tangibles, ni normes morales imposées de l'extérieur. En même temps, il permet un
développement de la conscience, un travail sur soi. Il propose une morale exi-
50   geante,° mais adaptable à chaque cas particulier. » Le bouddhisme est ainsi perçu°
comme la religion neuve par excellence, qui allie° les valeurs de la modernité — no-
tamment° l'individualisme et le pragmatisme — et les aspirations spirituelles les
plus universelles et les plus profondes.

De manière presque paradoxale, il séduit° aussi par la beauté de ses rituels, son
55   exotisme, sa liturgie. « Quand j'ai assisté° pour la première fois à une cérémonie
tibétaine en Dordogne,° raconte° Nicole, négociatrice immobilière° de 47 ans, j'ai

le rang place / **le classement** rating, ranking / **décroissant** decreasing / **le suffrage**
vote / **le sondage d'opinion** poll, survey / **la croyance** belief / **bien de** a good
many / **le dalaï-lama** chef religieux du Tibet / **croître** to increase / **séduire** to attract /
tout particulièrement most especially / **c'est que** the fact is that / **à la différence
de** unlike / **se sentir** to feel / **la voie** way / **conciliable** reconcilable / **occidental**
western / **à l'inverse de** contrary to / **en rien** in no way / **le métier** job, profession /
l'informaticien *m* computer scientist / **partager** to share / **immuable** unchanging /
demeurer to remain / **relié** linked / **supporter** to withstand / **faire appel à** to appeal to / **quelconque** any / **tout-puissant** almighty / **exigeant** demanding, strict /
perçu perceived / **allier** to link / **notamment** notably / **il séduit** it pleases, fas-
cinates / **assister à** to attend / **la Dordogne** = *département dans le sud de la France* /
raconter to relate, recount / **la négociatrice immobilière** real estate agent

été bouleversée° par les chants. Cela m'a un peu rappelé° la messe° en latin de mon enfance. Je n'ai pas perdu la foi,° mais je ne mets plus les pieds° dans une église à cause de la pauvreté et de la laideur° des offices.° Dans les rituels du bouddhisme
60 tibétain je retrouve° le sens du sacré.° » Le bouddhisme répond au besoin de symboles, d'émotion religieuse de nombreux Occidentaux sans pour autant° jamais renoncer à une démarche° rationnelle et pragmatique. Il donne un goût° du divin tout en° restant humain. Pour paraphraser la pub° : le bouddhisme ressemble à de la religion, il a le goût de la religion, mais ce n'est pas de la religion.

65   Plusieurs millions de Français sont touchés par certaines notions transmises en Occident par le biais° du bouddhisme. Le développement fulgurant° de la croyance au karma (loi° de causalité) et à la réincarnation en est un exemple frappant.° « Je n'ai jamais compris comment le Dieu biblique pouvait être à la fois tout-puissant, bon et laisser souffrir ou mourir des enfants, explique David, professeur d'anglais de
70 36 ans. La théorie bouddhiste me semble beaucoup plus plausible, ou du moins° compréhensible : l'Univers est régi° par une loi de causalité qui fait que° tout acte négatif a nécessairement une conséquence négative, en cette vie ou dans une autre. Nous sommes donc d'une certaine manière responsables de tout ce qui nous arrive,° y compris° les épreuves.° »

75   Tous ceux qui s'adonnent à° la méditation soulignent° l'efficacité de cette pratique pour mieux vivre le quotidien,° faire face° aux soucis et aux épreuves de la vie, apprendre à se concentrer et à vivre le moment présent. Sandra, mère de famille protestante de 43 ans, pratique la méditation tibétaine depuis un an. « J'ai beau prier° tous les jours, la prière ne m'a jamais véritablement aidée dans ma vie quoti-
80 dienne et dans mes problèmes relationnels. Cela fait dix ans, par exemple, que je n'arrivais pas à pardonner à un proche° qui m'avait profondément blessée.° J'étais obsédée° par un désir de vengeance. Avec l'aide d'un lama, j'ai médité pendant trois mois sur ce problème. Ce que je n'avais pas réussi à faire en dix années de prière, j'ai pu y parvenir° grâce à° la méditation. » Jean-Paul, cadre supérieur° de 40 ans, a dé-
85 couvert le bouddhisme par son ancienne° entreprise,° qui proposait sous l'égide° d'un lama tibétain un stage° intitulé° « La sérénité, gage° d'efficacité » . « Depuis que j'avais lu *Tintin au Tibet*, j'avais toujours eu envie de° rencontrer des lamas tibétains, raconte-t-il avec un sourire en coin.° Je suis allé à ce stage par curiosité et j'en

---

bouleversé overwhelmed / **rappeler** to recall / **la messe** Mass / **la foi** faith /
mettre les pieds to set foot / **la laideur** ugliness / **l'office** *m* (religious) service /
retrouver to find / **le sacré** sacred / **pour autant** thereby, for all that / **la démarche**
step, process / **le goût** taste / **tout en** all the while / **la pub** = *la publicité* / **par
le biais de** by means of / **fulgurant** dazzling / **la loi** law / **frappant** striking / **du
moins** at least / **régi** governed / **qui fait que** with the result that / **arriver** to happen / **y compris** including / **l'épreuve** *f* ordeal / **s'adonner à** to devote oneself to /
souligner to emphasize / **le quotidien** daily life / **faire face à** to confront / **j'ai beau
prier** no matter how hard I pray / **le proche** someone close / **blesser** to hurt / **obsédé**
obsessed / **parvenir à** to achieve / **grace à** thanks to / **le cadre supérieur** senior
executive / **ancien** former / **l'entreprise** *f* firm, business / **sous l'égide de** under the
aegis of / **le stage** training period / **intitulé** entitled / **le gage** guarantee / **avoir
envie de** to have the urge to, to want to / **le sourire en coin** half smile

suis revenu transformé. Par la suite,° il m'a fallu du temps° pour intégrer la médita-
90   tion dans ma vie quotidienne. J'ai compris que j'étais vraiment devenu bouddhiste
quand j'ai perdu mon emploi° : je suis resté étonnamment° serein,° ce qui m'a probablement aidé à retrouver rapidement un travail. En fait le bouddhisme ne sup-
prime° en rien les difficultés et les épreuves° de la vie : il permet de les accepter
lucidement, de s'en distancier et donc de les traverser plus sereinement. »

Frédéric Lenoir, *L'Express*

Qu'en pensez-vous ?

Etes-vous d'accord ou non avec les déclarations suivantes ? Justifiez votre réponse.

1. François se lève plus tôt pour pratiquer la méditation zen.
2. Au cours de sa méditation, François essaie de chasser les pensées négatives.
3. François fait de la méditation parce qu'il ne se sent pas bien dans sa peau.
4. Les nouveaux adeptes du bouddhisme ont fait des études universitaires.
5. Plus de 2 millions de Français pratiquent le bouddhisme.
6. La modernité du bouddhisme séduit les Français.
7. Pour Martine, le bouddhisme est conciliable avec les pensées scientifiques.
8. Noël a choisi le bouddhisme parce qu'il lui offrait des vérités éternelles et immuables.
9. Les rituels et l'exotisme de la liturgie bouddhiste ne correspondent pas au besoin d'émotion religieuse des Occidentaux.
10. Deux principes bouddhistes, la réincarnation et la loi de causalité, sont difficilement acceptés par les Occidentaux.

Nouveau Contexte

Complétez le dialogue suivant en choisissant les termes appropriés (employez
chaque terme une seule fois). Puis, jouez la dialogue.

Noms :   cadre *m*, croyance *f*, méditation *f*, morale *f*, réincarnation *f*,
renaissances *f*, sérénité *f*, stage *m*, voie *f*
Adjectifs :   bouddhiste, catholique
Expression idiomatique :   sous l'égide

Dialogue entre deux amis dont l'un est adepte du bouddhisme
RENE   Alors, depuis quand t'intéresses-tu au bouddhisme ?
PIERRE   Depuis que j'ai fait un _____*1* sur la _____*2* dans mon
entreprise.

par la suite afterwards, later   /   **il m'a fallu du temps** I needed time   /   **l'emploi** *m* job   /
étonnamment surprisingly, amazingly   /   **serein** serene   /   **supprimer** to suppress   /
l'épreuve *f* test

RENE   Je ne vois pas le rapport entre ton travail de _____*3* et la religion
_____*4*.

PIERRE   Si, notre retraite a eu lieu _____*5* d'un lama tibétain. C'est lui qui
m'a appris le bien fondé de la _____*6*.

RENE   Mais comment réconcilies-tu ton éducation _____*7* avec le principe de la _____*8* et la _____*9* au karma ?

PIERRE   Je me sens bien dans le bouddhisme parce que c'est une _____*10*
spirituelle conciliable avec la culture occidentale. Il n'y a pas de dogmes
et de _____*11* imposée de l'extérieur mais il permet un travail sur
soi. Et puis cette idée du cycle des _____*12* offre quelque chose de
réconfortant.

RENE   Penses-tu que le bouddhisme m'intéresserait ?

Vocabulaire satellite

la **religion**   religion
la **croyance**   belief
la **foi**   faith
   croire   to believe
   douter (de)   to doubt
le, la **croyant(e)**   believer
l' **athée** *m, f*   atheist
la **morale**   morals
l' **éthique** *f*   ethics
le **catholicisme**   Catholicism
le **protestantisme**   Protestantism
l' **islam** *m*   Islam
le **judaïsme**   Judaism

l' **hindouisme**   Hinduism
le **bouddhisme**   Buddhism
le **réincarnation**   reincarnation
la **méditation**   meditation
la **spiritualité**   spirtuality
   spirituel, -le   spiritual
la **tradition religieuse**   religious
   tradition
la **tolérance**   tolerance
la **compassion**   compassion
la **charité**   charity
la **sérénité**   serenity

Pratique de la langue

1. D'après le texte que vous avez lu, pourquoi les Français sont-ils séduits par le
bouddhisme ?
2. A votre avis, ces raisons peuvent-elles séduire les Américains ?
3. Croyez-vous que le bouddhisme soit plus facile à intégrer dans sa vie qu'une autre
religion ?
4. Que pensez-vous de cette phrase : « Le bouddhisme ressemble à de la religion, il
a le goût de la religion, mais ce n'est pas de la religion. » ?
5. Qu'est-ce que la religion pour vous ? A quoi sert-elle ?
6. La religion a-t-elle un rôle à jouer dans notre société moderne?
7. La religion est-elle en contradiction avec les découvertes technologiques ?
8. A votre avis, peut-on être homme/femme de science et croyant(e) ?

9. Faites-vous une différence entre les religions traditionnelles et les sectes ? Expliquez.
10. Si vous avez une religion, quels principes de votre religion vous aident à vivre ? Si vous n'avez pas de religion, sur quelles convictions basez-vous votre vie ?

Sujets de discussion et de composition

1. A débattre : L'informatisation croissante de notre société profite-t-elle à tous ou bien ne fait-elle qu'accentuer l'écart *(gap)* entre ceux qui « savent » et ceux qui ne « savent » pas ?
2. Que pensez-vous de cette affirmation : « Il est aussi important aujourd'hui d'apprendre à regarder la télévision que d'apprendre à lire » ?
3. A débattre : Avec la télé et les ordinateurs, les salles de cinéma sont appelées *(destined)* à disparaître.
4. A débattre : Sans religion, il n'y a pas de société.

10

La Scène et les Lettres

Le Théâtre en France

« Il n'y a rien de plus futile, de plus faux, de plus vain, mais aussi de plus nécessaire que le théâtre. »
— Louis Jouvet

Subsidized, criticized, scrutinized, and constantly reinvented, theater is very much alive not only in Paris but all over France. Three major currents can be discerned in modern French theater. First, there is the commercial *théâtre de boulevard*, the Broadway of Paris, specializing in comedies designed to entertain. Second, there is the classical theater represented by the state-supported *Comédie-Française* (also known as *La Maison de Molière*), which operates several theaters in Paris and takes its productions to the provinces and even abroad. The repertoire of the *Comédie-Française* also includes many foreign and twentieth-century plays. Finally, there is the French government's most remarkable contribution to the revival of the theater, the new state-financed repertory companies such as the *Théâtre National de Chaillot*, the *Théâtre de la Ville*, the *Théâtre de l'Est Parisien*, and the *Théâtre des Amandiers* in Nanterre, near Paris. Not to be forgotten are the numerous *cafés-théâtres* which often present avant-garde and controversial plays.

This renaissance would not have been possible without a galaxy of dynamic and progressive directors such as Jean Vilar, Roger Planchon, George Wilson, Jean-Louis Barrault, Roger Blin, Antoine Vitez, Patrice Chéreau and others, most of them first-rate actors as well. The late Jean Vilar, for example, was instrumental in launching major theater festivals at Avignon, in southern France. Other festivals then multiplied, including the *Festival d'automne* in Paris. As a result of Vilar's initiative, the theater season, which traditionally opens almost everywhere else in the fall, begins in France in July under the sunny skies of Avignon.

Peter Brook, the internationally renowned British director whose company is based in *Les Bouffes du Nord* in Paris, has observed that the French language accurately renders the specific nature of the theatrical phenomenon by using *répétition* for "rehearsal," *représentation* for "performance," and *assistance* for "audience." In his view—and in the eyes of all actors and directors involved with collective experimentation in the theater—the audience *assiste au spectacle*, meaning that it not only attends the performance but also "assists" the actors in their encounter with the characters portrayed.

In the name of "participation," Ariane Mnouchkine and *Le Théâtre du Soleil* have been experimenting for more than twenty years with the dual challenge of a collective theatrical organization and a collective creation in which the spectators are

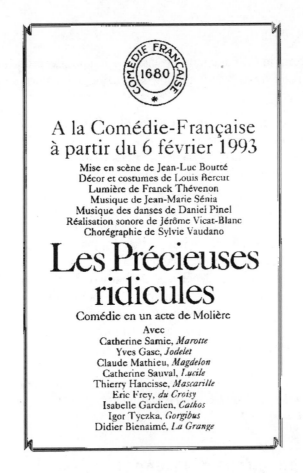

COMÉDIE FRANÇAISE
1680

A la Comédie-Française
à partir du 6 février 1993

Mise en scène de Jean-Luc Boutté
Décor et costumes de Louis Bercut
Lumière de Franck Thévenon
Musique de Jean-Marie Sénia
Musique des danses de Daniel Pinel
Réalisation sonore de Jérôme Vicat-Blanc
Chorégraphie de Sylvie Vaudano

Les Précieuses ridicules

Comédie en un acte de Molière

Avec
Catherine Samie, *Marotte*
Yves Gasc, *Jodelet*
Claude Mathieu, *Magdelon*
Catherine Sauval, *Lucile*
Thierry Hancisse, *Mascarille*
Eric Frey, *du Croisy*
Isabelle Gardien, *Cathos*
Igor Tyczka, *Gorgibus*
Didier Bienaimé, *La Grange*

directly involved. Based outside of Paris at the *Cartoucherie de Vincennes* (a converted munitions factory), the *Théâtre du Soleil* has produced stunningly creative spectacles such as *1789* and *1793*, depicting episodes of the French Revolution. These works have been presented throughout Europe with equal success, despite the language barrier. More recently, Ariane Mnouchkine and her troupe have been experimenting with the use of techniques borrowed from the traditional dramatic forms of India (*Kathakhali*) and Japan (*Kabuki*), which they have applied to a series of Shakespearean plays. This attempt electrified American audiences when the *Théâtre du Soleil* appeared at the 1984 cultural festival organized to coincide with the Los Angeles Summer Olympics. Since then, Ariane Mnouchkine has given her own adaptation of ancient Greek plays. She has also displayed her political "engagement" by dealing with the Chinese occupation of Tibet and evoking the plight of illegal aliens in Paris.

Orientation

Interrogez un(e) camarade de classe sur une pièce de théâtre qu'il (elle) a vue récemment. Travaillez en groupe de deux et posez-vous mutuellement les questions suivantes :

1. Est-ce que la pièce que tu as vue était une pièce sérieuse, comique, policière ou une comédie musicale ?
2. Y avait-il des acteurs ou des actrices connus ?
3. Que peux-tu dire du jeu *(acting)* des acteurs ?
4. Quel était le sujet de la pièce ?
5. Est-ce que cette pièce t'a fait passer un bon moment, t'a fait réfléchir à certains problèmes, t'a ému(e) *(moved)*, t'a fait peur, etc. ?
6. Est-ce que cette pièce fait partie du répertoire classique ou est-ce qu'elle a été écrite par un auteur contemporain ?
7. Peux-tu décrire le décor *(set)* ? Etait-il original ? surprenant ?
8. Est-ce que la musique avait une place importante ?
9. Quelle a été la réaction du public *(audience)* à la fin de la pièce ?
10. Pourquoi te souviens-tu particulièrement de cette pièce ?
11. Autres questions

Interviewée par la journaliste Catherine Degan, Ariane Mnouchkine explique pourquoi elle s'est tournée vers le théâtre de l'Orient et analyse les méthodes de travail de son équipe.

« L'Acteur est un scaphandrier° de l'âme »

A. MNOUCHKINE   Ce qui m'intéresse dans la tradition orientale, c'est que l'acteur y est créateur de métaphores. Son art consiste à montrer la passion, à raconter l'intérieur de l'être humain — et aussi les histoires, bien sûr. J'ai fait un voyage au Japon, un peu à la hippie. En y voy-
5   ant des spectacles, je me disais : « On dirait du Shakespeare° », alors que je ne comprenais rien ni aux thèmes ni au langage. Et cela parce que les acteurs étaient fantastiques.

     ... Pourquoi, me suis-je demandé, un acteur de Kathakali me parle-t-il complètement ? Comment se fait-il, me demande-t-on
10   aujourd'hui, que les gens qui ne savent rien du Kabuki puissent aimer vos spectacles ? La réponse est la même : parce que c'est

---

le scaphandrier deep-sea diver / **on dirait du Shakespeare** = *on dirait que c'est du Shakespeare*

du théâtre ! C'est à dire la « traduction en » de quelque chose...
Quand nous avons résolu de monter° Shakespeare, le recours° à
l'Orient est devenu une nécessité. Car° Shakespeare se situe dans
15   la métaphore des vérités humaines. Nous cherchons donc à le
mettre en scène° en évitant à tout prix le réalisme et le prosaïsme.°

C. DEGAN   Pourquoi, précisément, avez-vous décidé de monter Shakespeare ?

A. MNOUCHKINE   Pourquoi Shakespeare ? Parce que, son génie et sa poésie mis à
part,° il est si simple, il prend les événements de front.° De le cô-
20   toyer° avec tant d'obstination pendant trois ans, j'en ai plus appris
(je ne dis pas : acquis°) sur le théâtre que pendant toutes les
années précédentes... Ce qu'il y a de beau chez Shakespeare c'est
qu'il ne fait rien d'unique.° Il ne montre jamais une idée sans en
montrer le contraire, il n'a pas un éclairage° particulier. Il montre
25   un personnage héroïque puis le montre aussi ignoble. Shakespeare
est un poète qui se permet tout, qui sonde° tout ; peut-être même
qui aime tout. Bien sûr, il n'aime pas l'ignominie mais il en fait

monter (une pièce) to stage, to produce (a play) / **le recours** resort, recourse / **car**
for / **mettre en scène** to stage / **le prosaïsme** the commonplace / **mis à part** set
aside / **de front** head-on / **côtoyer** to live side by side with / **acquis (participe passé**
d'*acquérir*) acquired / **unique** = *isolé* / **l'éclairage** *m* highlighting, emphasis /
sonder to probe

entre autres la matière de son art — sans en faire l'apologie.°
Il dit : elle existe, la voilà, connaissez-la ou plutôt reconnaissez-la,
30   puisque vous l'avez en vous comme je l'ai en moi...

C. DEGAN   Comment travaille-t-on au Théâtre du Soleil ?

A. MNOUCHKINE   Les cinq ou six mois de répétition° d'un spectacle se passent à explorer, attendre, patienter,° s'impatienter, se décourager, espérer
de nouveau,° rire aussi. Quand il y a un projet, il y a non pas une
35   vision préétablie mais quelques fragments, des désirs. Peut-être
la conviction que ce chemin inconnu doit mener là — mais comment ? Alors le comédien° ou moi-même découvrons un petit bout
de chemin.° Nous disons à l'autre : viens, ce doit être par là.° Il arrive que nous tombions tous les deux dans un trou° parce que ce
40   n'était pas par là. Puis nous repartons°... Ce que j'attends d'un acteur, c'est qu'il soit un scaphandrier de l'âme, prêt à voyager très
loin avec moi. Même s'il n'a jamais joué, j'attends qu'il me révèle
des choses.

Pour *Richard II*, par exemple, je ne voyais a priori que ce que
45   je ne voulais pas : tomber dans la terrible banalité du feuilleton°
shakespearien antédiluvien,° noir et vert.° Pendant la répétition la
table était pleine de livres d'images, de peintures, de photos, pour
nourrir notre imaginaire° et nous donner une distance. Je voulais
un *Richard II* qui flamboie° dans le texte. Rien que° le mot
50   « trône » me bloquait° — je ne voyais pas comment résoudre ce
problème. Un moment, Georges Bigot° est monté sur une table,
et soudain cet éclair° : le trône était là. Je tiens toujours à° faire
comprendre combien des choses qui ont l'air voulues sont venues,°
arrivées. Nous avons cherché de l'intérieur ce que ce « simple »
55   texte provoque dans un acteur quand on ne préjuge pas trop de
ce qu'il veut dire. Au début, par exemple, les acteurs entraient et
sortaient de manière très lente, très majestueuse. Or,° c'est faux.
Mensonger.° *Richard II* commence en plein conflit ; Shakespeare
n'introduit pas, n'expose° rien. Nous découvrions que ces pièces
60   sont rapides, versatiles et non progressives.° Et nous avons trouvé

---

l'apologie *f* praise / **la répétition** rehearsal / **patienter** = *attendre avec patience* /
de nouveau again / **le comédien** = *l'acteur* / **un petit bout de chemin** a glimpse of the
right direction / **par là** in that direction / **le trou** hole / **repartir** = *recommencer* /
tomber dans la banalité du feuilleton to vulgarize it into a serialized story / **antédiluvien**
= *très ancien* / **noir et vert** macabre and crude / **nourrir notre imaginaire** to feed
our imagination / **flamboyer** to burn bright / **rien que** just / **bloquer** to create a
mental block / **Georges Bigot** = *un des principaux comédiens du Théâtre du Soleil* /
l'éclair *m* flash (of inspiration) / **tenir à** to insist on / **venues** = *survenues* (happened
unexpectedly) / **or** now, however / **mensonger** (*adj*) untrue / **exposer** = *expliquer,
montrer* / **progressif** = *qui avance par degrés*

l'idée des entrées « au galop° », qui résolvaient aussi un problème de durée.° D'ailleurs° quand un acteur ralentit,° c'est toujours mauvais signe : c'est qu'il veut « faire sérieux° » ou se retrouver° peut-être, mais qu'il quitte l'état.°

65   C. DEGAN   Qu'est-ce que c'est pour vous que le théâtre populaire ?

   A. MNOUCHKINE   C'est le plus beau théâtre possible, peut-être le plus raffiné, celui où on se donne le plus de mal.° Celui qui peut être reçu par différentes strates de culture,° les jeunes chômeurs° comme les professeurs d'université... Ce qu'il y a de plus beau dans un public,°

70   c'est son hétérogénéité. A Avignon en particulier il y a, sinon beaucoup d'ouvriers,° du moins des gens de toute sorte, de toutes les cultures ou de tous les manques° de culture. Le professeur d'université y reçoit l'émotion de l'être° moins cultivé qui est assis à ses côtés° et réciproquement.

75   C. DEGAN   Le Théâtre du Soleil est aussi une école. On vous a appelé « accoucheuse° d'acteurs ».

   A. MNOUCHKINE   C'est le plus grand compliment qu'on puisse me faire. Souvent en effet de très jeunes acteurs demandent à entrer pour apprendre leur métier° au sein de la troupe.° Une troupe est la meilleure

80   école qui soit. Si elle n'est pas aussi une école, elle crève° très vite. J'aimerais peut-être qu'il y ait quelques acteurs plus âgés au Théâtre du Soleil, mais il ne s'en présente pas.° Car les plus anciens ont sans doute besoin de plus d'argent (nous gagnons tous six mille francs par mois) et n'apprécient pas, je pense, les

85   tâches° collectives auxquelles nous nous astreignons° tous — jusqu'à nettoyer les chiottes.° Alors, ils s'en vont.

Propos° recueillis° par Catherine Degan, *Le Soir*

Qu'en pensez-vous ?

Etes-vous d'accord ou non avec les déclarations suivantes ? Justifiez votre réponse.

1. Ariane Mnouchkine s'est intéressée au théâtre de l'Orient parce qu'elle a été fascinée par le jeu des acteurs.

les entrées « au galop » (stage) entrances on the run / **la durée** duration / **d'ailleurs** besides / **ralentir** to slow down / **faire sérieux** to appear ponderous / **se retrouver** to come back to oneself / **l'état** *m* involvement in a role / **se donner le plus de mal** = *faire le plus d'effort* / **les strates** *f* **de culture** cultural levels / **le chômeur** unemployed / **le public** audience / **l'ouvrier** *m* manual worker / **le manque** lack / **l'être** *m* (human) being / **à ses côtés** = *à côté de lui* / **l'accoucheuse** *f* midwife / **le métier** = *la profession* / **au sein de la troupe** in the midst of the theater company / **crever** (*fam*) = *mourir* / **il ne s'en présente pas** = *ils ne viennent pas* / **la tâche** = *le travail* / **s'astreindre** to submit willingly / **nettoyer les chiottes** (*fam*) to clean the john / **le propos** = *la parole* / **recueilli** gathered

2. Quand elle a monté des pièces de Shakespeare, elle a cherché à accentuer le côté réaliste et prosaïque.

3. Shakespeare l'a attirée parce que c'est un poète qui se permet tout, qui explore tout.

4. Au Théâtre du Soleil, quand on commence à répéter une pièce, on a, en général, une vision bien nette de ce que l'on va faire.

5. Dans cette troupe, il y a une étroite collaboration entre les acteurs et le metteur en scène.

6. Ce qui frappe dans sa mise en scène de *Richard II*, c'est l'impression de lenteur.

7. Ariane Mnouchkine définit le théâtre populaire comme le meilleur théâtre possible, celui qui peut satisfaire un public très varié.

8. Le public du festival d'Avignon est très homogène.

9. Le Théâtre du Soleil est aussi une école d'acteurs.

10. Dans cette troupe, chaque membre contribue également à l'élaboration des pièces et reçoit le même salaire.

Nouveau Contexte

Complétez le dialogue suivant en choisissant les termes appropriés (employez chaque terme une seule fois). Puis, jouez le dialogue.

Noms : jeu *m* des acteurs, mise *f* en scène, pièce *f*, public *m*, répétitions *f*, spectateurs *m*, tâches *f*, troupe *f*, vedettes *f*

Verbe : jouer

Nous avons interrogé pour vous un acteur du Théâtre du Soleil.

ENQUETEUR   Vous faites partie du Théâtre du Soleil depuis longtemps. Qu'est-ce que cela représente pour vous ?

ACTEUR   J'ai commencé ma carrière d'acteur dans la _____[1] d'Ariane Mnouchkine il y a quinze ans et je peux dire que c'est vraiment ma vie.

ENQUETEUR   Qu'est-ce qui différencie le Théâtre du Soleil des autres écoles de théâtre ?

ACTEUR   Quand on est membre du Théâtre du Soleil, on doit s'engager *(commit oneself)* tout entier. Il faut accepter un style de vie communautaire, partager les _____[2] collectives, mais, en échange de tout cela, on participe pleinement à la _____[3] et à la création de superbes spectacles. C'est une expérience extraordinaire.

ENQUETEUR   Il n'y a pas de _____[4] au Théâtre du Soleil. Vous-même, vous n'êtes pas connu du _____[5]. Est-ce que cela vous dérange ?

ACTEUR   Non, c'est un choix que j'ai fait et que je ne regrette pas. Faire du théâtre avec Ariane Mnouchkine ne veut pas dire seulement apprendre à _____[6] sur scène. Au cours de chaque _____[7], dans de nombreuses _____[8], on travaille aussi à son propre changement.

ENQUETEUR Qu'est-ce que les _____⁹ viennent chercher en venant au Théâtre du Soleil ?

ACTEUR L'aventure ! Grâce à la musique, aux masques, aux costumes, au _____¹⁰, ils pénètrent dans un autre monde d'où ils ressortent transformés.

Vocabulaire satellite

l' **acteur** *m*, l'**actrice** *f* actor, actress

le **comédien**, la **comédienne** actor, actress; comedian, comedienne

l' **œuvre** *f* work (usually artistic)

le **dramaturge** playwright

le **personnage** character

la **scène** stage

la **mise en scène** (stage) direction

le **metteur en scène** (stage) director

la **salle** house (theater)

l' **éclairage** *m* (stage) lighting

la **régie** (stage) management

le **décor** stage set

les **coulisses** *f* wings

le **souffleur** prompter

le **rideau** curtain

le **rôle** part

le **trac** stage fright

avoir un trou de mémoire to have a memory lapse

le **jeu des acteurs** acting

les **applaudissements** *m* applause

l' **assistance** *f* audience

la **vedette** *f* male or female star

les **accessoires** *m* props

Pratique de la langue

1. Ariane Mnouchkine exprime dans ce texte des idées bien précises sur le théâtre et le rôle des comédiens. Pouvez-vous faire un résumé de son point de vue ?

2. Improvisez les situations suivantes :
   a. Ariane Mnouchkine interroge un jeune homme (une jeune femme) qui désire faire du théâtre et qui rêve de faire partie de sa troupe.
   b. Vous voulez devenir acteur (actrice) mais vos parents, qui avaient d'autres ambitions pour vous, essaient de vous en dissuader.
   c. Interrogez un(e) acteur (actrice) de cinéma célèbre qui vient de jouer dans une pièce de théâtre. Demandez-lui ce qu'il (elle) préfère, le théâtre ou le cinéma, et ce qu'il (elle) trouve le plus difficile.

3. Avez-vous déjà joué dans une pièce ? Dans quelle pièce ? Avez-vous eu le trac ? En avez-vous gardé un bon souvenir ? Pourquoi ? Pourquoi pas ?

4. Préférez-vous aller au théâtre ou au cinéma ? Qu'est-ce que le théâtre vous apporte que le cinéma ne vous apporte pas, et vice versa ?

La Vie littéraire à Paris

In France, literature has always occupied a predominant place among the arts. The French are very sensitive to the quality of written expression, which is not confined to "literature" in its narrow sense, but includes private correspondence, political writing, and the press. The same preoccupation with formal excellence applies to oral expression.

This attitude explains why the distinction between literary achievement and prominence in other fields has never been as rigid in France as in the United States. Many French politicians and scientists have been regarded—or have regarded themselves—as writers of some importance. Napoleon tried his hand at literature, with unimpressive results. On the strength of his essays, memoirs, and collected speeches, Charles de Gaulle[c] can rightfully claim a place in the history of modern French literature, and François Mitterrand,[c] who authored several books, was justifiably proud of his abilities as a writer. Conversely, two well-known French novelists, André Malraux and Maurice Druon, have served as Ministers of Culture in the Fifth Republic. The public's interest in literature is reflected in the popularity of television shows like Bernard Pivot's *Bouillon de culture*, where new and established writers introduce their most recent books.

No place in France is heavier with literary associations than Paris. Though perhaps less narrowly concentrated today than it was before World War II, Parisian literary life is still predominantly linked with the Left Bank and specifically with the Fifth, Sixth, and Seventh Arrondissements,[c] where the major publishing firms are located, and where writers, critics, and journalists still meet within a relatively small circuit of cafés and restaurants, the most famous being *La Coupole, Le Café de Flore, Les Deux-Magots*, and *La Closerie des lilas*.

Some seven hundred literary prizes are awarded each year in France. The most celebrated and sought after is the *Prix Goncourt*. First awarded in 1903, it originated in a foundation set up by novelist Edmond de Goncourt. Every year since, the ten members of the *Académie Goncourt*, themselves reputable novelists, meet to make their famous award. In 1904, a competing prize, the *Prix Fémina*, was created, to be awarded by a jury of women. Two other major awards, the *Prix Interallié* and the *Prix Renaudot*—named after Théophraste Renaudot, a seventeenth-century pioneer of French journalism—are purely honorary, but like the others confer prestige on the recipient and guarantee increased sales. Many French writers owe their initial fame to these prizes, but many other writers of equal importance have never had their work recognized in this way. There are other, more explicitly commercial ways of promoting the sale of books. The postwar boom of the paperback market, and the more recent development of book clubs—two innovations borrowed from the United States—are among the most notable.

Despite this long literary tradition, however, reading in France is diminishing, especially among the younger generation. In polls, reading is only at the seventh position in the hierarchy of pastimes. Once a symbol of French literary prestige, novels are still being published in great numbers, but the interest in philosophical and humanistic works is decreasing. People who in the past would devour the works of intellectuals such as Sartre, Foucault, Barthes, and even Lacan are now looking for best-sellers and more accessible works. Today the French may buy more books, but they are buying books that are easier to read and less expensive. The book, which used to be a symbol of the intelligentsia, is increasingly becoming a commodity.

Orientation

Que lisez-vous de préférence ?
— des livres
— des journaux
— des magazines
— des romans policiers
— des romans d'amour
— des livres d'histoire
— des biographies
— des bandes dessinées

La Lecture° à la tronçonneuse°

Contre la fatigue inutile,° les efforts superflus,° le temps perdu° et surtout l'ennui,° cette contrariété° vraiment démodée,° notre époque a donc inventé le télé-achat,° le tour du monde en Concorde,° la traversée° des régions chaudes à bord de° cars° climatisés° aux vitres° teintées,° le Minitel rose,° les régimes° Slim-Fast, le
5 four à micro-ondes,° le dialogue par fax, les surgelés° et la visite des musées sur CD-ROM. Après avoir longtemps résisté à cette course immobile contre la montre,° à cette boulimie° de paresse,° à cette surenchère° de complaisances,° l'édition° vient de se mettre à la fois° au goût du jour° et au service des cossards° qui veulent ajouter° à leur standing un vernis° de culture générale.
10 Partant° du principe établi que la lecture serait une corvée° ajoutée à un luxe sans emploi, les éditions Marabout ont en effet créé la collection *Lecture fléchée.*°
Les grandes œuvres littéraires sont désormais° balisées° de telle manière que le lecteur pressé° peut contourner° les embouteillages° de descriptions, échapper° aux bouchons° de mots rares et de réflexions subsidiaires, emprunter° des dévia-
15 tions afin de parvenir° plus rapidement aux dialogues et au nerf° de l'action. Pour Marabout, un roman,° c'est de la littérature désossée,° dégraissée,° puis découpée° : il ne reste,° après qu'on a jeté° les figures de style, que le synopsis. Avec Lecture fléchée, on consomme sans plaisir, mais on lit utile.°
Démagogique, l'éditeur se charge° de votre mauvaise conscience,° s'il en est° :
20 « Osez° sauter° des passages sans rien perdre de l'œuvre. » Ainsi alpagué,° le

---

la lecture reading / **la tronçonneuse** chain saw / **inutile** needless / **superflu** superfluous / **perdu** wasted / **l'ennui** *m* boredom / **la contrariété** annoyance / **démodé** old-fashioned, out-of-date / **le télé-achat** shopping by TV, armchair shopping / **en Concorde** on the Concorde (the fastest jet in the world, produced by a French/English consortium) / **la traversée** crossing / **à bord de** aboard / **le car** bus / **climatisé** air-conditioned / **la vitre** window / **teinté** tinted / **le Minitel rose** = *erotic chat rooms* / **le régime** diet / **le four à micro-ondes** microwave oven / **les surgelés** frozen food / **la course immobile contre la montre** steadfast race against time / **la boulimie** bulimia / **la paresse** laziness / **la surenchère** escalation (lit. outbidding) / **la complaisance** indulgence, complacency / **l'édition** *f* the publishing industry / **à la fois** at one and the same time / **se mettre au goût du jour** to bring itself in line with current tastes / **se mettre au service des cossards** to place itself in the service of the lazy / **ajouter** to add / **le vernis** veneer / **partir de** to start with / **la corvée** chore / **fléché** arrowed, marked with arrows / **désormais** from now on, henceforth / **balisé** marked out with beacons or signs / **pressé** pressed for time / **contourner** to bypass, to get around / **l'embouteillage** *m* traffic jam / **échapper à** to avoid / **le bouchon** bottleneck / **emprunter** to borrow / **parvenir à** to reach, to get to / **le nerf** nerve / **le roman** novel / **désossé** boned / **dégraissé** trimmed, fat free / **découpé** cut up / **il reste** there remains / **jeter** to throw away / **on lit utile** you read what's useful / **se charger de** to take responsibility for / **la mauvaise conscience** guilty conscience / **s'il en est** if there is one / **oser** to dare / **sauter** to skip / **alpagué** (*argot*) nabbed

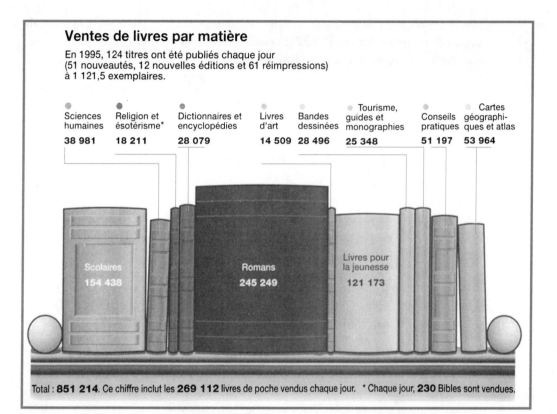

Ventes de livres par matière

En 1995, 124 titres ont été publiés chaque jour
(51 nouveautés, 12 nouvelles éditions et 61 réimpressions)
à 1 121,5 exemplaires.

Sciences humaines	Religion et ésotérisme*	Dictionnaires et encyclopédies	Livres d'art	Bandes dessinées	Tourisme, guides et monographies	Conseils pratiques	Cartes géographiques et atlas
38 981	18 211	28 079	14 509	28 496	25 348	51 197	53 964

Scolaires **154 438**   Romans **245 249**   Livres pour la jeunesse **121 173**

Total : **851 214**. Ce chiffre inclut les **269 112** livres de poche vendus chaque jour.   * Chaque jour, **230** Bibles sont vendues.

chaland° n'a plus qu'°à observer le mode d'emploi° : « Tous les passages à lire sont bordés° d'un filet° et introduits par une flèche.° Elle vous invite à lire jusqu'à ce que vous rencontriez un carré.° Il signifie "Stop ! rendez-vous en fin d'ouvrage° pour lire la suite° résumée". Ce système de renvois° du texte intégral° au résumé° vous per-

25 met de lire à peu près 150 pages de *La Chartreuse de Parme*° sans perdre le fil de l'intrigue.° Essayez ! vous verrez, c'est simple et amusant. »

On se ferait une raison° si la collection Lecture fléchée ne rencontrait,° auprès de° la génération des 15–20 ans, un succès foudroyant.° C'est que le procédé° légitime° la flemme° en donnant l'illusion du travail accompli et en réduisant° la lit-

30 térature — cette magnifique aventure solitaire où il faut savoir se perdre comme

le chaland customer / **n'avoir qu'à** to have only to / **observer le mode d'emploi** to follow instructions / **bordé** bordered / **le filet** line / **la flèche** arrow / **le carré** square / **rendez-vous en fin d'ouvrage** go to the end of the work / **la suite** the summarized continuation / **le renvoi** cross-reference / **intégral** unabridged / **le résumé** summary / ***La Chartreuse de Parme*** = *The Charterhouse of Parma* (a novel by Stendhal, 1839) / **le fil de l'intrigue** the thread of the plot / **se faire une raison** to put up with it / **rencontrer** to meet with / **auprès de** among / **foudroyant** stunning / **le procédé** process / **légitimer** to legitimatize / **la flemme** = *la paresse* / **réduire** to reduce

dans une forêt, où il faut même conseiller au° néophyte de se perdre — à une simple banque de données,° grâce à° quoi les chiffres° ont raison° des lettres. Marabout ne forme pas des lecteurs, mais dresse° des zappeurs.° On applaudit la supercherie.°

Jérôme Garcin, L'Express

Qu'en pensez-vous ?

Etes-vous d'accord ou non avec les déclarations suivantes ? Justifiez votre réponse.

1. Notre époque déteste le temps perdu.
2. L'édition s'est mise au service des paresseux.
3. Les éditions Marabout ont créé des livres particuliers pour les lecteurs pressés.
4. Les lecteurs détestent les descriptions, les mots rares et les réflexions du narrateur.
5. La lecture fléchée donne l'essentiel d'un livre.
6. La complexité d'une œuvre littéraire la rend encombrante.
7. La collection *Lecture fléchée* rencontre un grand succès auprès des parents.
8. La lecture fléchée permet de comprendre la littérature rapidement.

Nouveau Contexte

Complétez de dialogue suivant en choisissant les termes appropriés (employez chaque terme une seule fois). Puis, jouez le dialogue.

Noms : best-sellers *m*, librairie *f*, lecture *f*, livres *m* de poche, nouveautés *f*, ouvrages *m*, romans *m*, titres *m* disponibles

Adjectifs : édités, parus

Monsieur Alexandre Dumas, libraire à Tours, nous parle de son métier.

UNE CLIENTE Libraire, c'est un métier difficile ?

M. DUMAS Oui, parce que tout va très vite maintenant. Les livres de fiction, les _____¹ surtout, ont une vie excessivement courte. Il y a constamment des _____².

CLIENTE Quels sont les livres qui se vendent bien en ce moment dans votre _____³ ?

M. DUMAS Les biographies et les livres d'histoire.

CLIENTE Comment choisissez-vous les nouveaux livres que vous allez vendre ?

M. DUMAS Parmi les livres _____⁴ récemment, j'essaie d'avoir ceux dont les auteurs ont été présentés à la télévision et aussi ceux qui sont dans la liste des _____⁵ de magazines comme *L'Express*.

---

conseiller à to advise / **la banque de données** database / **grâce à** thanks to / **le chiffre** figure / **avoir raison de** to get the better of / **dresser** to train / **le zappeur** channel surfer / **la supercherie** trickery

CLIENTE   Je vois que vous avez beaucoup de _____[6]. Est-ce que c'est un peu votre spécialité ?

M. DUMAS   Oui, parce que je m'adresse surtout à un public de jeunes. Il y a des centaines de _____[7] maintenant. De nombreux _____[8] qui étaient chers ou difficiles à trouver sont maintenant _____[9] en poche et je trouve que c'est formidable.

CLIENTE   Craignez-vous la concurrence de l'Internet ?

M. DUMAS   Non, je pense qu'il est normal que les gens veuillent acheter des livres au meilleur prix possible, mais ceux qui viennent ici recherchent autre chose. Ils veulent des informations, un avis et surtout ils veulent partager avec moi la même passion pour _____[10].

Vocabulaire satellite

le **chef-d'œuvre** masterpiece

l' **écrivain** *m*, la **femme écrivain** writer

le **romancier,** la **romancière** novelist

le **critique littéraire** literary critic

la **critique littéraire** literary criticism

l' **éditeur** *m* publisher

éditer, faire paraître, publier to publish

la **librairie** bookstore

le, la **libraire** bookseller

la **bibliothèque** library

le, la **bibliothécaire** librarian

les **classiques** *m* classics

la **nouveauté** latest thing

décrire to describe

raconter to tell, to relate

Pratique de la langue

1. Aimeriez-vous lire des romans de la collection *Lecture fléchée* ?
2. A votre avis, quels ouvrages pourraient se soumettre facilement à une lecture fléchée ?
3. Comment choisissez-vous les livres que vous lisez ?
   — d'après les comptes rendus que vous avez lus
   — d'après les recommandations d'un ami, d'un libraire
   — d'après une émission de télé
   — par hasard
   — Vous vous laissez tenter lorsque vous entrez dans une librairie.
4. Quels livres emporteriez-vous sur une île déserte ?
5. Les autobiographies sont très à la mode aujourd'hui. Pour quelles raisons, à votre avis, les éditeurs publient-ils de tels ouvrages en si grande quantité ?
6. Improvisez les situations suivantes :
   a. Vous interviewez un auteur de votre choix. Imaginez un dialogue entre vous et cet auteur.

Imaginez-vous, un instant, privé° d'accès à la culture, à l'information, au sport, aux loisirs : que se passerait-il°? Vous n'auriez plus l'impression de vivre, mais celle, désespérante,° de survivre. C'est toute la différence. Si le manque° de culture est moins douloureux° que le manque de nourriture, lui aussi a de graves conséquences. Le sentiment d'exclusion en est une. Il faut donc réagir et surtout agir, très vite. Ce que nous avons déjà fait : nous avons aidé des jeunes à monter° des pièces de théâtre, à construire des lieux de répétition° pour la musique, à mettre en œuvre° leurs projets d'animation de quartier°... Ce qui reste à faire : tout ou presque. Et si vous avez envie de faire quelque chose, c'est le moment de passer aux actes.° Nous en avons besoin. Parce qu'il y a des milliers° de livres à trouver et à distribuer, parce qu'il y a des milliers de places de cinéma à offrir. Quelqu'un a dit que les hommes pouvaient se passer de° pain pendant un jour, pas de poésie. Agissons pour que tous les hommes aient les deux, tous les jours.

AGIR POUR REAGIR.

SECOURS° POPULAIRE FRANÇAIS

privé deprived / **se passer** to happen / **désespérant** appalling / **le manque** lack / **douloureux** painful / **monter** to stage / **le lieu de répétition** practice area / **mettre en œuvre** to put on / **l'animation** ƒ **du quartier** neighborhood life / **passer aux actes** to go into action / **des milliers** m thousands / **se passer de** to do without / **le secours** aid, help

b. Imaginez que vous venez de publier votre premier roman. Vous répondez aux questions du reporter du journal de votre université.

7. Analysez l'annonce ci-dessus pour l'association caritative *(charity organization)*, Le Secours populaire français. Quel est son but ? Quelles peuvent être les conséquences d'un « manque de culture » ?

Sujets de discussion ou de composition

1. Faites la critique de la pièce de théâtre ou de la comédie musicale la plus populaire de la saison pour le journal de votre université.

2. Quel est le meilleur livre que vous ayez lu ? Pourquoi vous a-t-il particulièrement marqué(e) ?

3. Que pensez-vous de cette citation de Marguerite Yourcenar dans *Les Yeux Ouverts* : « Les écrivains véritables sont nécessaires : ils expriment ce que d'autres ressentent *(feel)* sans pouvoir lui donner forme et c'est pourquoi toutes les tyrannies les bâillonnent *(gag them)* ».

4. Comment voyez-vous l'avenir du texte écrit dans un siècle ? D'après vous, existera-t-il toujours des livres ou seront-ils supplantés par l'audio-visuel et l'Internet ?

11

Chanson et Cinéma

La Parole chantée

En France, tout finit par des chansons...

In the last ten to twenty years, more and more people have been listening to music, in all forms. Popular songs have by far the greatest appeal, followed by classical music, rock, jazz, and opera. From its medieval origins to the present, the *chanson* has mirrored French society, reflecting both its history and the diversity of its local traditions.

In recent years, for instance, the revival of regionalism[c] has brought forth a new generation of popular singers whose works often express the cultural pride they take in speaking for ethnic minorities. These singers use words from the regional dialect and often sing with a local accent. Among many others, Alan Stivell of Britanny and Julos Beaucarne from Wallonie have achieved national success. But the largest contingent of singers with a distinctive regional flavor comes from Quebec: artists such as Félix Leclerc, Gilles Vigneault, and Robert Charlebois are not only popular performers but also poets in their own right. The influence of the relatively new population of immigrant workers is being felt on the cultural scene as well. Another singer from Quebec, Celine Dion, has achieved international celebrity. A growing number of interesting singers, like Karim Kacel, Khafed, and Rachid Bahri, successfully mix their North African and West Indian heritage with French traditions to appeal to the *beur* generation (second-generation Arabs born in France) and to a wider audience as well. Rap music has been implanted in France and singers like Tonton David express forcefully the problems of the young *Beurs* and young blacks who live in disadvantaged suburbs and experience unemployment and scholastic setbacks.

Regionalism aside, pacifism and the environment have been recurrent, if marginal, themes in modern French *chansons*. Songs and politics have long been associated in France, and some of the songs have been heard round the world. How many insurrections have been launched to the strains of *La Marseillaise*[c]? Another revolutionary classic, the *Internationale*, was composed in 1888 on a small harmonium by an obscure woodworker, Pierre Degeyter. In 1943 the novelist Maurice Druon wrote *Le Chant des partisans*, which became the song of the French Resistance as it was aired over *Radio France Libre*, a network created for those in France who refused to acknowledge defeat and occupation by the Germans. Closer to us, this tradition of political involvement was carried on by singers such as Yves Montand, Léo Ferré, Colette Magny and especially Jean Ferrat, who typifies the *chanteur engagé*, the singer whose songs express personal views on the political and social issues of the time.

The use of popular music as a vehicle for poetry is another major tradition that can be traced back to the medieval troubadours. It was revived with great success in the 1930s by Charles Trenet, who was able to translate into song the expectations and

enthusiasm of young people during the period of the *Front populaire*, the leftist coalition that governed France from 1936 to 1938.

In the post-war years Edith Piaf was at the peak of her career. This frail and wistful woman, always clad in black, captivated large audiences with her deep, emotional voice and the universe she created on stage. Hers was a world of sad cafés, chance encounters, and passing love. But it was during the 1950s and 1960s that true *chanteurs-poètes* appeared. Poems of Villon, Hugo, Verlaine, Apollinaire, Prévert, Queneau, Aragon, and others, were put to music and became commercial successes. Juliette Gréco—who started her career by singing Jean-Paul Sartre's song, *La Rue des blancs-manteaux*—Léo Ferré, and Boris Vian were all artists linked to the intellectual milieu of *Saint-Germain-des-Prés*, the Left Bank district frequented by the avant-garde of the 1950s. This poetic tradition was passed on to Georges Brassens, who won in 1967 the *Grand Prix de poésie*, then to Jacques Brel, Guy Béart, Barbara, Charles Aznavour, and others. Their songs have an enduring appeal and are considered true works of art.

Nowadays, in spite of the enormous influence of British and American rock and folk music, French popular songs live on with a new wave of performers and composers of remarkable verve. Maxime Le Forestier, Alain Souchon, Michel Sardou, Claude Nougaro, to name a few, and more recently Catherine Ribeiro, Bernard Lavilliers, Jean-Jacques Goldman, Patricia Kaas, the street-wise Renaud, and the rapper

M.C. Solaar have rejuvenated the French *chanson* with a language and rhythm of their own.

Orientation

Quel est le rôle de la musique dans votre vie ? Mettez-vous en groupe et posez-vous les questions suivantes :

1. Quel type de musique préférez-vous écouter (la musique classique, le jazz, le rock, les chansons populaires, le rap etc.) ?
2. Où écoutez-vous de la musique en général ?
3. Avez-vous un baladeur (*walkman*) ? Quand l'utilisez-vous ?
4. A quel moment de la journée écoutez-vous de la musique ?
5. Quand vous écoutez des chansons, faites-vous plus attention à la mélodie qu'au texte ou est-ce le contraire ?
6. Pouvez-vous faire vos devoirs et écouter de la musique en même temps ?
7. Quel est votre chanteur (chanteuse) ou votre groupe préféré ? Dites brièvement pourquoi.

Jacques Brel était le fils d'un industriel belge. Il aurait pu mener une vie confortable et facile ; au lieu de cela, il s'est révolté contre son milieu bourgeois et a choisi la route difficile de la chanson. En 1953, il quitte son « plat pays° » et arrive à Paris où il essaie de se faire une place dans le monde artistique parisien. C'est très dur mais le succès arrivera en 1958 quand il passera à l'Olympia, la salle de spectacles où chantent les grandes vedettes.° Devenu lui-même une grande vedette et un remarquable auteur-compositeur, il donnera de très nombreux spectacles en France et à l'étranger° jusqu'à sa mort prématurée en 1978.

Dans ses chansons, il utilise une langue simple et forte et un humour mordant° pour combattre ce qu'il déteste comme dans « Les Bourgeois » et « Les Flamandes »¹ mais il sait aussi être tendre, vulnérable et pathétique° comme dans « Madeleine », « Ne me quitte pas », « Le moribond » et « Les vieux ».

Le journaliste et écrivain Olivier Todd dans ce court extrait de son livre, Jacques Brel, une vie, *nous parle du chanteur en s'appuyant sur° les témoignages° de ceux qui l'ont connu.*

le plat pays flat country (*titre d'une chanson de Jacques Brel sur la Belgique*) / **la vedette** star / **à l'étranger** abroad / **mordant** biting / **pathétique** moving / **en s'appuyant sur** relying on / **le témoignage** testimony

¹La Belgique est divisée en deux communautés : les Wallons qui parlent français et les Flamands qui parlent flamand (*Flemish*).

Jacques Brel, l'homme et ses chansons

Brel chanteur, c'est d'abord un prodigieux interprète,° ensuite un parolier,° et ce mot n'est pas péjoratif. Enfin, un musicien autodidacte° aux sensibilités° multiples.

On ne peut pas comprendre la formidable présence de Jacques Brel et son succès, si on ne l'a pas vu en scène... Aucun interprète ne lutte° en scène° comme Brel,
5   sinon Edith Piaf. Sa voix mal placée° (au début de sa carrière) acquiert ampleur°
et puissance et devient chaude et convaincante. Il l'a travaillée seul, au fil des
tournées,° refusant de prendre des leçons... Avant d'entrer en scène, même s'il
plaisante° avec les musiciens, même si la salle est pleine et la critique acquise°...
Jacques a peur. Chaque soir il livre un combat°... Il échauffe° son corps en coulisse°
10   comme un danseur. Avant de franchir° les quelques mètres qui le séparent de son
public, il gesticule et saute sur place.° A un moment que lui seul connaît, il inspire°
une dernière fois et surgit en courant°... Au contraire de Brassens, il utilise tout son
corps. Il exprime sa fougue° et sa passion de la vie... Avec Brel, on croit assister à°
une re-création quotidienne° tant° son travail en scène paraît spontané... Les gens
15   du métier° disent : « Quel professionnalisme ! » Les spectateurs répondent : « Quelle
sincérité ! »

Au sommet de sa carrière, Brel ne cesse de dire que l'important pour lui c'est
d'écrire, pas de chanter. Il déclare à ses amis : « Si j'avais le temps ou la capacité
d'écrire un roman, je pourrais être plus nuancé.° En quatre minutes (le temps d'une
20   chanson), on n'a pas le temps d'être nuancé. Si on veut que les gens retiennent une
idée, il faut frapper fort. »[1]

Brel met en scène ses textes... Il fait vivre des personnages comme Jef, Marieke,
le grand Jacques, Madeleine... Sa chanson-théâtre s'adresse à tous les gens qui ont
vécu ou voudraient vivre une expérience intense...
25   Les thèmes de Brel sont l'amour — divin ou humain — la mort, l'amitié, l'anti-
militarisme, la dénonciation du conformisme, des hypocrisies, de la médiocrité...

---

l'interprète *m* performer / **le parolier** writer of lyrics / **autodidacte** self-taught /
les sensibilités *f* sensitivities / **lutter** to struggle / **en scène** on stage / **mal placé**
limited in range / **l'ampleur** *f* volume / **au fil des tournées** while on the road /
plaisanter to joke / **la critique acquise** the reviewers won over / **livrer un combat** to
wage a battle / **échauffer** to warm up / **en coulisse** in the wings / **franchir** to cover
(lit. to cross) / **sauter sur place** to run in place / **inspirer** to breathe in / **surgit en**
courant dashes forth / **la fougue** = *l'enthousiasme* / **assister à** = *être présent à* /
quotidien = *de chaque jour* / **tant** = *tellement* / **du métier** = *de la même profes-*
sion / **nuancé** = *subtil*

[1]Jacques Brel, *Poésie et chansons*

Jacques Brel

Comme malgré lui, l'homme Brel s'ancre° dans son époque. Plus joyeux qu'heureux, convaincu de l'absurdité de la vie, il ne cessa de vouloir lui donner un sens.° Là, Jacques Brel est homme du XXe siècle.

Olivier Todd, *Jacques Brel, une vie*

Qu'en pensez-vous ?

Etes-vous d'accord ou non avec les déclarations suivantes ? Justifiez votre réponse.

1. Jacques Brel n'a pas écrit lui-même les paroles de ses chansons.
2. En scène, il avait une présence formidable.
3. Il a beaucoup travaillé sa voix en prenant des leçons de chant.
4. Avant d'entrer en scène, il était très à l'aise.
5. Quand il chantait, il utilisait tout son corps.
6. Pour lui, chanter était ce qu'il y avait de plus important.
7. Il pensait qu'il était difficile de dire des choses très nuancées dans la période très courte d'une chanson.

s'ancrer to be anchored / **le sens** meaning

8. Ses chansons font vivre des personnages et sont comme de petites pièces de théâtre.

9. Jacques Brel était pessimiste et pensait que la vie n'avait pas de sens.

Nouveau Contexte

Complétez le dialogue suivant en choisissant les termes appropriés (employez chaque terme une seule fois). Puis, jouez le dialogue.

Noms : auteurs-compositeurs *m*, chanteurs-poètes *m*, orchestration *f*, paroles *f*, parolier *m*, sensibilité *f*, vedettes *f*

Verbe : divertir

Adjectif : engagées

Le chanteur n'est pas responsable du succès de telle ou telle chanson. Il y a souvent, au départ, des hommes comme Pierre D.

JOURNALISTE Pierre D., vous écrivez des chansons depuis longtemps, n'est-ce pas ?

PIERRE D. Oui, je suis _____¹ depuis vingt-cinq ans. J'écris des textes pour les nombreux chanteurs qui ne sont pas _____². J'ai écrit environ 1 500 chansons. Bien sûr, toutes ne sont pas devenues de grands succès mais à peu près 200 font partie du répertoire des grandes _____³ de la chanson.

JOURNALISTE Avez-vous un style particulier que l'on peut reconnaître ?

PIERRE D. Oui, je le pense. J'ai une préférence pour les chansons _____⁴. La chanson doit _____⁵, bien sûr, mais elle doit aussi exprimer la _____⁶ d'une époque, ses préoccupations, ses désirs.

JOURNALISTE Les chansons que l'on entend à l'heure actuelle à la radio ne ressemblent plus à celles de Brassens ou de Brel, par exemple ?

PIERRE D. Oui, c'est vrai. L' _____⁷ est devenue extrêmement importante et puissante et il est quelquefois difficile de comprendre les _____⁸, mais je crois que le public apprécie toujours les _____⁹.

MC Solaar (pseudonyme de Claude M'Barali) est né à Dakar en 1969 de parents tchadiens. En 1970, sa famille s'installe en région parisienne et en 1988 il devient étudiant en langues à Jussieu (Université Paris 6). Son premier album, Qui sème *(sows)* le vent récolte *(reaps)* le tempo, *un jeu de mots sur le proverbe « Qui sème le vent récolte la tempête », paraît en 1991, et 600 000 exemplaires (copies) en sont vendus. En 1994 son deuxième album,* Prose combat, *se vend à un million d'exemplaires. Son troisième album,* Paradisiaque, *où se côtoient* (rub shoulders) *RMIstes* (welfare recipients) *et gangsters modernes, est paru en 1997. Représentant de la culture de la rue ainsi que poète moderne, MC Solaar joue avec les mots, les assonances et les rimes étranges pour créer une nouvelle chanson française, certes* (admittedly) *difficile à appréhender mais que les jeunes s'arrachent* (fight over).

MC Solaar : « Le rap a une conscience »

L'EXPRESS Quel a été le déclencheur° de *Paradisiaque* ?

MC SOLAAR Une petite métisse° en larmes° sur un tableau° entrevu° en 1992 au Burkina-Faso. Plus tard, j'ai découvert chez un photographe, à Dakar, que ce tableau formait le centre d'un triptyque — trois gavroches° :
5 un Blanc, une métisse et un Noir — symbolisant la misère du monde. Je dois le second déclic° à une phrase lue quelque part° : « Les gens simples meurent aussi. »

L'EXPRESS Car l'album célèbre essentiellement les oubliés, les petites gens, les exclus.

10 MC SOLAAR Les textes dressent° le portrait-robot d'un RMIste° aux prises° avec les huissiers,° le chômage,° la débrouille,° cette petite entreprise.° Mettent en scène° un héros des temps de crise cerné° par les infos répétitives des journaux : délits d'initié,° attentats,° corruption. Par les stars du PAF (paysage° audiovisuel français), utilisées dans mes chan-
15 sons comme des virgules,° des ornementations, des adjectifs.

L'EXPRESS Vous assénez° dans *Dakota* : « Bouffons° les bouffons° que les bas-fonds° les baffent° à Toulon ».

MC SOLAAR J'avais abordé° l'extrême droite dans *La Concubine de l'hémoglobine* (1994). Ici, l'attaque est plus frontale, car la menace est réelle. Mais je
20 refuse d'ériger° un disque en manifeste° de mes petites pensées. Elles m'ont forgé° tel que° je suis. J'ai retenu les leçons de la vie inculquées° par ma mère, par mes lectures, par ma famille. Et je lance° juste des

le déclencheur trigger / **la petite métisse** a little girl of mixed race / **en larmes** in tears / **le tableau** painting / **entrevu** glimpsed / **le gavroche** a street kid / **le déclic** trigger / **quelque part** somewhere / **dresser** to draw / **un RMIste** = *qui reçoit le revenu minimum d'insertion* (a form of welfare) / **aux prises avec** grappling with / **l'huissier** *m* bailiff / **le chômage** unemployment / **la débrouille** resourcefulness / **l'entreprise** *f* business / **[les textes] mettent en scène** [the texts] feature / **cerné** surrounded / **le délit d'initié** offense committed by speculators / **l'attentat** *m* assassination attempt / **le paysage** landscape / **la virgule** comma / **asséner** to thrust forward / **bouffer** (*argot*) = *manger* / **le bouffon** buffoon (*allusion au Front national*[c] *qui a gagné les élections municipales à Toulon [ville du sud de la France])* / **les bas-fonds** *m* slummiest parts of town / **baffer** (*argot*) = *donner une baffe* (a slap) / **aborder** to tackle / **ériger** to erect / **en manifeste** as a manifesto / **forger** to form / **tel que** such as / **inculqué** instilled / **lancer** to launch

MC Solaar

		ondes° que j'estime° positives. Je mets en lumière° des excès. Pour
		moi, le rap n'a jamais été un acte de rébellion. Plutôt° un constat°
25		social, la vision d'un individu, un caractère artistique, un regard° aigu.°
		Si mon album restitue° 10 % de vécu,° ça me va.°
	L'EXPRESS	Croyez-vous que vos pensées peuvent avoir de l'influence ?
	MC SOLAAR	Un tout petit peu.° Mes stages° avec des enfants m'ont remis° dans
		le concret, dans la réalité, dans le sourire aussi. Je n'ai plus le droit de
30		les pousser° à l'erreur avec de belles phrases flashs qui pourraient leur
		servir de mode° de vie. J'ai appris à ne pas utiliser le mot pour le mot,
		mais pour le sens.° A épurer,° à aérer.° L'exercice rap vous entraîne°
		trop vite dans le style où seul le phrasé° prime.°
	L'EXPRESS	Le rap reste-t-il toujours la voix des banlieues° ?
35	MC SOLAAR	Je crois qu'il ne l'a jamais été. Le rap est la voix de tous ceux qui ont
		fréquenté,° dans les années 80, ce « mouvement » aéroporté.° Et qui se

l'onde *f* wave / **estimer** to consider / **mettre en lumière** = *exposer* / **plutôt** rather / **le constat** statement / **le regard** look / **aigu** critical, keen / **restituer** to reproduce, to recreate / **le vécu** real life / **ça me va** it's OK with me / **un tout petit peu** a very little bit / **le stage** internship / **remettre** to put back, bring back / **pousser** to push, shove / **le mode** way / **le sens** meaning / **épurer** to purify, to refine / **aérer** to air / **entraîner** to take, to lead / **le phrasé** phrasing / **primer** to dominate, to be prime / **la banlieue** suburbs / **fréquenter** to take in / **le mouvement aéroporté** = *mouvement qui vient de l'étranger*

retrouvent° aujourd'hui dans la mode,° l'industrie du disque,° la photo ou la chanson de variétés.°

L'EXPRESS   Quelle est la différence entre le rap français et le rap américain ?

40   MC SOLAAR   Le rap américain est ethnique, communautaire,° basé sur le rejet.° Il utilise le scandale pour des raisons commerciales. C'est le rap-dollars. En France, il garde° une conscience, il est ancré° dans la réalité, construit, humaniste.

Gilles Médioni, *L'Express*

Qu'en pensez-vous ?

Etes-vous d'accord ou non avec les déclarations suivantes ? Justifiez votre réponse.

1. MC Solaar a été inspiré par une petite métisse pour la composition de son album *Paradisiaque*.
2. MC Solaar célèbre les gens des rues.
3. MS Solaar joue avec les allitérations.
4. Les disques de MC Solaar sont un engagement politique, un manifeste de ses pensées.
5. Selon MC Solaar, le rap est un acte de rébellion.
6. MC Solaar est conscient de son influence sur les jeunes.
7. En France, le rap est la voix des banlieues.
8. Le rap américain est basé sur le rejet.
9. Le rap français est humaniste.
10. Le rap évolue d'année en année.

Nouveau Contexte

Complétez le dialogue suivant en choisissant les termes appropriés (employez chaque terme une seule fois). Puis, jouez le dialogue.

Noms :   assonances *f*, banlieues *f*, concert *m*, disques *m*, hit-parade *m*, malaise *m*, poète *m*, rappeur *m*

Verbe :   composer

Adjectif :   grossiers

Dialogue entre deux jeunes sur le rap

PAT   Veux-tu venir avec moi au _____¹ de MC Solaar ce week-end ?

CHARLES   Certainement pas ! Je déteste ces chanteurs _____² qui profitent du _____³ des _____⁴ et qui incitent à la violence sociale et raciale.

se retrouver to find oneself / **la mode** fashion / **le disque** record / **la chanson de variétés** popular music / **communautaire** aimed at certain communities / **le rejet** rejection / **garder** to retain, to keep / **ancré** anchored

PAT   Mais tu n'y connais rien, mon pauvre Charles. MC Solaar n'est pas NTM, ce groupe condamné à trois mois de prison pour provocation au meurtre contre la police. MC Solaar est un _____*5* dans la tradition de Queneau. Il joue avec les mots et les _____*6*.

CHARLES   Tu ne vas pas me faire croire qu'un _____*7* soit capable de _____*8* des chansons harmonieuses et poétiques.

PAT   Mais si. Pourquoi crois-tu qu'il ait vendu plus d'un million de _____*9* ? Il est en tête du _____*10* parce qu'il représente une culture jeune.

Vocabulaire satellite

les **paroles** *f* words, lyrics
le **parolier** lyricist
l' **air** *m*, la **mélodie** tune, melody
  fredonner un air de musique to hum a tune
le **compositeur**, la **compositrice** composer
le **chanteur**, la **chanteuse** singer
le **thème** theme
le **répertoire** repertory
s' **inspirer de** to draw inspiration from
  chanter en chœur to sing in chorus
l' **interprète** *m, f* interpreter
le **tube** (*fam*) hit record
le **bide** (*fam*) flop
le **palmarès (de la chanson)** hit parade
la **voix** voice

s' **accompagner à la guitare** to accompany oneself on the guitar
l' **auditeur** *m*, l' **auditrice** *f* listener
le **disque** record
l' **enregistrement** *m* recording
le **disque compact** CD
  enregistrer to record
l' **électrophone** *m* record player
le **lecteur de disque compact** CD player
le **magnétophone** tape recorder
le **magnétoscope** video-cassette recorder
le **son** sound
  diffuser (une chanson) to broadcast (a song)
la **chaîne stéréo** stereo system
le **baladeur** walkman

Pratique de la langue

1. Imaginez que vous travaillez à la station de radio de votre université. Présentez Jacques Brel et une de ses chansons aux auditeurs.
2. Improvisez les situations suivantes :
   a. Vous faites très attention aux textes des chansons et vous pensez que les paroles sont plus importantes que la mélodie. Vous discutez avec un(e) ami(e) qui pense qu'au contraire la musique est plus importante que le texte.

    b. Votre jeune frère a formé un petit orchestre de rock avec des copains et ils jouent tous les soirs dans le sous-sol (*basement*) de votre maison. Vous ne pouvez plus travailler à cause du bruit. Mettez en scène la discussion que vous allez avoir avec votre frère et ses copains.

3. Existe-t-il des chanteurs-poètes américains ? Les aimez-vous ? Pourquoi ou pourquoi pas ?

4. Si vous deviez animer une station de radio locale, quelles chansons choisiriez-vous de diffuser ? Pourquoi ? Quel serait le style de votre émission ?

5. MC Solaar dit : « Le rap américain est ethnique, communautaire, basé sur le rejet. Il utilise le scandale pour des raisons commerciales. C'est le rap dollars. » Que pensez-vous de cette opinion ? Etes-vous d'accord ou non ?

6. Le rap incite quelquefois à la violence contre les structures du pouvoir. A votre avis, faut-il censurer les chansons trop violentes ?

7. A l'heure actuelle, beaucoup de chansons sont sexuellement explicites ou ordurières (*lewd*). A votre avis, faut-il établir un code (*rating*) pour tous les nouveaux albums vendus et interdire leur vente aux mineurs ?

Le Cinéma d'auteur

Cinema has always been considered an art in France, on a par with theater, painting, and music. It is known as the seventh art. In magazines and newspapers, film critics judge and analyze films just as seriously and in as much detail as literary critics analyze books. Just as literature devotees boast of a literary culture, a good number of cinema enthusiasts possess a genuine cinematographic culture, that is, an in-depth knowledge of the great film classics and of the various directors and their styles. These movie buffs are found primarily in the great metropolitan centers, particularly in Paris, which is one of the cities with the greatest number of movie houses in the world.

Despite this national interest for the cinema, the French film industry is not well. The French are seeing more and more films, but they are not going to the movie theaters; they are watching them on their television screens. Moreover, young people, who make up the majority of the movie-going public, are drawn more to American films, which feature action and special effects, than to French films, which are often less dynamic, more internal, more literary. In fact, in France, literature and filmmaking have long been related forms of creative expression. The writer and film director Jean Cocteau once commented that: "For the public, films are just a pastime, a form of entertainment which they have been accustomed, alas, to view out of the corners of their eyes. Whereas for me the image-making machine has been a means of saying certain things in visual terms instead of saying them with ink on paper." Cocteau has not been the only writer attracted by the cinema: André Malraux, Marcel Pagnol, Marguerite Duras, Alain Robbe-Grillet, and many others have involved themselves in cinematic creation. Conversely, avant-garde director Jean-Luc Godard, while exclusively a filmmaker, insists that his movies should be viewed as novels, or rather as essays that he chooses to film rather than write.

The French filmmaker's claim to be an author and not just a director is reflected in the expression *cinéma d'auteur*, used to designate films strongly stamped by their creator's aesthetic and philosophical views (or, disparagingly, by his or her ego). Movie stars and their fans are also part of the system, but in France the filmmaker's name and style are a major box-office consideration; by and large, French movie-goers are more inclined than their American counterparts to select (and remember) a film by the name of the director rather than by the names of the stars. The average Frenchman today is quite familiar with the work of major filmmakers such as François Truffaut, Louis Malle, Robert Bresson, Claude Chabrol, Eric Rohmer, Maurice Pialat, Bertrand Blier, Claire Denis, and Bernard Tavernier.

Most of the important contemporary filmmakers were influenced by the experimental group known as *La Nouvelle Vague*, The New Wave (1958–1968). Though it never emerged as a coherent school, the New Wave contributed fresh approaches and innovative techniques. Documentaries and shorts played an important part in the crystallization of this style. Most directors of the postwar generation began their careers through this type of work and derived from it a sense of film structure different from that of commercial filmmakers. Using hand-held cameras, shooting most of the footage on location, shunning the traditional "arty" style of cutting and editing in favor of a crisp succession of short, self-contained scenes, these young directors achieved a more versatile, more candidly realistic narrative style that can be traced through most of their production, from Godard's social documentaries to the highly intellectualized works of Eric Rohmer or Jacques Rivette.

The French filmmaker best-known to American moviegoers undoubtedly is François Truffaut (1932–1984), whose works regularly met with commercial as well as critical success. After riding the crest of the New Wave with *Les 400 Coups*, *Tirez sur le pianiste* and *Jules et Jim*, Truffaut gradually altered his style to incorporate many traditional techniques of commercial filmmaking as seen in his last films, *Adèle H.*, *Le Dernier Métro*, *La Femme d'à côté* and *Vivement Dimanche !*

In his first movie, *Les Mistons* (The Mischief Makers), in 1957, he employed the services of children and in so doing realized that he would like to make a film about childhood. This came about in 1959 with *Les 400 Coups* and in 1976 with *L'Argent de poche*, a collage of sketches on the difficult transition from childhood to adolescence.

Orientation

Aimez-vous aller au cinéma ? Quels films aimez-vous voir ? Mettez-vous en groupe de deux ou plus et faites le sondage suivant dans votre classe.

1. Combien de films avez-vous vus dans les trois derniers mois ?
2. Les avez-vous vus dans des salles de cinéma ou à la télévision ?

3. Préférez-vous voir un film au cinéma ou chez vous sur votre écran de télévision ?
4. Quel genre de films aimez-vous ?
    — les films policiers
    — les films d'aventure
    — les films comiques
    — les films de science-fiction
    — les films à thèse *(with a message)*
    — les comédies musicales
    — les vieux films
    — les dessins animés
    — les films épouvantes
    — autres
5. Est-ce que vous voyez souvent des films étrangers ? Si oui, préférez-vous les voir en version originale avec des sous-titres *(subtitles)* ou doublés *(dubbed)* ?
6. Comment choisissez-vous les films que vous allez voir ?
    — à cause du metteur en scène
    — parce que vous aimez beaucoup les acteurs, les actrices qui jouent dans ce film
    — parce que vous avez lu de bonnes critiques
    — parce que des ami(e)s vous ont conseillé d'aller voir ce film
    — parce que vous avez été attiré(e) par la publicité faite sur ce film
    — parce que c'est un film dont tout le monde parle
    — autres raisons

Entretien avec François Truffaut

Philippe Goldman a été acteur dans le film de François Truffaut *L'Argent de poche*. Il jouait le rôle du petit Julien Leclou, l'enfant martyr,° battu par sa mère. Lors du° tournage° du film en 1976, il a réalisé° pour lui-même un entretien° avec le metteur en scène° sur le cinéma. A la mort de Truffaut en 1984, cet entretien a été publié
5 dans la revue *Les Cahiers du cinéma*.[1]

> QUESTION   Quand, comment et pourquoi es-tu devenu cinéaste° ?
>
> F. TRUFFAUT   Ça s'est fait° en plusieurs fois. D'abord j'étais amateur° de cinéma ; j'aimais voir beaucoup de films. La deuxième étape° ç'a été d'aimer voir souvent les mêmes films. La troisième étape, de chercher à
> 10   savoir ce qu'il y a derrière le film ; il y a un moment à partir duquel je notais° le nom du metteur en scène en sortant d'un film qui m'avait

l'enfant martyr *m* battered child / **lors de** at the time of / **le tournage** shooting / **réaliser** to conduct / **l'entretien** *m* = *l'interview* *f* / **le metteur en scène** director / **le cinéaste** filmmaker / **ça s'est fait** it was done / **l'amateur** *m* fan / **l'étape** *f* step / **il y a... notais** there came a time when I took note of

[1] En 1954, Truffaut a écrit dans cette revue un article très controversé intitulé : « Une certaine tendance du cinéma français » .

François Truffaut

plu,° je faisais des dossiers chez moi. Ensuite j'ai commencé à écrire
sur les films, à publier les articles ici et là ; puis, après mon service
militaire, je suis devenu critique de cinéma dans les *Cahiers du
cinéma* et *Arts et spectacles.*°

15   Dans un hebdomadaire,° il faut raconter le film qu'on a vu, il ne
suffit pas° de dire « c'est très beau » ou « c'est très moche »,° il faut
raconter l'histoire, et c'est très difficile de résumer° le scénario° en
dix lignes ; ensuite, il faut vraiment trouver les arguments pour et
contre. A cette période-là, j'ai l'impression que j'ai bien appris le...

20   comment dirais-je ? tout ce qui concerne la construction du scénario.
Pour la mise en scène° c'était un peu plus difficile, mais en voyant
plusieurs fois un film, comme on en connaît déjà l'histoire, on peut
regarder le travail de la mise en scène. Ensuite j'ai fait un ou deux

25   films en muet° en 16mm,° mais qui racontaient quand même° une
petite histoire. Parce que je n'ai jamais aimé les documentaires, j'ai

plu = *participe passé de* plaire / ***les Cahiers du cinéma*** et ***Arts et spectacles*** well-known film magazines / **l'hebdomadaire** *m* weekly newspaper or magazine / **il ne suffit pas** = *ce n'est pas assez* / **moche** (*fam*) = *mauvais* / **résumer** to summarize / **le scénario** script / **la mise en scène** direction / **le film (en) muet** silent film / **16mm** = *16 millimètres* / **quand même** nevertheless

toujours aimé raconter une histoire. J'ai fait, après, un court métrage°
en 35mm, c'est-à-dire le format professionnel. Ce film, c'était *Les Mistons*. Il a eu pas mal de succès pour un court métrage et a reçu une
30   prime° de 5 millions du Centre du Cinéma.

QUESTION   Tu as voulu travailler très tôt dans le cinéma ?

F. TRUFFAUT A partir de 11–12 ans quand je suis allé voir des films français pendant la guerre,° mais je n'osais pas penser que je serais metteur en
             scène. A l'époque il y avait très peu de metteurs en scène jeunes.
35   Je pensais que je serais probablement critique de cinéma ou alors, si
             je pouvais faire plus, je serais scénariste,° surtout que j'écrirais des
             histoires, que j'aiderais d'autres à faire leurs films — et puis à partir
             de la Nouvelle Vague, finalement, on s'est tous mis à° faire des films.

QUESTION   Comment prépares-tu tes scénarios ? Est-ce que tu y penses long-
40   temps avant ?

F. TRUFFAUT J'y pense longtemps avant. Il y a d'abord la première idée : ce serait
             bien de faire un film comme ça, avec tel personnage° ou dans telle
             ambiance. J'y pense de plus en plus et il y a un moment où j'y pense
             de façon assez active pour prendre des notes que je mets dans un
45   dossier avec un titre provisoire.° Et un jour, j'ouvre le dossier avec
             Suzanne Schiffman[1] et on commence à construire une intrigue.°
             Je suis sûr de faire un film quand je suis sûr du dernier quart d'heure.
             J'ai toujours très peur des fins.

QUESTION   En général, il te faut beaucoup de temps pour trouver la fin d'un film ?
50 F. TRUFFAUT Quelquefois ça va très vite, quelquefois ça prend beaucoup de temps.
             Et puis il y a certains sujets qui me font peur parce qu'ils sont nouveaux pour moi, ou difficiles, alors je les garde facilement quatre ans,
             comme *L'Enfant sauvage*.°

QUESTION   Comment choisis-tu tes acteurs ?
55 F. TRUFFAUT C'est quand on projette° les essais,° on dit « Tiens, lui, il serait pas
             mal pour Julien », ça se précise° peu à peu. C'est à la projection°
             qu'on fait le choix. Pendant qu'on tourne° l'essai, quelqu'un peut
             paraître très mauvais et après, sur l'écran,° on dit : « Ah, mais celui-là
             est mieux ». C'est drôle, on a besoin de vérifier sur l'écran. On con-
60   naît mieux un acteur pendant qu'on fait le montage° parce que le
             tournage se passe trop vite.

---

le court métrage short subject / **la prime** = *le prix* / **la guerre** = *la Deuxième
Guerre mondiale* / **le scénariste** = *la personne qui écrit le scénario* / **se mettre à** =
commencer à / **le personnage** character / **provisoire** = *temporaire* / **l'intrigue** *f*
plot / **L'Enfant sauvage** = *titre d'un film de Truffaut* / **projeter** to screen / **l'essai**
m rushes (in films, a first print) / **ça se précise** = *les choses deviennent plus précises* /
la projection screening / **tourner** to shoot / **l'écran** *m* screen / **le montage** editing

[1] Assistante de Truffaut et aussi maintenant metteur en scène

QUESTION	Changes-tu souvent de scénario en cours de tournage ?
F. TRUFFAUT	Beaucoup oui, beaucoup. Surtout *L'Argent de poche. Adèle H.*[1] n'a pas changé parce qu'on a mis quatre ans à écrire le scénario et il était très serré,° très rigoureux. Mais dans *L'Argent de poche*, tu as vu que les dialogues étaient improvisés, donc il y a eu beaucoup de changements.
QUESTION	Quels sont tes cinéastes préférés ?
F. TRUFFAUT	... J'aime les cinéastes qui font des films presque comme des romans, c'est-à-dire qui font eux-mêmes l'histoire, dont les films se ressemblent mais ne sont pas des films de commande.°

(lines 65, 70 in margin)

Interview recueillie par Philippe Goldmann, *Les Cahiers du cinéma*

Qu'en pensez-vous ?

Etes-vous d'accord ou non avec les déclarations suivantes ? Justifiez votre réponse.

1. François Truffaut est devenu cinéaste par hasard.
2. Il a été critique de cinéma dans les *Cahiers du cinéma*.
3. C'est en faisant ce travail de critique qu'il a appris tout ce qui concerne la construction d'un scénario.
4. Il a commencé par faire des documentaires.
5. Ce qui l'intéressait avant tout, c'était de raconter une histoire.
6. Son premier court métrage a été primé au Festival de Cannes.
7. François Truffaut a toujours pensé qu'il deviendrait metteur en scène.
8. Truffaut pensait longtemps à ses scénarios avant de les écrire.
9. Il avait quelquefois du mal à trouver la fin d'un film.
10. Il choisissait toujours ses acteurs avant le tournage.
11. Dans le film *L'Argent de poche*, les dialogues ont été improvisés.
12. François Truffaut nous dit qu'il aime les cinéastes qui font des films presque comme des romans.

Nouveau Contexte

Complétez le dialogue suivant en choisissant les termes appropriés (employez chaque terme une seule fois). Puis, jouez le dialogue.

Noms : intrigue *f*, metteur *m* en scène, montage *m*, scénariste *m*, tournage *m*
Verbes : apprendre par cœur, improviser, jouions un rôle, projetait
Adjectif : naturels

---

serré tight / **le film de commande** a commissioned film

[1] Film de Truffaut basé sur la vie de la fille du poète Victor Hugo

JOURNALISTE   Daniel, quand tu avais treize ans, tu as joué dans le film *L'Argent de poche*. Quels souvenirs as-tu du _____*1* ?

DANIEL   J'en ai gardé un excellent souvenir. François Truffaut était très gentil avec nous. Il était évident qu'il aimait et comprenait les enfants. Il ne voulait pas que nous _____*2*. Il désirait avant tout que nous restions _____*3*.

JOURNALISTE   Vous n'aviez donc rien à _____*4* ?

DANIEL   Non, au commencement de chaque scène, on nous donnait un petit bout de papier avec des informations et nous devions _____*5*.

JOURNALISTE   Le scénario a dû beaucoup changer au cours du film.

DANIEL   Oh oui, tous les soirs on _____*6* les essais et c'est à ce moment-là que le _____*7* et son équipe décidaient de faire tel ou tel changement.

JOURNALISTE   Est-ce que cette expérience a eu une grande influence dans ta vie ?

DANIEL   Une influence énorme. C'est grâce à cela que je travaille dans le cinéma. Au début, je voulais devenir _____*8* parce que j'ai toujours aimé raconter une histoire, construire une _____*9*. Et puis, finalement, je me suis intéressé au côté technique de la production, plus précisément au _____*10*. C'est ce que je fais depuis dix ans et cela me passionne.

Vocabulaire satellite

le **dessin animé**   cartoon

la **vedette (de cinéma)**   movie star (male or female)

tourner (un film)   to shoot (a film)

les **effets spéciaux**   special effects

la **musique de fond**   background music

le **sous-titre**   subtitle

doubler   to dub

l' **industrie** *f* **cinématographique**   film industry

le **ciné-club**   film club

le **cinéma de quartier**   neighborhood theater

passer un film (sur l'écran)   to show a film

l' **écran** *m*   screen

effrayant   terrifying

amusant   amusing

drôle   funny

émouvant   touching

nul (*fam*)   very bad

ennuyeux   boring

lent   slow

sans intérêt   uninteresting

génial (*fam*)   excellent

le **succès**   success

l' **échec** *m*   flop

Pratique de la langue

1. D'après l'entretien que vous venez de lire, dans quelle mesure le cinéma de François Truffaut est-il un cinéma d'auteur ?

2. Pensez-vous, comme les Français, que le cinéma est « un art noble » comparable à la littérature, à la peinture, à la musique ?

3. Quel est le meilleur film que vous ayez jamais vu ? L'avez-vous vu une ou plusieurs fois ? Pourquoi vous a-t-il particulièrement marqué(e) ?

4. Interviewez votre acteur ou votre actrice préféré(e). Demandez-lui quand il (elle) est devenu(e) célèbre, avec quel metteur en scène il (elle) a préféré travailler, quels sont ses projets d'avenir, etc.

5. Vous voulez créer un ciné-club dans votre université avec d'autres ami(e)s cinéphiles. Comment allez-vous attirer les spectateurs ? Quels types de films allez-vous choisir : des classiques, des films étrangers, des films à thèse, des comédies, etc. ? Quel sera le prix des billets ? Y aura-t-il une discussion après le film ? Travaillez en groupe et échangez des suggestions pour bien faire fonctionner votre ciné-club.

Sujets de discussion ou de composition

1. On dit que la musique adoucit les mœurs (*moderates manners*). Est-ce toujours le cas ? Comment peut-on expliquer l'ambiance de certains concerts de musique rock et le comportement (*behavior*) des spectateurs ?

2. Faites la critique d'un film que vous avez vu récemment pour le journal de votre université.

3. Vous habitez une petite ville où l'on a décidé de fermer la dernière salle de cinéma. Vous écrivez au maire pour le convaincre de changer d'avis. Quels arguments utiliserez-vous ?

Index culturel

Allocations familiales An important part of the French social security system. They consist of monthly benefits paid by the government to all families with dependent minors. These benefits are based on the number of children in the family and are extended to all families irrespective of need. The system was initiated in 1940 and was designed to stimulate France's sagging birthrate. Other benefits for families with children include the *prime de naissance*, paid at the birth of each child, and the *prime de salaire unique*, paid as compensation to mothers of low- and middle-income families who stay home to take care of their children, and so are unable to work.

Apéritif An alcoholic beverage such as a pastis, martini, or whiskey taken as an appetizer before dinner.

Arrondissements A few big cities in France are divided into administrative units called *arrondissements*. Paris, for example, is divided into twenty *arrondissements*, each with a distinctive character. They are commonly referred to by number (for example, "le seizième," a prestigious residential area). Until 1977 each *arrondissement* in Paris had a mayor, but these *maires* had only limited administrative duties. Since 1977 Paris has had its own mayor, like other French cities and towns.

Assemblée nationale The lower house of the French parliament (whose upper house is called the *Sénat*). It has a membership of 577, including 22 from the *départements d'outre-mer* (DOM) and the *territoires d'outre-mer* (TOM). The members, called *députés*, are directly elected for five-year terms.

Baccalauréat The nationally administered examination—popularly known as *le bac* or *le bachot*—that comes at the end of *la terminale*, the last year of studies at the *lycée*. The *bac* tests both the students' general knowledge and their grasp of a chosen field of specialization. *Baccalauréat* degrees are awarded in: letters (*Bac L*), sciences, mathematics, and physics (*Bac S*), social sciences (*Bac E, S*), and various professional fields. Upon passing the exam, the student, now a *bachelier*, will be declared admissible to a university.

Cadre A middle or top executive. The *cadres* embody the dynamic, managerial spirit.

CECA The European Coal and Steel Community (*Communauté européenne du charbon et de l'acier*) was created in 1951. It involved at the time six countries: France, Germany, Italy, Belgium, The Netherlands, and Luxembourg. It gave momentum to the European Community and the Common Market.

Chirac, Jacques President of the Republic, elected in 1995. Jacques Chirac was born in Paris in 1932. Married to Bernadette de Courcel, he has two children. He studied at the Institute of Political Studies in Paris and graduated from the ENA (*Ecole nationale d'administration*) in 1959. He was elected to the National Assembly in 1967 and became Secretary of State in charge of employment in 1967 and Secretary of State in charge of finances from 1968 to 1971. From 1971 to 1974 he assumed the responsibilities for several Ministries (Agriculture, Interior) and served as Prime Minister in May 1974 under President Valéry Giscard d'Estaing. After his resignation in 1976, he created a political party, the RPR (*Rassemblement pour la République*). He again became Prime Minister in 1986 and was finally elected President of the Republic in 1995.

Cités   See **Grands Ensembles.**

Collège d'enseignement secondaire (CES)   The lower section of the French secondary school cycle between the elementary school and the *lycée*—roughly, the equivalent of the American junior high school and the first two years of high school. The secondary school cycle consists normally of four grades numbered in reverse order, from the *sixième* to the *troisième*. At the end of the *troisième*, students take an examination in order to receive the *brevet d'enseignement du premier cycle* (BEPC). Thereafter, many leave school to start work, while others continue on to a *lycée professionnel* (LEP) or a traditional *lycée*.

Communiste, Parti   The *Parti communiste français (PCF)* came into existence in 1921, after a majority of the militants of the *Parti socialiste (SFIO)* had voted to join the newly formed Communist International. The Communists were active in the Resistance during World War II, and emerged in 1945 as the largest party on the Left, with most of the votes of the workers, and considerable support from intellectuals. They consistently polled 20–25 percent of the vote in elections. In 1972 the PCF concluded an alliance with the *Parti socialiste*. In February 1976 the French Communist Party formally renounced some basic tenets in its official Marxist creed. Despite losing much of its strength to the Socialists in 1981, the PCF was nevertheless included, as a junior partner, in the ruling coalition, but pulled out after three years. Since then, its influence has been waning. In the presidential election of 1988, the Communist candidate, André Lajoinie, got 6.76 percent of the vote in the first round of balloting. Since the dissolution of the Soviet Union in 1989, the Communist Party has lost much of its attraction.

de Gaulle, Charles   General Charles de Gaulle (1890–1970) was a World War II hero and the chief architect of the Fifth Republic. When France collapsed before the German attack in 1940, he organized the Free French movement and continued the struggle abroad. Returning after the war, he served as President of the provisional government in 1945–1946, then resigned. Contemptuous of the unstable party-dominated Fourth Republic, for some time he led the Gaullist opposition of the Right, then retired from politics, but was finally summoned to power in the crisis of 1958. Elected President of the new Fifth Republic, he gave Algeria and other colonies their independence, and survived the plots and assassination attempts of die-hard supporters of *l'Algérie française*. He ruled France with an authoritarian hand, bolstered by popular support confirmed periodically through referendums. A

French traditionalist deeply suspicious of "Anglo-Saxon" influences, he sought to restore French prestige and independence through a foreign policy that diverged ostensibly from that of the United States. He survived the student/worker revolt of May 1968, but resigned in 1969. Aristocratic and aloof, idolizing France's past glory and often scornful of its present, he was a complex phenomenon, a figure of international importance, and, among the French, the most powerful personality of his time.

Départements The major administrative divisions of France, introduced at the time of the Revolution. The central government is represented in each *département* by a *préfet* who supervises and coordinates the administrative services. There are 101 *départements*, including five *départements d'outre-mer* (DOM): Martinique, Guadeloupe, French Guiana, Réunion, and Saint-Pierre-et-Miquelon. Artificially created for purely administrative purposes, the *départements* usually lack the cultural and historical associations of the old provinces (Normandy, Brittany, Burgundy, etc.). One of the reforms inaugurated by the Mitterrand administration was to give the regions greater autonomy and enlarge the decision-making powers of the mayors (*loi sur la décentralisation* of 1992).

ECU European currency unit. It is the equivalent of approximately seven French francs or two Deutschemarks.

Euro Currency to be used by eleven European countries. It will replace individual currencies in 2002.

Facultés Schools within a university, as for instance the *Faculté des Lettres* (School of Liberal Arts), *Faculté de Droit* (Law School), *Faculté de Médecine* (Medical School). Although they belong to the same university, the different facultés may be located in different parts of the city, or even in different cities (e.g., Aix-en-Provence and Marseilles). Thus, French students will say "*Je vais à la Fac*" to indicate that they are off to class.

Front national This extreme right-wing party was founded in 1972 but it gained real importance and visibility in the 1980s as the economy worsened and unemployment soared. It garnered 14 percent of the votes in the legislative elections of 1993, after obtaining 12 percent in the European elections of 1989. Its leader, Jean-Marie Le Pen, whose ultra-nationalist platform opposes immigration and European unity, finds most of his supporters among people hit by a stagnant economy and afraid or unable to cope with rapidly changing times.

Génération Ecologie See **Les Verts.**

Grandes Ecoles Institutions of higher education other than the universities. Unlike the universities, each *grande école* has its own very restrictive admissions policy. Admission is determined by fiercely competitive exams *(concours)* that may require two or three years of special preparation after the *baccalauréat*. Since the number of places is limited, being admitted to a *grande école* is a real achievement. The most famous of the *grandes écoles* are the *Ecole normale supérieure* (familiarly known as *Normale Sup*), where students specialize in humanities or sciences, usually to pursue an academic career; the *Ecole Polytechnique* (nicknamed "L'X"); the *Hautes Etudes commerciales* (HEC); and the *Ecole nationale d'administration* or ENA, whose graduates, "*les énarques,*" usually become top civil servants.

Grands Ensembles (or **Cités**) Large-scale housing projects, generally located in the suburbs and consisting of high-rise apartment buildings with their own shopping centers, schools, etc. Many were designed for low-income housing (HLM).

HLM *Habitations à loyers modérés* Low-income housing units financed by the French government to alleviate the postwar housing shortage. Most HLM's are in the form of multiple-story apartment buildings, usually massed in *grands ensembles*.

Jospin, Lionel Lionel Jospin was born in 1937 in Meudon (Hauts de Seine) in a family of four children. He studied at the Institute of Political Studies in Paris and graduated from the ENA (*Ecole nationale d'administration*) in 1965. He taught at the University of Paris IX until he was elected to the National Assembly in 1981. From May 1988 to April 1992 he was Minister of Education. In 1995, he was the Socialist candidate in the presidential election but lost to Jacques Chirac. In 1997 he became Prime Minister under the Presidency of Jacques Chirac.

Légion d'honneur Order created by Napoleon Bonaparte in 1802 to reward exceptional civil or military achievements.

Lycée The upper section of the French secondary school cycle, to which students who have successfully completed four years in the *collège d'enseignement secondaire* may proceed. At the *lycée*, students concentrate on a chosen field of specialized studies like humanities, economics, science, or technology. After three years, in *terminale*, students take the *baccalauréat* exam; if they pass it, they can attend the university. The system exists nationwide. Students who cannot commute daily board at the school, and are called *internes* (as opposed to *externes*) or *pensionnaires*.

Mai 1968 In May 1968 French university students staged violent antigovernment demonstrations. Initially directed against the antiquated university system, their revolt spread to the *lycées*, became nationwide, and sparked, in turn, the most massive labor strikes in French history. General de Gaulle promised reforms, then called for new elections: in a conservative backlash his supporters—Gaullists and Independents—won a landslide majority in the National Assembly. But his authoritarian regime had been severely shaken, and he resigned the following year.

Maisons de la culture Major regional centers for the visual and performing arts. Launched by de Gaulle's Minister of Culture André Malraux, they were meant to disseminate culture outside Paris. Usually they combine a theater, artists' workshops, rooms for art exhibits, music rooms, a film library, etc. Half the cost is borne by the government, and half by the city where the *maison* is located.

Marseillaise, La The stirring marching song of the Revolution that became the French national anthem. It was written in 1792 by a young Army officer, Rouget de Lisle, to rally patriots against the invading forces of Europe's absolute monarchs. It was first sung in Paris by the volunteers from Marseille, whence its name.

Mitterrand, François (1917–1996) President of the Republic, 1981–1995. Born to a middle-class Catholic family, he was completing his law degree when World War II broke out. After escaping from a German POW camp, he joined the Resistance, then entered politics in 1946. As a member of a small Centrist party strategically positioned between Left and Right, he held a variety of cabinet posts throughout the Fourth Republic (1946–1958). Declining to support the Fifth Republic, he ran as the opposition candidate against de Gaulle in the 1965 election, but failed to get the nomination to run against de Gaulle's successor, Georges Pompidou, in 1969. In 1971 Mitterrand joined the ailing Socialist Party and over the next ten years rebuilt it as a major force. He narrowly lost to Valéry Giscard d'Estaing in 1974, but defeated him decisively in 1981. In 1986, however, the Left lost popular support in parliamentary elections and Mitterrand had to cope with a non-Socialist majority in the legislature. For two years France experienced "cohabitation": a conservative legislature with a Socialist president. In 1988, Mitterrand was reelected for a second term. This time, there was no alliance with the Communist party but instead a new significant move toward the center. In 1993, the Socialist party lost heavily in the parliamentary elections and a much weakened Mitterrand had to experience a second period of "cohabitation" with a conservative legislature. He died in 1996 after a long battle with cancer.

Pieds noirs   A nickname applied to European settlers in North Africa (especially Algeria), who had to return to France when French rule ended. The settler community included many people of Spanish and Italian descent, many from Alsace-Lorraine who refused to live under German rule after 1870, and the local Jewish community as well. Bitterly opposed to Algerian independence, many of the *Pieds noirs* supported attempts to overthrow successive French governments on this issue. After 1962, when Algeria became independent, most of them resettled in France, especially in the South.

PMU *Pari Mutuel Urbain*   Off-track betting. Betting on horse races is under government control and provides an important source of income for the state. Only the duly franchised branches of the PMU are qualified to accept bets. Other forms of legalized gambling in France include the casinos and the *Loterie nationale.*

PTT *Postes, Télégraphes, Téléphones*   The French postal and telecommunication service is a state monopoly. Although it has been recently renamed *Postes et Télécommunications*, the French people still refer to it as *les PTT.*

RPR *Le Rassemblement pour la République*   This party was founded in 1976 by Jacques Chirac. It perpetuates in a milder form the ideas of General de Gaulle. In the Gaullist tradition, it stresses independence, security, and nationalism, reinforcing the concept of a French identity.

Régionalisme   Regional movements reacting against what is perceived as the excessive centralization of the French state—a centralization dating from the Revolutionary and Napoleonic periods. Regionalist demands extend from simple decentralization to regional autonomy and even, in a few extreme cases, outright secession. Regionalist militancy has been most pronounced in areas that have preserved a distinct linguistic and cultural heritage: Occitanie (covering some thirty *départements* in the southern half of France); Brittany (especially in its western portion, where Breton is still spoken); Corsica; French Catalonia and the Basque region (both of them spillovers of ethnic minorities based primarily in Spain); and the two Germanic language areas of Alsace-Lorraine and French Flanders. Since 1951, limited teaching of the minority languages has been gradually introduced into the French school system.

RMI *Le Revenu minimum d'insertion* This benefit was created in 1988 to help people who are unemployed, homeless, or in poor health, and who are not eligible for regular unemployment benefits or health care. They receive a minimum wage from the government (2440 F per month for one person without children in 1997) in order to facilitate their "re-insertion" into society.

SMIC *Salaire minimum interprofessionnel de croissance*   The minimum hourly wage, as determined by the government (175 F net per day, as of July 1997). Popularly, *"un smicard"* refers to the lowest-paid blue-collar worker.

SNCF *Société nationale des Chemins de Fer français*   The French national railroad, nationalized since 1937.

Socialiste, Parti   France's present Socialist party (PS) was created only in 1971, but the tradition of French socialism predates Karl Marx. In 1905 two independent Socialist groups merged to form a new party affiliated with the (Second) Socialist International: *Section française de l'Internationale ouvrière* (SFIO). The SFIO was split when a majority of its militants joined the Communist International in 1920, giving birth to the *parti communiste français* (PCF). The SFIO Socialists remained the largest party on the Left until World War II. From 1945 on, however, the SFIO was consistently outpolled by the PCF. In 1971 the old SFIO and a number of smaller left-wing groups merged under the name of *Parti socialiste* (PS). Led by François Mitterrand,

the PS decisively surpassed the PCF and, in 1981, went on to capture an absolute majority of seats in the National Assembly for the first time in the party's history. Under Mitterrand's leadership, the Socialist party evolved greatly. It lost its militant, class-war edge and came to look very much like a party of the center. Shaken by internal dissensions and a blurred ideology, the Socialist party was severely defeated by the Right in the parliamentary elections of 1993. It regained a majority of seats in the 1996 elections, under the presidency of Jacques Chirac.

Syndicats   Membership in unions *(syndicats)*—less than 10 percent—tends to be lower in France than in other Western European countries. Unionized wage earners belong, for the most part, to one of the five major unions: the leftist *Confédération générale du travail* (CGT); the largest of all unions, the CGT-FO *(Force ouvrière)*, which split off from the CGT in 1947; the *Confédération française démocratique du travail* (CFDT) and the *Confédération française des travailleurs chrétiens* (CFTC), both of which grew out of the same Christian labor movement; and the *Confédération générale des cadres* (CGC). Teachers, businessmen, and farmers also have their own organizations, which are legally regarded as *syndicats*.

Traité de Maastricht   This treaty was signed by the European Community member states in December 1991 in Maastricht, The Netherlands, with a view to providing a blueprint for progress toward European unity. It outlined a plan for monetary union, the creation of a single currency, and a closer coordination of EC foreign and defense policies.

UDF *Union pour la Démocratie française* This party, founded in 1978, is in the tradition of the moderate right. Its president, Valéry Giscard d'Estaing, was a former President of the Republic. In the presidential and legislative elections of 1988 and 1993, it joined forces with the RDP to become the UPF *(Union pour la France)*, thus gaining the majority of the vote.

Verts, Les This political party, embracing the protection of the environment as its platform, was created in 1984. It wants to remain independent and therefore has not formed any alliance with the parties of the Left or Right. Though it has great appeal among young educated voters, it is not yet considered by many as a viable political alternative. In the European elections of 1989 and in the parliamentary elections of 1993, it gained no more than 10 percent of the vote. Recently it had to compete for ecologist voters with another party, *Génération ecologie*, founded by Brice Lalonde. In 1997 one of its leaders, Dominique Voynet, was chosen as Minister of the Environment.

Réponses au Nouveau Contexte

CHAPITRE 1

La Génération Kleenex, p. 8
1. bac + 4   2. stages   3. contrats à durée déterminée   4. flemmards/paresseux
5. valeurs   6. paresseux/flemmards   7. petits boulots   8. la vie active   9. ne faisons pas
le poids

L'Enseignement secondaire, p. 13
1. bourrage de crâne   2. matières   3. filière   4. culture générale   5. métier   6. avenir
7. enseignement   8. inscrire   9. trouverai du travail   10. chômage

L'Angoisse des élèves de « prépa », p. 20
1. boulot   2. cours   3. interros écrites   4. découragé   5. concours   6. grande école
7. salaire   8. motive   9. décevoir   10. lutteur

Les Distractions des étudiants, p. 25
1. garçon   2. ambiance   3. refuge   4. bibliothèque   5. chauffée   6. solitude   7. perdent   8. endroit   9. rencontrer   10. films   11. vous distraire

CHAPITRE 2

Interview avec Hélène Strohl, p. 32
1. banlieue   2. trajet   3. gamin   4. mère de famille   5. exercer   6. s'occuper   7. travailler   8. horaires   9. salaire

Un Enfant pour elles toutes seules, p. 38
1. dérange   2. élève   3. divorcée   4. mère célibataire   5. fais des ménages   6. ai du mal
7. enceinte   8. n'a jamais reconnu   9. avis   10. est au ban de

Pitié pour les garçons, p. 44
1. élevez   2. agressif   3. violent   4. éliminer   5. prendre des risques   6. débrouillarde
7. responsabilités   8. résultats   9. viser haut   10. carrière

CHAPITRE 3

La Transformation de la famille traditionnelle, p. 51
1. boulot   2. études   3. libéraux   4. petite amie   5. fonder un foyer   6. concubinage
7. divorcée   8. me marierai   9. demi-frères/demi-sœurs   10. demi-sœurs/demi-frères

Parents — Enfants, p. 56
1. discipline   2. jeu   3. adulte   4. se développent   5. quitter la maison   6. nourrie
7. inquiète   8. besoins   9. liberté   10. usages

Naître ou ne pas naître, p. 64
1. devoirs   2. m'occupe de   3. aînée   4. jumeaux   5. commissions   6. rendre service
7. nombreuse   8. naissance   9. salaire   10. peine

CHAPITRE 4

Les Jeunes des banlieues, p. 76
1. immeuble   2. quartier   3. loyer   4. étage   5. verdure   6. vélo   7. grand ensemble
8. traînaient   9. se bagarraient   10. centre commercial

Le Chouette Bol d'air, p. 85
1. rentrer   2. détente   3. cuisinière   4. maison de campagne   5. copains   6. pelouses
7. cueillir   8. chouette   9. embouteillages   10. mûres   11. citadins

CHAPITRE 5

La Dame de cœur, p. 95
1. arrondissement   2. quartier   3. resto du cœur   4. à l'autre bout de   5. sans-domicile
fixe   6. bonnes volontés   7. aider   8. Il ne suffit pas   9. chaleur   10. empiler
11. gérer   12. marmites   13. gaspillage

Portraits de BCBG-type : Charles-Henri et Isabelle, p. 101
1. faire-part   2. mari   3. particule   4. polytechnicien   5. diplômé   6. avenir
7. situation   8. soignée   9. se sont rencontrés   10. jardin d'enfants

La France des passe-droits, p. 108
1. crèche   2. place   3. liste d'attente   4. foisonnent   5. conseillère   6. aurez beau
7. scandaleux   8. traitements de faveur   9. passe-droits

CHAPITRE 6

Tendances de la société française, p. 120
1. émission   2. manifestations   3. sympathise avec   4. bloquer   5. circulation   6. mécontents   7. corporatisme   8. affaibli   9. défendre   10. chacun pour soi   11. parti   12. déçoivent   13. ferai preuve de

Nous ne sommes pas une espèce à protéger, p. 127
1. parité   2. constitution   3. discrimination   4. Assemblée   5. compétentes   6. inégalité   7. ont barré l'accès   8. représentation   9. danger   10. quotas   11. demander leur part   12. principe   13. citoyens   14. solidarité

Chef d'entreprise à vingt ans, p. 134
1. PDG   2. ordinateurs   3. métier   4. copains   5. logiciel   6. passionnés   7. ai échoué   8. perdre   9. prix   10. fonder ta propre boîte

CHAPITRE 7

Les Premières Choses qui vous viennent à l'esprit, p. 142
1. hospitaliers   2. accueillant   3. idées toutes faites   4. casanier   5. ailleurs   6. chauvin   7. bons vivants   8. nourriture   9. beaux parleurs   10. conversation

Elle disait..., p. 149
1. me mettre sur le dos   2. apprentie   3. goût   4. élégance   5. dessiner   6. ont réussi professionnellement   7. étoffes   8. soignés   9. durent   10. clef

Nourriture et santé : Le Vrai, le faux, l'idiot, p. 158
1. nourriture   2. saine   3. veilles   4. alimentation   5. aliments   6. prévenir   7. diététique   8. viande   9. éviter   10. bourre   11. vitamines   12. interdit

CHAPITRE 8

La Galère ordinaire d'un sans-papiers, p. 167
1. immigration   2. immigrés   3. clandestins   4. étrangers   5. s'installer   6. rejoindre   7. réfugiés   8. sans-papiers   9. expulsions   10. titres de séjour   11. démarches   12. répression

Mon Père écrit à ma mère, p. 173
1. épouse   2. reléguée   3. musulmanes   4. pudeur   5. n'aurait jamais osé   6. gênée   7. cartes postales   8. rapportait   9. destinataire   10. signature

Comment mon âme canadienne est morte, p. 179
1. vous sentez-vous   2. fier   3. ne m'en porte pas plus mal   4. carte   5. s'est établie
6. ont trimé   7. pénible   8. langue   9. tiens   10. souveraineté

CHAPITRE 9

Les Nouvelles Façons d'apprendre, p. 189
1. fonds   2. ordinateurs   3. souris   4. jeux-video   5. console   6. clavier   7. connecté
8. recherches   9. apprentissage   10. informatique

Les « Sans-télé », p. 196
1. poste   2. émissions   3. n'éprouve pas le besoin   4. temps libre   5. journal télévisé
6. être au courant   7. divertissement   8. dessins animés   9. éteindre   10. résister à son
emprise

France : La Vague bouddhiste, p. 202
1. stage   2. sérénité   3. cadre   4. bouddhiste   5. sous l'égide   6. méditation
7. catholique   8. réincarnation   9. croyance   10. voie   11. morale   12. renaissances

CHAPITRE 10

L'Acteur est un scaphandrier de l'âme, p. 212
1. troupe   2. tâches   3. mise en scène   4. vedettes   5. public   6. jouer   7. pièce
8. répétitions   9. spectateurs   10. jeu des acteurs

La Lecture à la tronçonneuse, p. 218
1. romans   2. nouveautés   3. librairie   4. parus   5. best-sellers   6. livres de poche
7. titres disponibles   8. ouvrages   9. édités   10. lecture

CHAPITRE 11

Jacques Brel, l'homme et ses chansons, p. 227
1. parolier   2. auteurs-compositeurs   3. vedettes   4. engagées   5. divertir   6. sensibilité   7. orchestration   8. paroles   9. chanteurs-poètes

MC Solaar : « Le rap a une conscience », p. 230
1. concert   2. grossiers   3. malaise   4. banlieues   5. poète   6. assonances   7. rappeur   8. composer   9. disques   10. hit-parade

Entretien avec François Truffaut, p. 237
1. tournage   2. jouions un rôle   3. naturels   4. apprendre par cœur   5. improviser
6. projetait   7. metteur en scène   8. scénariste   9. intrigue   10. montage

Vocabulaire

This vocabulary contains words that appear in the text, except cognates, words already glossed, and words familiar to intermediate French students. Irregular verbs are included, as are some feminine forms of adjectives and nouns.

Abbreviations

adj	adjective	*fig*	figurative	*pres part*	present participle
adv	adverb	*impers*	impersonal	*pl*	plural
esp	especially	*invar*	invariable	*ps*	passé simple
fam	familiar	*m*	masculine	*subj*	subjunctive
f	feminine	*pp*	past participle		

An asterisk (*) indicates a word beginning with an aspirate *h*.

A

abattre   to knock down

abolir   to abolish

l' **abonnement** *m*   subscription

l' **abord** *m*   access; **d'**_____ at first, in the first place, primarily

aborder   to land; to approach; to tackle

l' **abri** *m*   shelter

abriter   to shelter

abrutissant   stupefying

absolu   absolute

absoudre   to absolve

s' **abstenir**   to abstain

l' **abstentionnisme** *m*   practice of abstaining from voting

accablant   overwhelming; damning

l' **accalmie** *f*   lull, (period of) calm

accéder   to accede to, have access to

accentuer   to stress; to increase

l' **accessoire** *m*   accessory; *pl* props

s' **accommoder**   to be satisfied; to make oneself comfortable, at home

accompagner   to accompany; to see (someone) off

accomplir   to perform; to complete

l' **accord** *m*   agreement; **en** _____ **avec** in close relationship with; **être, se trouver d'**_____ to agree; **d'**_____ ! OK!

s' **accorder**   to agree

accoster   to accost, come up to

accoucher   to give birth

l' **accoucheuse** *f*   midwife

accroché à   hooked on

accrocher   to hang up; to hook

l' **accroissement** *m*   increase

accroître   to increase; to enhance; **s'**_____ to increase l' **accueil** *m*   reception, welcome

accueillant   gracious, hospitable

accueillir   to greet, welcome; to accept

accuser   to accuse; to charge

l' **achat** *m*   purchase; **pouvoir** *m* **d'**_____ purchasing power

acheter   to buy

achevé   finished

l' **acier** *m*   steel

acquérir   to acquire, get (**j'acquiers, nous acquérons;** *pp* **acquis**)

l' **acte** *m*   deed, act

l' **acteur (actrice)** *m, f*   actor, actress

actif (active)   active; **l'actif** *m* worker

l' **action** *f*   action, deed; effect; share (of stock)

l' **actionnaire** *m, f*   shareholder

les **actualités** *f*   current events

actuel (actuelle)   current, present; **à l'heure** _____ **le** nowadays

actuellement   now

s' **adapter**   to adapt, adjust oneself

l' **addition** *f*   bill, check (in a restaurant)

l' **adepte** *m, f*   practitioner

l' **adhérent** *m*   subscriber, member

l' **administration** *f*   public service

admirer   to admire

l' **ado** *m, f*   adolescent

s' **adonner à**   to devote oneself to

adoucir   to soften, alleviate

adresser   to address; to direct, aim; **s'**_____ **à** to apply to, speak to

aérer   to air

affaibli   weakened

l' **affaiblissement** *m*   weakening

l' **affaire** *f*   business, affair, concern; bargain; *pl* business, trade; _____ **Dreyfus** Dreyfus affair; **faire des** _____**s** to do business; **sens** *m* **des** _____**s** business acumen

affectif (affective)   sentimental

l' **affichage** *m*   placarding

l' **affiche** *f*   poster

afficher   to post, display; to make a show of; _____ **complet** to be fully booked

affirmer   to state, claim; **s'**_____ to assert oneself

s' **affliger**   to lament

l' **affluence** *f*   crowd; abundance

affluer   to abound; to flock (to a place)

l' **afflux** *m*   massive flow

affreux (affreuse)   frightful, ghastly

l' **affrontement** *m*   confrontation

affronter   to face, confront

afin que   so that, in order that

l' **âge** *m*   age; **tranche** *f* **d'**_____ age group

âgé   old, aged

l' **agence** *f*   agency; _____ **de voyages** travel agency; _____ **d'intérim** temporary help agency; _____ **immobilière** real estate agency; _____ **matrimoniale** dating service

l' **agent** *m*   agent, representative; constable

l' **agglomération** *f*   urban center

agir   to act; **s'**_____ **de** to be a matter of; to be imperative to; **de quoi s'agit-il ?** what is it about?

l' **agneau** *m*   lamb

agréable   pleasant

agresser   to assault

l' **agriculteur (agricultrice)** *m, f* farmer

l' **aide** *f*   help

aider   to help

l' **aïeule** *f*   grandmother

aigu(ë)   acute, extreme, critical; keen

l' **ail** *m*   garlic

ailleurs   elsewhere; **d'**_____ besides

aimable   kind, nice, amiable

aimer   to love; to like

aîné   elder, eldest, senior

ainsi   thus, in this fashion

l' **air** *m*   tune, melody; **le grand** _____ the great outdoors

l' **aise** *f*   ease; **à l'**_____ at ease

aisé   well-off

aisément   readily, easily

ajouter   to add

s' **alarmer**   to worry

l' **alcool** *m*   alcohol, spirits

aléatoire   uncertain

s' **aliéner**   to become estranged

l' **aliment** *m*   food

l' **alimentation** *f*   food, food section (in a store)

l' **allée** *f*   aisle; alley; walk

allégé   light, diet

allègrement   lightly

allemand   German

aller   to go (**je vais, il va, nous allons;** *pp* **allé);** _____ **à quelqu'un** to suit someone; **s'en** _____ to go away

l' **allocation** *f*   benefit, allowance

allonger   to extend

alloué   allocated

allumer   to light up, strike up; _____ **la télé** to turn on the TV

l' **allure** *f*   appearance, gait

alors   then, at that time; in that case; _____ **que** when; even though, whereas

alpagué *fam*   caught

amasser   to pile up

l' **amateur** *m*   fan, lover (of something)

l' **ambiance** *f*   atmosphere

l' **âme** *f*   soul

améliorer   to improve

l' **aménagement** *m*   arrangement

amener   to bring, lead; _____ **à** to persuade

l' **américaine: à** _____ in the American way

l' **ameublement** *m*   furnishing

l' **ami(e)** *m, f*   friend; **petit(e) ami(e)** boy- (girl) friend

amical   friendly

amicalement   in a friendly way

l' **amitié** *f*   friendship

amortir   to cover the cost, pay off

l' **amour** *m*   love

les **amourettes** *f*   flirtations

amoureux (amoureuse)   in love

l' **ampleur** *f*   volume

l' **amputation** *f*   truncation

amusant   amusing

s' **amuser**   to have a good time

l' **an** *m*   year

ancien (ancienne)   old, ancient; former; **les** _____**s** graduates

ancrer   to anchor; **s'**_____ to be anchored, be rooted

anglais   English

l' **angoisse** *f*   anguish, anxiety

l' **animateur** *m*   social director, host (on a radio or television show)

animé   lively

animer   to activate; to enliven

l' **année** *f*   year; **(dans) les** _____**s 40** (in) the forties

l' **anniversaire** *m*   birthday

l' **annonce** *f*   announcement; _____ **publicitaire** commercial; **les petites** _____**s** classified advertisements

annoncer   to announce; **s'**_____ to begin

l' **annonceur** *m*   announcer

l' **annuaire** *m*   directory

annuel(le)   yearly

l' **antenne** *f*   antenna, aerial; channel; **sur l'**_____ on the air

antillais   Caribbean, West Indian

les **antiquités** *f*   antiques

août   August

l' **apaisement** *m*   peace, calm; appeasement

apercevoir   to see, catch sight of; to

perceive (**j'aperçois, nous aperce-vons, ils aperçoivent;** *pp* **aperçu**); **s'____ de** to notice, become aware of; to realize

l' **aperçu** *m* glimpse; outline, summary

aphone voiceless

apitoyer to cause (someone) to feel pity; to move, touch

apparaître to appear, become evident

l' **appareil** *m* **photo** camera

apparenté related

l' **apparition** *f* advent

l' **appartement** *m* apartment

appartenir to belong

l' **appel** *m* appeal, call; **____ de fonds** fundraising

appeler to call, call to; **s'____** to be called, be named

les **applaudissements** *m* applause

appliqué studious

appliquer to apply

l' **apport** *m* provision

apporter to bring; to supply

apprécier to appreciate; to appraise

apprendre to learn; to teach

apprentissage *m* training, learning, apprenticeship

l' **apprêt** *m* dressing, trimming

approuver to approve

approximatif (approximative) approximate

l' **appui** *m* support, backing

appuyer to support; **s'____ sur** to rely on; to lean on

après after

l' **après-midi** *m, f* afternoon

aratoire agricultural, farming

l' **arbre** *m* tree

l' **arcade** *f* **sourcilière** ridge of the eyebrow

l' **archevêque** *m* archbishop

l' **Ardèche** *f* department in southern France

ardemment ardently, passionately

l' **ardoise** *f* slate

l' **argent** *m* money; **____ de poche** pocket money, small change

l' **argot** *m* slang

l' **argument** *m* point (in a discussion)

Aristide former President of Haïti

l' **arme** *f* weapon

l' **armée** *f* army

armer to equip; to arm

arracher to pull out

arranger to arrange; to accommodate; **s'____** to get by, manage

l' **arrêt** *m* stop; interruption

l' **arrêté** *m* executive order, decree

arrêter to stop; to arrest; **s'____** to come to a stop; **s'____ à** to dwell on

l' **arrière-plan** *m* background

l' **arrivant** *m* newcomer

l' **arrivée** *f* arrival; finishing line (in a race)

arriver to arrive; to happen, succeed; **qu'est-ce qu'il vous arrive ?** what's happening to you? **il m'arrive d'oublier** sometimes I forget

l' **arriviste** *m, f* social climber

l' **arrondissement** *m* subdivision of big cities

l' **artifice** *m* artificial means

l' **artisanat** *m* arts and crafts industry

l' **ascenseur** *m* elevator

aseptisé sterile

l' **aspirateur** *m* vacuum cleaner

assaisonner to season

l' **Assemblée** *f* National Assembly (House of Representatives)

asséner to thrust

s' **asseoir** to sit down; **____ en tailleur** to sit cross-legged

assez enough; somewhat, fairly

l' **assiduité** *f* regularity

l' **assiette** *f* plate

assimiler   to assimilate; to treat as similar

l' **assistance** *f*   audience

l' **assistante** *f* **sociale**   social worker

assister   to help; _____ **à** to witness, to attend

l' **associé(e)** *m, f*   partner

s' **assoupir**   to doze off

l' **assurance** *f*   insurance; self-confidence

assurer   to insist; to assure; to guarantee

l' **astrakan** *m*   lambskin fur (coat)

l' **astre** *m*   star

s' **astreindre**   to submit willingly

l' **atelier** *m*   workshop

l' **athée** *m*   atheist

attablé   seated at table

attacher   to tie; **être attaché** to be attached

attaquer   to attack; **être attaqué** to be mugged

s' **attarder**   to linger

atteindre   to reach

l' **atteinte** *f*   blow; **porter** _____ **à** to interfere with

attendre   to wait (for); to expect; **s'**_____ **à** to expect; to anticipate

attendrir   to move, touch (emotionally)

l' **attentat** *m*   assassination attempt

l' **attente** *f*   expectation; waiting

attentif (attentive)   attentive, heedful

l' **attention** *f*   attention, care; **faire** _____ to watch out

attirer   to attract

attraper   to catch

attribuer   to give

l' **aube** *f*   dawn

l' **auberge** *f* **de campagne**   country inn

aucun   none, no (*adj*)

au-delà de   beyond

au dessus   above

l' **audience** *f*   hearing, court session

l' **auditeur (auditrice)** *m, f*   listener

augmenter   to increase

aujourd'hui   today

auparavant   beforehand, previously

auprès de   close to, at, by

ausculter   to examine

aussi   too, also, as; _____ **... que** as . . . as

aussitôt   immediately; _____ **que** as soon as

autant   as much, so much, as (so) many; _____ **que** as much as, as well as; **d'**_____ **que** especially since

l' **auteur** *m*   author

autochtone   native

autodidacte   self-taught

l' **auto(mobile)** *f*   car

autonome   autonomous, self-governing

l' **auto-portrait** *m*   self-portrait

autoriser   to permit, authorize

l' **autoroute** *f*   expressway, super-highway

autour (de)   around, about

autre   other *adj*

autrefois   in the past; **d'**_____ of yesterday

autrement   in another way; otherwise

l' **avance** *f*   advance; **en** _____ early, ahead

avancer   to move forward

avant   before, earlier; _____ **tout** above all; **d'**_____ previous

avec   with

l' **avenir** *m*   future

l' **aventurier (aventurière)** *m, f*   adventurer

aveugle   blind

aveuglette: à l'_____   blindly

l' **avion** *m*   airplane

l' **aviron** *m*   rowing

l' **avis** *m*   opinion, advice, view; **à votre (mon)** _____ in your (my) opinion;

changer d'____ to change one's mind

l' **avocat(e)** *m, f* barrister, lawyer

avoir to have; **____ coutume de** to be in the habit of; **____ raison de** to get the better of; **n'avoir qu'à** to have only to

avortement *m* abortion

avorter to have an abortion

avouer to confess

avril April

axé sur focusing on

B

le **bac (le bachot)** baccalauréat; **bac + 4** four years of university studies

le **bachelier (la bachelière)** student who has passed the **bac**

la **baffe** *fam* slap

baffer *fam* to slap

le, la **bâfreur (bâfreuse)** *fam* glutton

la **bagarre** fight, brawl

se **bagarrer** to fight

la **baguette** long, narrow loaf of bread

se **baigner** to take a bath; to go swimming

bâillonner to gag

le **bain** bath; **salle** *f* **de ____s** bathroom

le **baise-main** hand kiss

la **baisse** fall, drop

la **balade** stroll, walk; **faire une ____** to go for a walk

le **baladeur** walkman

balisé marked out with beacons or signs

le **bambin** kid

le **ban** *m* banishment; **au ____ de** banned from

banal trivial

se **banaliser** to become normal, ordinary

le **banc** bench

la **bande** gang, peer group; tape; **____ dessinée** comic strip

la **banlieue** suburb(s)

le, la **banlieusard(e)** suburbanite

la **banque de données** data base

le **banquier** banker

le **baril** barrel

la **barre** rod

barrer l'accès to bar entry, prevent access to

la **barrière** barrier

bas (basse) low

le **bas** lower part; **en ____** (down) below

la **base** base, basis; **____ de données** data base; **de ____** basic

les **bas-fonds** *m* slummiest parts of town

les **baskets** *m* high-top sneakers

la **basse-cour** farmyard

la **bataille** battle, fight

le **bateau** boat

le **bâtiment** building

bâtir to build

le **bâtisseur** builder

battre to beat; **se ____** to fight

bavard talkative

bavarder to talk

beau (bel, belle) handsome, beautiful; **avoir beau faire (quelque chose)** to do (something) in vain

beaucoup (de) much, many

le **beau-frère** brother-in-law

le **bébé** baby

la **bécane** machine

belge Belgian

la **belle-fille** daughter-in-law

la **belle-mère** mother-in-law

la **belle-sœur** sister-in-law

la **bénédiction** blessing

le **bénéfice** profits

bénéficier to benefit

le **bénévolat** volunteer work

le, la **bénévole** volunteer

le **berceau** cradle

bercer   to rock (a baby)

le **besoin**   need; **avoir** _____ **de** to need

bête   stupid, foolish

la **bêtise**   stupidity; **dire des** _____s to talk nonsense; **faire des** _____s to goof

le **béton**   concrete

beur *adj*   second-generation North African

le **biais**   indirect manner; **par le** _____ **de** in a roundabout way

le, la **bibliothécaire**   librarian

la **bibliothèque**   library; **rat** *m* **de** _____ bookworm

le **bide** *fam*   flop

bien *adv*   well, adequately; _____ **des** many; _____ **que** although; _____ **sûr** of course

le **bien**   good; *pl* _____s goods, property

bienfaisant   beneficial

bientôt   nearly; soon

la **bière**   bier

biffer   to cross out

le **bilan**   assessment, evaluation

le **billet**   ticket; note

la **bise**   kiss

blanc (blanche)   white

blanchi   laundered; **être** _____ to have one's laundry done

le **blé**   wheat

blesser   to wound; to hurt

la **blessure**   wound

bloquer   to block; to stymie

la **bobineuse**   textile worker

boire   to drink

le **bois**   wood

la **boisson**   drink

la **boîte**   box; outfit, company; school; nightclub *fam*

le **bol d'air**   breath of air

bon (bonne)   good; **les bonnes volontés** people of goodwill

le **bonheur**   happiness

le **bonhomme**   simple, good-natured man

bon marché   cheap

le **bord**   side; **à** _____ **(de)** on board

bordé   bordered

bosser *fam*   to work hard; to cram

la **bouche**   mouth

le **bouchon**   bottle neck

le **bouddhisme**   Buddhism

bouder   to pout; to snub

le **boudin**   blood sausage

la **boue**   mud

la **bouée**   floating tube, buoy

la **bouffe** *fam*   grub, food

bouffer *fam*   to eat

bouffon   buffoon

bouger   to move, stir

bouillir   to boil

la **boulangerie**   bakery

bouleversé   overwhelmed

bouleverser   to upset

la **boulimie**   bulimia

le **boulot** *fam*   work

la **boum** *fam*   party

le **bourg**   market town

bourré de   stuffed with

se **bourrer**   to stuff oneself

la **bourse**   pocketbook; scholarship; stock exchange

bousculer   to knock over; to jostle; shove

le **bout**   end, extremity, part; **au** _____ **de** at the end of, after

la **bouteille**   bottle

la **boutique**   small shop

le **bouton**   button

boutonner   to button (up)

boutonneux (boutonneuse)   pimpled

brader   to discount, sell short

branché   hooked (on something); trendy; plugged in

le **bras**   arm; _____ **de fer** dispute, confrontation

brasser   to turn over; to handle

brave   brave, gallant; _____ **homme** decent man, good old so-and-so

bredouiller   to stammer

bref (brève)   short; _adv_ in short

bricoler   to tinker about

la **brillantine**   hair oil

la **brique**   brick

briser   to break

bronzer   to tan

brouiller   to mix up, confuse; **se** _____ **avec** to quarrel with

le **bruissement**   rustling

le **bruit**   noise

brûler   to burn

brusquement   suddenly, curtly

brut   raw; gross; undiluted

bruyant   noisy

le **bûcheur (la bûcheuse)**   grind, hardworking student

le **bureau**   office, study; desk; _____ **de poste** post office

le **burlesque**   slapstick

le **but**   aim, goal

C

ça (cela)   this, that, it; **ça me va** it's OK with me; **cela va de soi** it goes without saying

la **cabine téléphonique**   telephone booth

cacher   to conceal; **se** _____ to hide

le **cadavre**   corpse

le **cadeau**   gift

le **cadre**   frame(work); surroundings, environment; executive (middle, top); _____ **dirigeant** CEO, director; _____ **supérieur** senior executive

cafard: avoir le _____   to have the blues

le **café**   café, coffee

la **cage d'escalier**   stairway

le **cahier**   notebook

le **caillou**   pebble

la **caisse**   box; cash register

le **caissier (la caissière)**   cashier

le **calcul**   arithmetic

le **calme**   peace and quiet

le, la **camarade**   pal, friend; _____ **de chambre** roommate

le **camion**   truck

le, la **campagnard(e)**   country folk

la **campagne**   countryside

campé   placed

canaliser   to channel

le **canard**   duck; _fig_ newspaper

la **cantine**   cafeteria

le **cantinier**   canteen man

capable   competent; _____ **de** able to, capable of

la **capacité**   ability, capability

captivant   captivating

car   for, because

le **car**   bus

caractériser   to characterize

la **carcasse**   hulk

le **carré**   square

le **carreau**   windowpane

le **carrefour**   intersection, crossroads

la **carte**   map, menu; _____ **de séjour** resident card

le **carton**   cardboard

le **cas**   case, affair; **le** _____ **échéant** if necessary

casanier (casanière)   homebody

casser   to break

le **casseur** _fam_   hoodlum

catégorique   blunt

le **catholicisme**   Catholicism

la **cause**   cause; **à** _____ **de** because of; **et pour** _____ and for good cause

causer   to talk, chat; to cause

la **caution**   security deposit

céder   to concede; to turn over, yield

la **ceinture**   belt

célèbre   famous

le **célibat**   bachelorhood

le, la **célibataire**   bachelor, unmarried person

la **cellule**   cell

la **censure**   censorship

cent   (one) hundred

le **centre commercial**   shopping mall

le **centre de loisirs**   recreation area

le **centre-ville**   downtown

le **cèpe**   wild mushroom

cependant   however, meanwhile; _____ **que** while, although

le **cercle**   circle; club

cerné   surrounded; **les yeux** _____**s** with rings around one's eyes

certain   certain; some; definite; *pl* _____**s** some (of them)

certainement   certainly

certes   of course, admittedly

cesser   to stop, cease

c'est que   the fact is

chacun   each, every one, each one, everybody

la **chaîne**   (TV) channel; _____ **à péage** pay channel

la **chaise longue**   deckchair

le **chaland**   customer

la **chaleur**   heat, warmth

chaleureux (chaleureuse)   warm, cordial

la **chambre**   room; _____ **de bonne** student room

le **champ**   field

la **chance**   luck, opportunity; **avoir de la** _____ to be lucky

le **changement**   change

changer   to change; _____ **d'avis** to change one's mind

la **chanson**   song; _____ **de variétés** popular music

le **chant**   song, hymn

chanter   to sing

le, la **chanteur (chanteuse)**   singer

le **chantier**   work site

le **chapeau**   hat

le **chapon**   capon (castrated rooster, fattened for eating)

chaque   each, every

le **char**   army tank

le **charbon**   coal

la **charcuterie**   cold cuts; deli

la **charge**   load, burden; **prendre en** _____ to assume responsibility for

charger   to load; _____ **de** to entrust with; **se** _____ **de** to take responsibility for

la **charité**   charity

la **chasse**   hunting ground

le **chasseur**   hunter

le **chat**   cat

chatouiller   to tickle

chaud   hot

chauffé   heated

chauffer   to heat; **faire** _____ to heat up

le **chauffeur de taxi**   cab driver

le **chauffeur routier**   truck driver

chauvin   superpatriotic

le **chef**   leader, head, chief; _____ **de famille** head of household; _____ **d'entreprise** manager of a company; _____ **de service** bureau chief, division chief

le **chef-d'œuvre**   masterpiece

le **chemin**   way, road; _____ **de fer** railway

la **cheminée**   fireplace

cheminer   to make its way

la **chemise**   shirt; file, folder

le **chemisier**   blouse

cher (chère)   dear; expensive

chercher   to look for; to fetch

le **chercheur**   researcher

le **cheval**   horse

la **chevelure**   head of hair

le **cheveu**   (strand of) hair

chez   at (someone's place), among, with; _____ **soi** at home

le **chiffre**   number, figure; _____ **d'affaires** sales figure

les **chiottes** f, fam   latrines

le **choc**   shock; **tenir le** _____ to bear the brunt of the attack

le **chœur**   chorus

choisir   to choose

le **choix**   choice

le **chômage**   unemployment

le **chômeur (la chômeuse)**   unemployed person

choquer   to shock

la **chose**   thing

le **chou**   cabbage

les **chouchous**   pastry (kind of donut)

chouette fam   super

ci-dessous   down below

le **ciel**   sky; heaven

le **ciment**   cement

le **cimetière**   cemetery

le **cinéaste**   director, filmmaker

le **cinéma**   cinema, movie theater; **salle** f **de** _____ movie theater

le, la **cinéphile**   film enthusiast

cinq   five

la **circulation**   traffic

le, la **citadin(e)**   city dweller

la **cité**   housing project

citer   to quote

le **citoyen (la citoyenne)**   citizen

la **citoyenneté**   citizenship

le **civisme**   good citizenship, public spiritedness

clair   clear

clairement   clearly

clandestin(e)   underground, illicit

la **classe**   class; _____ **ouvrière** working class; **les** _____ **défavorisées** underprivileged classes

le **classement**   grades by order of rank, rating

classer   to classify

le **clavier**   keyboard

la **clé**   key; _____ **de voûte** cornerstone

le, la **client(e)**   customer, patron

climatisé   air-conditioned

le, la **clochard(e)**   tramp

clore   to close

le **cœur**   heart; **coup** m **de** _____ love story; **de** _____ at heart

cohabiter   to live with, coexist

coiffé   with one's hair well styled

la **coiffure**   hairstyle

le **coin**   corner; neighborhood

coincé   stuck

le **col**   collar

la **colère**   anger; **se mettre en** _____ to get angry

le **collant**   tights

la **collectivité**   community; public sector

le **collège**   middle (junior high) school

le, la **collègue**   colleague

la **colline**   hill

le **colon**   colonist, settler

le **combat**   battle, fight

combattre   to fight

combien   how many, how much

le **comble**   peak, summit

comblé (de)   filled, laden (with)

le **comédien (la comédienne)**   actor, actress; comedian, comedienne

la **commande**   order

commander   to order

comme   like, as, such as

commencer   to begin, start

comment   how

le, la **commerçant(e)**   shopkeeper, tradesman

le **commerce**   trade, small store

commettre   to commit

les **commissions** f   errands; **faire les** _____ to go shopping

commode   convenient

commun   commonplace; **le _____ des mortels** ordinary mortals

la **communauté**   community

la **commune**   village, town

la **compagnie**   company, firm; **_____ aérienne** airline; **en _____ de** together with

le **compagnon (la compagne)**   companion, mate

la **compétence**   ability, skill

la **complaisance**   indulgence, complacency

complaisant   accommodating, obliging

compliqué   complicated

le **comportement**   behavior

comporter   to include; **se _____ to** behave

composer   to compose; **_____ un numéro** to dial

le **compositeur**   composer

compréhensif (compréhensive) understanding

comprendre   to understand; to include

compris: *pp* **comprendre; tout _____** all inclusive; **y _____** including

le **comptable**   accountant

le **compte**   account; **_____ en banque** bank account; **en fin de _____** all things considered; **faire son _____** *fam* to succeed, manage; **tenir _____ de** to take into consideration

compter   to count

concerner   to concern; to affect

la **concession**   plot

concevoir   to conceive (**je conçois, nous concevons, ils conçoivent;** *pp* **conçu**)

conciliable   reconcilable

conclure   to conclude

le **concours**   competitive exam, contest

concrétiser   to take place

le **concubinage**   cohabitation of an unmarried couple

la **concurrence**   competition

condamner   to condemn

condescendant   condescending

la **condition**   situation, state; **à _____ que/de** provided that

conditionné   packaged, conditioned

conduire   to lead; to drive; **se _____** to behave

la **conduite**   behavior

la **confection**   making (of an object)

la **conférence**   lecture

la **confiance**   trust; **faire _____ à** to trust

confiant   confident

la **confidence**   secret; **faire une _____** to tell (someone) a secret

confier   to entrust, confide

confisquer   to confiscate

le **conflit**   conflict

confondre   to merge; to mix up

conforme   consistent; in harmony

le **congé**   holiday, leave; **_____ de maternité** maternity leave; **_____s payés** paid holidays

congédier   to fire, dismiss

le **congélateur**   freezer

conjointement   jointly

les **conjoints** *m*   husband and wife

conjugué   conjugated; aligned

la **connaissance**   knowledge; acquaintance; **faire _____ (de)** to become acquainted

connaître   to know

se **consacrer à**   to devote oneself

la **conscience**   consciousness; **prendre _____** to realize

conscient   conscious

le **conseil**   advice, council

conseiller   to advise

le **conseiller (la conseillère)**   counsellor; **_____ d'orientation** student adviser la **conséquence** outcome, consequence

conséquent substantial

conserver to keep, retain; to preserve

les **conserves** *f* canned food

la **considération** regard, esteem

considérer to consider, regard

la **consigne** instruction, orders

le **consommateur (la consommatrice)** consumer

la **consommation** consumption; **prendre une _____** to drink or eat something in a café

le **conspirateur (la conspiratrice)** conspirator

le **constat** acknowledgement, statement

la **constatation** claim, observation

constater to notice, observe; to recognize

constituer to represent

la **construction** building, construction

construire to build

consulter to see; to consult; to take the advice of

le **conte** tale, short story; **_____ de fée** fairy tale

le **contenu** content

la **contestation** challenge, questioning

continuer to go on, continue

contourner to bypass, get around

le **contradicteur** contradictor, opponent

contraint de forced to

la **contrainte** compulsion, constraint, restraint

le **contraire** opposite

la **contrariété** annoyance

le **contrat à durée déterminée (CDD)** short term employment

la **contravention** ticket (fine); **faire sauter une _____** to have a ticket fixed

contre against; **par _____** by contrast

le **contremaître** foreman

le, la **contribuable** taxpayer

le **contrôle** test

convaincre to convince (*pp* **convaincu**)

convenir to agree, concur; to admit

la **convivialité** conviviality, sense of community

le **copain (la copine)** pal, buddy

copieux hearty

le **corps** body

correspondant corresponding

corrigé corrected

corvéable à merci doomed to menial work

la **corvée** chore

cossard *fam* lazy

le **costume** suit (of clothes)

côte à côte side by side

le **côté** side, aspect; **à _____ de** next to, side by side with

la **cotisation** membership dues

côtoyer to border on, skirt; to live side by side

la **couche** layer; **_____s sociales** social strata

se **coucher** to lie down; to sleep

le **coucher de soleil** sunset

le **coude** elbow; **se tenir les _____s** to stand shoulder to shoulder

coudre to sew

la **couette** quilt

la **couleur** color

les **coulisses** *f* wings, sidelines

le **couloir** passageway, hallway

le **coup** blow, shot; **_____ de fil** phone call; **_____ de foudre** love at first sight; **_____ de hache** stroke of the ax; **_____ de main** helping hand; **_____ d'œil** glance; **_____ de tête** impulse; **du _____** therefore; **faire les 400 _____s** to play havoc

coupable guilty

la **coupe de cheveux** haircut

couper to cut

la **cour**   yard, court

couramment   regularly, commonly

courant   current; **être au ＿＿＿ de** to be aware of

la **courbature**   stiffness, muscular ache

courir   to run

le **courrier**   mail; **＿＿＿ électronique** e-mail

le **cours**   class, course; **au ＿＿＿ de** during

la **course**   running; *pl* errands; **＿＿＿ contre la montre** race against time

court   short; **le ＿＿＿ métrage** documentary, short (film)

le **coussin**   cushion

le **coût**   cost; **＿＿＿ de la vie** cost of living

le **couteau**   knife

coûter   to cost

coûteux (coûteuse)   costly

la **coutume**   custom, habit

le **couturier**   fashion designer

couvert de   covered with

craindre   to fear

la **crainte**   fear

le **crâne**   skull; **le bourrage de ＿＿＿** cramming of the brain

craquer   to split

la **cravate**   tie (clothing)

le **crayon**   pencil

le **créateur (la créatrice) de mode** stylist

la **crèche**   day-care center

créer   to create

la **crème**   cream; **＿＿＿ pâtissière** pastry cream

le **crétin** *fam*   idiot

creuser   to dig

crever *fam*   to die; **être crevé** to be exhausted

criée: vente à la ＿＿＿   auction

crier   to shout

la **crise**   (economic) crisis; **＿＿＿ oblige** because of the crisis; **en ＿＿＿** in a slump

le **critère**   criterion, yardstick

la **critique**   criticism, review (of a book, play)

le **critique**   critic

croire   to believe

la **croisade**   crusade

croiser   to cross; to run across

la **croissance**   growth

croître   to increase

la **Croix Rouge**   Red Cross

croustillant   crispy

la **croyance**   belief

le, la **croyant(e)**   believer

les **crudités** *f*   raw vegetables served as hors-d'œuvres

les **crustacés** *m*   shellfish

cueillir   to pick (up)

la **cuisine**   cooking, kitchen; **faire la ＿＿＿** to cook

cuisiner   to cook

le **cuisinier (la cuisinière)**   cook

la **cuisinière**   kitchen range

la **cuisson**   cooking procedure, cooking time

cuite: prendre une bonne ＿＿＿ *fam* to get drunk, plastered

cultivé   educated, cultured

cultiver   to farm, till; **se ＿＿＿** to broaden one's mind

la **culture**   crop; cultivation; culture

cumuler   to accumulate

la **cure**   treatment, therapy

le **curé**   local priest

le **curriculum vitae**   résumé

le **cursus**   program

D

d'abord   at first, in the first place, primarily

le, la **dactylo**   typist

la **dame** lady; ____ **de cœur** queen of hearts; ____ **de fer** iron lady; ____ **patronnesse** patroness

danois Danish

dans in, into

d'après according to

d'autant plus all the more

davantage more

le **débarqué** returnee

débarquer to disembark, land

débarrasser to disencumber; **se** ____ **de** to get rid of

le **débat** debate

se **débattre** to struggle

débloquer to free up

déborder to overflow

le **débouché** (job) opening

déboucher to lead to

déboussolé confused

debout standing up, on one's feet

déboutonner to unbutton

débrancher to unplug

débrouillard resourceful

la **débrouillardise** resourcefulness

la **débrouille** resourcefulness

se **débrouiller** to be resourceful, to fend for oneself

le **début** beginning

le, la **débutant(e)** novice

la **décennie** decade

décevoir (*pp* **déçu**) to disappoint; to deceive

décharger to unload

déchirant agonizing

déchiré torn, torn apart

décidé determined

se **décider** to make up one's mind

la **déclaration d'impots** tax return

déclarer to register; to declare

déclencher to trigger, set off, unleash

le **déclencheur** trigger

le **déclic** trigger

décliner to decline, wane

déconseiller not to recommend, advise (someone) against something

décontracté relaxed

le **décor** stage set, scenery, setting

le **découpage** cutting, editing

découpé cut up

le **découragement** discouragement

décourager to discourage

la **découverte** discovery

découvrir to discover

décrire to describe

le **décrochage scolaire** dropping out of school

décrocher *fam* to obtain, get

décroissant decreasing

décroître to decrease

dédaigner to disdain

dedans inside, within

le **dédommagement** compensation

défaire to undo

le **défaut** lack; **à** ____ **de** for lack of

défavorisé underprivileged

défendre to forbid

le **défenseur** defender

défier to challenge

défiguré distorted, disfigured

défigurer to disfigure

le **défilé (de mode)** (fashion) show

définir to define

défricher to clear

dégager to clear

dégoûter to disgust

dégrader to dilapidate

dégraissé trimmed, fat free

déguerpir *fam* to clear out

dehors outside; **en** ____ **de** outside of, except for

déjà already

déjeuner to have lunch

délabré dilapidated

délaisser to forsake, neglect

se **délecter de** to take delight in

le **délire**   madness

le **délit d'initié**   offence committed by speculators

délivrer   to deliver; to issue

demain   tomorrow

la **demande**   application; **faire une** _____ to apply

demander   to ask, ask for; _____ **sa part** to ask one's share; **se** _____ to wonder

la **démarche**   gait; step; approach; policy; _____**s administratives** administrative procedures

démarrer (la voiture)   to start (the car)

déménager   to move (one's household)

demeurer   to remain, stay; to reside

le **demi-frère**   stepbrother

la **demi-sœur**   stepsister

la **démission**   resignation

démodé   out of fashion

se **démoder**   to become outmoded

démographique   demographic

la **demoiselle**   single woman, young lady

démolir   to demolish

dénaturé   distorted

la **dent**   tooth

dénudé   bare, denuded

le **départ**   departure

dépasser   to pass, exceed

dépaysé   uprooted, out of one's element

dépendre de   to depend upon

dépenser   to spend

dépeuplé   depopulated

le **dépit**   vexation; **en** _____ **de** in spite of

le **déplacement**   trip

déposer   to leave, drop off

dépouillé   laid bare, exposed

dépourvu (de)   devoid (of); **au** _____ off guard, unaware

dépressif (depressive)   depressed, dejected

déprimé   depressed

depuis   since, for (time); _____ **peu** recently

le **député**   legislator

déraciné   uprooted

déranger   to disturb, bother

déraper   to skid

dérisoire   paltry

la **dérive**   drift; **à la** _____ drifting

le **dérivé**   derivative

dernier (dernière)   last, latest

dérouler   to unwind; **se** _____ to occur, take place

déroutant   surprising, confusing

derrière   behind

dès   from, as early as; _____ **le berceau** right from the cradle, from infancy; _____ **lors** from then on, in that case; _____ **que** as soon as

désaffecté   no longer in use

le **désarroi**   distress

désastreux (désastreuse)   disastrous

descendre   to go down; to get out of (vehicle)

la **descente**   coming down, going down

désespéré   desperate

désespérer   to despair

déshérité   underprivileged

désigner   to designate, name

le **désir**   wish, desire; aspiration

désirer   to wish for

désobéir (à)   to disobey

désormais   henceforth, from now on

désossé   boned

le **dessein**   plan, project

le **dessin**   drawing; _____ **animé** cartoon

dessiner   to draw

dessous   below; **ci-**_____ below, here-after; **en** _____ **de** under le **dessous-de-table** bribe

dessus above, on top; **au** _____ **de** on top of, over

le **destin** destiny

le **destinataire** addressee

détaché free, detached

détendre to slacken; **se** _____ to relax

détendu relaxed

détenir to hold, withhold

détente relaxation

le **détour** deviation, detour

détriment: au _____ **de** at the expense of

détruire to destroy

la **dette** debt

le **deuil** mourning

deux two

deuxième second

devant in front of

devenir to become, turn (into)

déverser to pour out

deviner to guess

devoir must; to owe (**je dois, nous devons, ils doivent;** *pp* **dû**)

le **devoir** duty; *pl* homework

dévorer to devour; _____ **des livres, des journaux** to be an avid reader

dévoué devoted

la **dictée** dictation

la **diététique** nutrition

le **dieu** god

la **différence** difference; **à la** _____ **de** unlike

différer to put off

difficilement with difficulty

diffuser (une chanson à la radio) to broadcast (a song on the radio)

la **diffusion** broadcast

le **dimanche** Sunday

le **diplôme** diploma, degree

le, la **diplômé(e)** graduate

dire to say, tell (**je dis, nous disons, vous dites;** *pp* **dit**); **à vrai** _____ in all honesty; **se** _____ to think to oneself

le **directeur (la directrice)** manager, director; headmaster, headmistress

la **direction** management

dires: aux _____ **de** according to

dirigeant directing, ruling; *pl m* rulers, directors

diriger to be at the head; to rule, administer; **se** _____ **vers** to move in the direction of

discerner to notice

le **discours** speech, talk, verbal rationalization

discret (discrète) discreet, able to keep a secret

discuter to discuss

disparaître to disappear; _____ **dans la nature** to vanish into thin air

dispenser to exempt

se **disperser** to scatter, disperse

disponible available, adaptable

disposer de to have at one's disposal

la **disposition** disposition, bent; aptitude

se **disputer** to fight, argue

le **disque** record; _____ **compact** compact disc (CD); _____ **souple** floppy disk

la **disquette** diskette

disséminer to disseminate

la **dissertation** composition, paper

dissimuler to conceal

distinguer to distinguish; **se** _____ **de** to be distinguished from

la **distraction** diversion, relaxation

distraire to entertain; **se** _____ to amuse oneself

divers varied; **les faits** *m* _____ minor, often sensational, news items

divertir to entertain

divertissant entertaining

le **divertissement**   entertainment

divin   divine

diviser   to divide

divorcer (d'avec)   to divorce

dix   ten

dizaine   (about) ten

le **documentaire**   documentary

le **doigté**   tact

le **domicile**   home; **à** _____ at home

dominer   to tower over; to dominate

dompter   to tame

le **don**   gift, talent

donc   then, consequently

les **données** *f*   data

donner   to give

dont   of which, whose

doré   golden

dormir   to sleep (**je dors, nous dormons**)

le **dortoir**   dormitory

le **dos**   back

le **dossier**   dossier, file

la **douane**   customs; **passer la** _____ to go through customs

doubler (un film)   to dub (a movie)

doucement   softly; gently; slowly

la **douceur**   sweetness

la **douche**   shower

doué (de)   capable (of); _____ **pour** gifted in

la **douleur**   pain

le **doute**   doubt; **sans** _____ no doubt

douter   to doubt

doux (douce)   soft

le **dramaturge**   playwright

le **drap (de lit)**   (bed) sheet

dresser   to put up, set up; to train; **se** _____ to stand up, rise

droit   right; straight; **tout** _____ straight ahead

le **droit**   law, right; _____ **d'asile** right of asylum; **avoir** _____ **à** to be entitled to; **de** _____ obvious, un- questionable; **les** _____**s de**

l'Homme civil rights; _____ **acquis** right

drôle   funny

dûment   duly

dur   hard, tough

durant   during, for

la **durée**   duration

durement   harshly

durer   to last

E

l' **eau** *f*   water

ébaucher   to sketch, outline

l' **éboulement** *m*   collapse

l' **écart** *m*   gap

l' **échalote** *f*   shallot

échanger   to exchange

l' **échantillon** *m*   sample

échapper à   to avoid; to escape; **s'**_____ **(de)** to escape (from)

échauffer   to warm, warm up

l' **échec** *m*   failure, flop

l' **échelle** *f*   ladder

l' **échelon** *m*   step, degree

échouer   to fail; to be stranded

l' **éclair** *m*   flash of lightning

l' **éclairage** *m*   lighting; emphasis

éclairer   to light, illuminate

éclatant   dazzling, striking

éclater   to explode; to break out

l' **écluse** *f*   floodgate

écœuré   fed up; disheartened, sickened

l' **école** *f*   school; _____ **libre** private school; _____ **maternelle** nursery school

l' **économie** *f*   economy, economics

économiser   to save

écoulé   (time) passed

écouter   to listen (to)

l' **écran** *m*   screen; **le petit** _____ tele- vision

écraser   to crush, flatten out

s' **écrier**   to exclaim

écrire   to write (**j'écris, nous écrivons;** *pp* **écrit**)

l' **écrit** *m*   written form

l' **écriture** *f*   handwriting, writing

l' **écrivain** *m*   (professional) writer

édifier   to build (an edifice)

l' **éditeur** *m*   publisher

l' **édition** *f*   the publishing industry

l' **éducation** *f*   bringing up (children)

éduquer   to train; to educate

effacé   unobtrusive

effacer   to erase

effarouché   frightened

les **effectifs** *m*   numbers

effectivement   in fact, as a matter of fact

effectuer   to execute, carry out

l' **effet** *m*   effect; **en** _____ as a matter of fact; **faire de l'**_____ to make a good impression

efficace   efficient

effleuré   touched lightly

l' **effondrement** *m*   collapse

effrayant   terrifying

égal   equal

également   also, equally

l' **égalité** *f*   equality; _____ **des sexes** equality between the sexes

l' **égard** *m*   consideration; **à l'**_____ **de** with regard to; **à cet** _____ in this respect

l' **église** *f*   church

égoïste   selfish, self-centered

élaborer   to concoct

élargir   to broaden

l' **élargissement** *m*   broadening

l' **électeur (électrice)** *m, f*   voter

les **élections** *f*   elections

l' **électrophone** *m*   record player

l' **élevage** *m*   raising of livestock

l' **élève** *m, f*   pupil; **anciens** _____**s** alumni

élevé   high; brought up; **bien**

(mal) _____ well (badly) brought up

élever   to raise, bring up (children); **s'**_____ to rise (up); **s'**_____ **contre** to raise objections to

l' **éleveur** *m*   breeder

élire   to elect (**j'élis, nous élisons;** *pp* **élu**)

éloigné   distant

l' **élu** *m*   elected official

émancipé   liberated

emballer   to pack, wrap up; *fam* to pick up (a girl)

embarquer   to launch; to get on board

embarrassant   embarrassing

s' **embarrasser**   to be concerned (about something)

embaucher   to hire

embaumer   to give a fragrance to

l' **embouteillage** *m*   traffic jam

l' **embrasement** *m*   flare-up

embrasser   to embrace; to kiss

s' **embrouiller**   to get mixed up

embué   misted

émerveillé   amazed

l' **émeute** *f*   riot

l' **émigrant** *m*   emigrant

l' **émigré(e)** *m, f*   exile, emigrant

l' **émission** *f*   TV program

emménager   to move in

emmener   to take, take away, lead away

l' **émotion** *f*   shock

émouvant   moving

émouvoir   to move (emotionally) (*pp* **ému**)

empêcher   to prevent

empiler   to pile up

l' **emploi** *m*   job, employment; _____ **du temps** schedule

l' **employé(e)** *m, f*   clerk; white-collar worker, employee

employer   to use, employ

l' **employeur** *m*   employer

empocher   to pocket

emporter (sur) to prevail (over)

empreint de tinged with

s' **empresser de** to be eager to, hasten to

l' **emprise** *f* hold, grasp

emprunter to borrow

ému moved

en in, into

encaisser to collect, receive a payment

enceinte pregnant

enchaîner to put together

enclin à inclined to

encontre: à l'____ de contrary to

encore again; still, yet

l' **encre** *f* ink

s' **endetter** to go into debt

endommager to damage

s' **endormir** to fall asleep; **____ sur ses lauriers** to rest on one's laurels

l' **endroit** *m* place

l' **enfance** *f* childhood

l' **enfant** *m, f* child; **____ martyr** battered child

enfantin childish

enfermer to lock up; to enclose

enfiler to slip on

enfin finally, at last; in short, that is

s' **enflammer** to become impassioned

enflé swollen

enfoncé deep set

s' **enfuir** to flee, run away

engagé committed; hired

s' **engager** to get involved; to become committed

engendrer to create

l' **engin** *m* device, tool

engueuler *fam* to bawl out

l' **enjeu** *m* stake, issue

enlever to take away, remove

l' **ennemi** *m* enemy

l' **ennui** *m* boredom; *pl* troubles

s' **ennuyer** to be bored

ennuyeux (ennuyeuse) boring

l' **enquête** *f* survey; **____ de marché** market research

enraciné implanted

l' **enregistrement** *m* recording

enregistrer to record, tape; to register

s' **enrichir** to get rich

l' **enseignant(e)** *m, f* member of the teaching profession, educator

l' **enseigne** *f* sign

l' **enseignement** *m* education, teaching

ensemble together; **l'____** aggregate; **les grands ____s** clusters of high-rise apartment buildings

ensuite after, afterwards, then

entamer to start

entasser to pile up; to crowd together

entendre to hear, listen to; to understand; to wish; **s'____** to reach an understanding, get along

l' **entente** *f* relationship, agreement

l' **enthousiasme** *m* enthusiasm

entier (entière) whole

entonner to strike up (a song)

l' **entorse** *f* twist; infringement

l' **entourage** *m* neighbors, relatives; surroundings

entourer to surround

entraîner to train; to lead; to entail; **s'____** to train, practice

l' **entrave** *f* obstacle

entre between, among

l' **entrée** *f* entrance, admission

l' **entrepot** *m* warehouse

entreprendre to undertake

l' **entreprise** *f* undertaking; business concern; **les ____ donatrices** contributing businesses

entrer (dans) to go in (to), enter

entretenir to keep; to support (someone)

l' **entretien** *m*   interview; meeting; discussion; upkeep; _____ **d'embauche**
  job interview

entrevu   glimpsed

l' **entrevue** *f*   interview

envers   towards, in regard to

l' **envie** *f*   craving, envy; **avoir** _____ **de**
  to have a craving for; to want, feel
  like

environ   around, about, approximately; **les** _____**s** *m*   surrounding
  area

envisager   to contemplate

l' **envoûtement** *m*   spell

épais   thick

s' **épanouir**   to find fulfillment; to
  blossom

l' **épargne** *f*   savings

épargner   to save; to spare

éphémère   ephemeral

l' **épicerie** *f*   grocery store

l' **épingle** *f*   pin; **tirer son** _____ **du jeu**
  to get out of a predicament

l' **époque** *f*   time, time period, era; **à
  l'**_____ at the time

épouser   to marry, espouse

épouvantable   terrible

l' **époux (épouse)** *m, f*   spouse

l' **épreuve** *f*   test, proof; ordeal, trial;
  _____ **sportive** sporting event

éprouver   to feel

épuisant   tiring

s' **épuiser**   to run out

épurer   to purify, refine

équilibrer   to balance

l' **équipe** *f*   team; **le travail en** _____
  teamwork

l' **équipement** *m*   facility

l' **équité** *f*   equity

l' **érable** *m*   maple

ériger   to erect; **s'**_____ **(en)** to pose
  (as)

l' **errance** *f*   wandering

l' **esclavage** *m*   slavery

l' **esclave** *m, f*   slave

s' **escrimer à**   to struggle (to do
  something)

l' **escroc** *m*   swindler

l' **espace** *m*   space; _____**s verts** parks,
  green areas; **en l'**_____ **de** within

s' **espacer**   to become less frequent

espagnol   Spanish

l' **espèce** *f*   kind, species

l' **espoir** *m*   hope

l' **esprit** *m*   mind; _____ **d'entreprise** entrepreneurship; _____ **de
  clocher** parochialism

l' **essai** *m*   try, attempt; rushes (films)

essayer   to try; to try on; **s'**_____ **à** to
  try one's hand at

l' **essence** *f*   gasoline

esseulé   solitary, lonely

essoufflé   out of breath

l' **est** *m*   east

estimer   to estimate; to be of the opinion (that); to feel, reckon, consider

l' **estomac** *m*   stomach

estomper   to blur

estudiantin   concerning students

et   and

établir   to set up

l' **établissement** *m*   firm; premises

l' **étage** *m*   floor, story

l' **étape** *f*   step, stage (of a journey)

l' **état** *m*   condition; **l'Etat** the Government

l' **été** *m*   summer

éteindre   to switch off, turn off

s' **étendre**   to stretch out

l' **éthique** *f*   ethics

l' **étiquette** *f*   label

s' **étirer**   to stretch

l' **étoffe** *f*   fabric

étonnamment   surprisingly

étonné   surprised

étouffer   to smother, stifle

l' **étrange**   strange

l' **étranger (étrangère)** *m, f*   foreigner; **à l'____** abroad

l' **être** *m*   being; **le bien-____** well-being

étroit   narrow

l' **étude** *f*   study; **____s supérieures** graduate studies; **faire des____s** to get a higher education

l' **étudiant(e)** *m, f*   student

étudier   to study

l' **évasion** *f*   escape, escapism

éveiller   to awaken

l' **événement** *m*   event

l' **éventail** *m*   fan; range, choice

éventuel (éventuelle)   possible

éventuellement   if needed, as needed

évidemment   of course, obviously

l' **évidence** *f*   obviousness; **mettre en ____** to show (up), reveal

évident   obvious

éviter   to avoid

évoluer   to evolve

évoquer   to mention

l' **examen** *m*   examination

examiner   to inspect, examine

exclure   to exclude

l' **excursion** *f*   trip, tour

l' **excuse** *f*   apology

exécuter   to execute; to perform; **s'____** to bring oneself to do something

exercer (un métier, une activité)   to carry on (a trade, an activity)

exhiber   to show off

exigeant   demanding

exiger   to demand

exigu(ë)   small, confining

expatrier   to expatriate

expédier   to send

l' **expérience** *f*   experience; experiment

expliquer   to explain

exploiter   to exploit, make the most of

exposer   to exhibit

l' **exposition** *f*   exhibition, exhibit

exprimer   to express

expulsé   deported

expulser   to expel; to deport

extérieur   external, peripheral; **l'____** *m*   outside; **à l'____** on the outside

l' **externe** *m, f*   day student

l' **extrait** *m*   extract; **____ de naissance** birth certificate

l' **extrémité** *f*   extremity; far end

F

la **fabrique**   factory

fabriquer   to manufacture, make

la **façade**   façade, front (of a house)

face à   facing

fâcher   to anger; **se ____** to get angry

facile   easy

la **façon**   fashion, way; **de cette ____** in this way; **de toute ____** in any case

le **facteur**   factor; mail carrier

la **faculté**   school, department of a university

faible   weak

la **faiblesse**   weakness

la **faille**   flaw

faillir   to fail

la **faillite**   bankruptcy

la **faim**   hunger; **avoir ____** to be hungry

faire   to do; to make (**je fais, nous faisons, vous faites, ils font;** *pp* **fait**); **____ appel** to appeal; **____ la charité** to give to charity; **____ exprès** to do on purpose; **____ face à** to confront; **____ du mal** to harm; **____ la manche** to beg; **____ le poids** to have power; **____ la queue** to stand in line; **____**

régner to impose; ____ **le siège** to besiege

le **faire-part** announcement (of birth, wedding, etc.)

le **fait** fact; **de** ____ actually; **en** ____ in fact; **tout à** ____ quite, completely

falloir *impers used only in 3rd person* **(il faut, il faudra, il a fallu)** one must, it is necessary to

familial of, relative to the family

familier (familière) familiar

la **famille** family; ____ **monoparentale** single-parent family

fatigant exhausting

se **fatiguer** to get tired

le **faubourg** outskirts of a town

faut (*see* **falloir**): **comme il** ____ proper

la **faute** mistake; ____ **de** for lack of

faux (fausse) false, fake

favori (favorite) favorite

favoriser to facilitate; to favor, encourage

fécond fertile; full

le **féculent** starchy food

la **fée** fairy

féliciter to congratulate; **se** ____ **de** to be pleased with

la **femme** woman, wife; ____ **au foyer** housewife

la **fenêtre** window

le **fer** iron

la **feria** bull race

la **ferme** farm

fermer to shut, close

la **fermeture** closing

le **fermier (la fermière)** farmer

la **fessée** spanking; **donner une** ____ **à** to spank

la **fête** feast

fêter to celebrate

le **feu** fire; ____ **rouge** red light

la **feuille** leaf, sheet

le **feuilleton** TV serial, soap opera

février February

fiable reliable

la **fiche de paie** paystub

le **fichier** catalogue

fichu lousy

fidèle faithful

fier (fière) proud

se **fier à** to trust, rely on

la **fierté** (justified) pride

figurer to appear

le **fil** thread; ____ **de l'intrigue** thread of the plot; **au** ____ **de** throughout the course of

la **file d'attente** queue, line

filer to dash

le **filet** line

la **filière** track

la **fille** girl, daughter; **jeune** ____ girl, young woman; ____ **mère** unwed mother

la **fillette** little girl

filmer to shoot, film

le **film muet** silent film

le **fils** son; ____ **à papa** rich man's son; ____ **unique** only son; **petit-** ____ grandson

fin fine, refined

la **fin** end, ending

finalement finally

la **finalité** purpose, goal

financier (financière) financial

finir to finish, end

se **fixer** to settle permanently

flamand Flemish

flambant neuf brand-new

flamboyer to burn bright

flâner to stroll about; to browse

flatté flattered

la **flèche** arrow

fléché arrowed, marked

flemmard *fam* lazy; **elle n'a rien**

d'une _____e she does not have a lazy bone in her body

la **flemme** laziness

le **flic** *fam* cop

flotter to float

flou vague, hazy

la **FNAC** book and music store in France

la **foi** faith

le **foie** liver; **_____ gras** goose-liver pâté

la **fois** time, occasion; **à la _____** at the same time; **des _____** sometimes; **quatre _____ par jour** four times a day; **une _____** once

le **foisonnement** proliferation

foisonner to abound

la **folie** madness

foncé dark (color)

foncer to charge

foncièrement fundamentally, basically

la **fonction** function, duty, office

le **fonctionnaire** official, civil servant; **haut _____** top civil servant

fonctionner to function, operate

le **fond** bottom; **au _____** fundamentally

le **fondateur (la fondatrice)** founder

le **fondement** foundation

fonder to found, create

les **fonds** *m* funds

la **fontaine** fountain

le **football** soccer

la **force** strength; **à _____ de** by dint of

forcément of course

forger to form

le **for intérieur** conscience; **dans son _____** in one's innermost heart

les **formalités** *f* formalities, **_____ d'entrée dans un pays** procedures to enter a country

la **formation** training, education; **_____ professionnelle** professional training

la **forme** outward appearance, shape, form; formalism

formidable wonderful, marvelous

fort strong; *adv* very strongly

fou (folle) crazy, mad; extravagant; **faire les _____s** to be silly

foudroyant stunning

la **fougue** enthusiasm, spirit, passion

la **foule** crowd

la **foulée** stride; **dans la _____** along with it

le **four** oven; **_____ à micro-ondes** microwave oven

la **fourmi** ant; **travail** *m* **de _____** laborious job

fourmiller to swarm

fournir to furnish, provide; **_____ l'effort** to make the effort

la **fourrure** fur; **fausse _____** fake fur

s' **en foutre** *fam* not to give a damn

le **foyer** home, hearth, family; social center, boarding house, shelter; **fonder un _____** to get married; to set up a household

les **frais** *m* expenses

franc (franche) frank, free

français French

franchir to reach; to overcome

la **franchise** frankness

franciser to Frenchify

frappant surprising; striking

frapper to hit, strike; to stun

frayé cleared

fredonner to hum

le **frein** brake, curb

la **fréquentation** attendance

fréquenter to associate with

le **frère** brother

friand fond of

le **fric** *fam* money, "bread," "dough"

le **frigo** *fam* refrigerator, fridge

la **frime** *fam* bluff, show; **c'est de la _____** it's all an act

friser to be on the verge of

les **frites** *f* French fried potatoes

froid cold; **avoir _____** to be cold

la **froideur**   coldness

le **fromage**   cheese

frondeur   critical, irreverent

la **frontière**   border

se **frotter à**   to rub

la **fugue**   flight, escape; **faire une** _____
to run away from home

fuir   to flee; to shun

la **fuite**   flight; leak; avoidance

fulgurant   dazzling

fumer   to smoke

fumiste *fam*   frivolous, idle

futé   sly, cunning

futile   futile, trivial

le, la **futur(e)**   bridegroom-to-be, bride-
to-be

G

le **gage**   guarantee

gagner   to win; to earn; to gain;
to reach; _____ **du temps** to save
time; _____ **sa vie** to earn one's
living

gai   merry, cheerful

la **gaine**   girdle

la **galanterie**   politeness

la **galère** *fam*   hard life

le, la **gamin(e)** *fam*   kid

la **gamme**   range, series

garantir   to guarantee

le **garçon**   boy; _____ **de café** waiter

la **garde (des enfants)**   custody (of
children)

le **garde**   watchman, guard

garder   to keep, retain; to take care of

la **garderie**   day-care center

la **garde-robe**   wardrobe

garer (sa voiture)   to park (one's
car)

la **gare routière**   bus station

le **gars** *fam*   boy, lad; guy

le **gaspillage**   waste

gaspiller   to waste (away)

le **gâteau**   cake

gâter   to spoil

gauche   left

le **gavroche**   street kid

géant   gigantic

le **gel**   frost

le **gendarme**   police officer

le **gendre**   son-in-law

gêné   embarrassed

gêner   to hinder; to embarrass

le **général**   general

généreux   generous

la **générosité**   generosity

génial *fam*   wonderful, awesome

le **génie**   genius

le **genou**   knee; **à** _____ on one's knees,
sur ses _____**x** on one's lap

le **genre**   kind; gender; **avoir bon** _____
to be distinguished; **ce** _____ **de** that
kind of; **du** _____ like

les **gens** *m, f*   people

la **gent**   race; brood

gentil (gentille)   nice

le **gérant (de société)**   manager (of a
company)

gérer   to manage

le **geste**   gesture

gesticuler   to gesticulate

la **gestion**   management, _____ **du**
personnel human resources
management

la **gifle**   slap

glacé   frosty, icy

glisser   to glide; to slip

la **gloire**   glory

la **GMF (Garantie Mutuelle des Fonc-**
tionnaires)   Insurance Company

la **gorge**   throat

le, la **gosse** *fam*   kid

se **goupiller** *fam*   to turn out

le **goût**   taste, preference; _____ **du jour**
current taste

goûter   to taste; to appreciate

gouverner   to rule, govern

la **grâce**   charm, grace; _____ **à** thanks to; **de mauvaise** _____ unwillingly

la **graisse**   fat

grand   big, large; great; **pas grand-chose** not much

grandir   to grow up

gras (grasse)   fat; greasy, fatty

le **gratte-ciel**   skyscraper

gratter   to scratch

gratuit   free of charge

gratuitement   for free

grave   serious

graver   to engrave

gravir   to climb

le **gré**   liking, taste; **au** _____ **de** according to; **contre son** _____ against one's will; **de mauvais** _____ reluctantly

grégaire   social, gregarious

grelotter   to shiver

le **grenier**   attic

grenoblois   from Grenoble

la **grève**   (labor) strike

grignoter   to nibble away

la **grimace**   grimace; **faire la** _____ to make faces

grimper   to climb

grogner   to grumble

gronder   to scold

gros (grosse)   big, stout, heavy; **le** _____ **de** the majority of

la **grossesse**   pregnancy

grossir   to put on weight

guère   hardly, not very, not much, hardly any

la **guerre**   war

le **guerrier**   warrior

le **gueulard** _fam_   loud-mouthed person, loudmouth

la **gueule** _fam_   mouth, face; **casser la** _____ **de quelqu'un** to bust someone in the jaw

le **guichet**   window (of a bank, post office, box office), counter

guider   to guide

les **guillemets** _m_   quotation marks

la **guirlande**   garland

la **guitare**   guitar

la **gymnastique**   gymnastics, exercise; **faire de la** _____ to exercise

H

habiller   to dress (someone); **s'**_____ to get dressed

l' **habit** _m_   article of clothing, garment

l' **habitant(e)** _m, f_   inhabitant, resident

l' **habitation** _f_   residence

habiter   to reside; to populate

l' **habitude** _f_   habit, custom

habitué   used, accustomed; **l'**_____ regular visitor or customer

habituel (habituelle)   usual, customary

s' **habituer**   to become accustomed

*la **haine**   hatred

* **haïr**   to hate   **(je hais, nous haïssons;** _pp_ **haï)**

*la **hanche**   hip

*le **harcèlement sexuel**   sexual harassment

*le **haricot**   bean

*la **harissa**   spicy sauce used in couscous

l' **harmonium** _m_   harmonium

*le **hasard**   chance, accident; **à tout** _____ by any chance; **au** _____ at random; **par** _____ by chance

*la **hâte**   haste; **avoir** _____ **de** to be eager to

*la **hausse**   rise, increase

* **haut**   high; loud; **en** _____ up (on top), upstairs; **le** _____ top, upper part

*la **hauteur**   height, level; **être à la** _____ **de** to be equal to

*le **haut-parleur**   loudspeaker

*le **havre**   haven

hebdomadaire   weekly; **l'**_____ _m_ weekly paper or magazine

héberger (quelqu'un) to put up, lodge (someone)

l' **hectare** *m* 10,000 square meters (2.47 acres)

l' **herbe** *f* grass; **les mauvaises ____s** weeds

l' **héritage** *m* inheritance

hériter de to inherit from

l' **héritier (héritière)** *m, f* heir

l' **héroïne** *f* heroine

*le **héros** hero

l' **hésitation** *f* hesitation

hésiter to hesitate

l' **heure** *f* hour; **____ de grande écoute** peak time, prime time; **de bonne ____** early

heureux (heureuse) happy

heurter to strike, collide with

hier yesterday

*la **hiérarchie** hierarchy

l' **hindouisme** *m* Hinduism

l' **histoire** *f* story; history

l' **hiver** *m* winter

la **HLM (habitation à loyer modéré)** low-rent housing unit

l' **homme** *m* man

*la **honte** shame; **avoir ____** to be ashamed; **faire ____ à** to put to shame; **la fausse ____** self-consciousness

l' **horaire** *m* (train, plane, etc.) schedule

l' **horreur** *f* horror; **avoir ____ de** to detest, loathe

* **hors de** out of; **____ saison** out of season

hospitalier (hospitalière) hospitable

l' **huile** *f* oil; **____ de tournesol** sunflower oil

l' **huissier** *m* bailiff

l' **huître** *f* oyster

humain human; **l'____** *m* essence of humanity

humaniser to humanize

humide damp

humoristique humorous

l' **humour** *m* humor

l' **hypermarché** *m* giant supermarket

I

ici here

l' **idée** *f* idea; **____s reçues** conventional ideas, accepted ideas; **____s toutes faites** set ideas; **avoir des ____s noires** to be depressed

ignoble awful

l' **ignominie** *f* ignominy, disgrace

ignorer to be ignorant of

illettré illiterate

l' **îlot** *m* small island, isle

l' **image** *f* picture, image; **à l'____ de** in the same way as

imagé vivid, picturesque

l' **imaginaire** *m* make-believe world, imagination

l' **immatriculation** *f* registration, enrollment

l' **immédiat: dans l'____** for the present, as a first priority

l' **immeuble** *m* apartment building

l' **immigré(e)** *m, f* immigrant

immuable unchanging

l' **imperméable** *m* raincoat

implanter to plant; to graft; **s'____** to take root

impliquer to implicate, to involve; to imply

imploser to implode, burst

importer to matter, be important; **il importe peu** it doesn't matter; **n'importe quel** any (at all)

imposer to prescribe; to impose; **s'____** to be called for, be required

l' **impôt** *m* tax, taxation

l' **impression** *f* impression; **avoir l'____ que** to seem; to fancy; to feel

impressionnant impressive
impressionner to impress
imprévu unexpected, unforeseen
l' **imprimante** *f* printer (for a computer)
imprimer to print; to impress; to impart
improviser to act as
impuissant powerless
l' **inaptitude** *f* incapacity
inattendu unexpected
l' **incendiaire** *m* arsonist
l' **incertitude** *f* uncertainty
inciter to incite, urge
inclus included
incongru unseemly
inconnu unknown
incontestable undeniable
l' **inconvénient** *m* drawback, disadvantage
incroyable incredible
inculqué instilled
l' **indice** *m* index; indication
l' **indigène** *m, f* native (of a country)
indigne unworthy
indiquer to indicate; to point to, point out
indiscutable unquestionable
indulgent lenient, lax
l' **industrie** *f* industry, industrial plant
l' **industriel** *m* industrialist, factory owner
inégal unequal
l' **inégalité** *f* inequality; **les _____s sociales** social inequities
infamant dishonorable
l' **infarctus** *m* infarction, coronary
infirmer to invalidate
l' **infirmier (infirmière)** *m, f* nurse
infléchir to influence; to distort
influer to influence
l' **informaticien (informaticienne)** *m, f* computer scientist
les **informations** *f* news

l' **informatique** *f* computer science
l' **informatisation** *f* computerization
l' **ingénieur** *m* engineer
inlassablement tirelessly, unremittingly
innombrable countless
inoffensif (inoffensive) harmless
l' **inondation** *f* flood
inquiet (inquiète) anxious
inquiétant disturbing
inquiéter to disturb; **s'_____** to worry
l' **inquiétude** *f* anxiety, concern
s' **inscrire** to register, enroll; **_____ dans** to be a part of
l' **insécurité** *f* uncertainty, **_____ matérielle** financial uncertainty
Insee National Institute of Statistics
l' **insigne** *m* sign, badge
insoupçonné unthought of
insoutenable unbearable
inspirer to inspire; to breathe in; **s'_____ de** to draw inspiration from
installé settled
installer to set up, install; **s'_____** to settle down
l' **instant** *m* instant; **pour l'_____** for the moment, at this point
instaurer to establish
l' **institut** *m* **de beauté** beauty salon
l' **instituteur (institutrice)** *m, f* secondary school teacher
l' **instruction** *f* education
instruire to educate
l' **insu: à mon (ton, etc.) _____** without my (your, etc.) being aware of it
intégrer to integrate; to be accepted by (a school); **s'_____ à** to become a part of
intenable unbearable, impossible
l' **interdiction** *f* banning
interdire to forbid
interdit forbidden; **l'interdit** *m* inderdiction, prohibition

intéressant interesting

intéresser to interest; **s'____ à** to be interested in

l' **intérêt** *m* interest

intérieur inner; **l'intérieur** *m* inner part; **à l'____ de** inside of

intérieurement inwardly

interloqué taken aback

l' **internat** *m* residence hall, dorm

l' **interne** *m, f* boarder

l' **interprète** *m, f* interpreter

interroger to ask, question; to poll, quiz

interrompre to interrupt

intervenir to interfere; to intercede

intitulé entitled

intraduisible untranslatable

l' **intrigue** *f* plot (of a play, film, novel)

inutile useless, needless

l' **inverse** *m* opposite, reverse; **à l'____ de** contrary to

inversé reversed

investir to invest

l' **investissement** *m* investment

irréductible obstinate, intractable

irremplaçable irreplaceable

l' **isolement** *m* isolation

isoler to isolate

issu de born of, emanating from

l' **itinéraire** *m* itinerary, way

l' **ivresse** *f* intoxication; ecstasy

l' **ivrogne** *m, f* drunkard

J

jadis formerly, in the old days

jamais ever; **à ____** forever; **ne... ____** never

la **jambe** leg

le **jardin** garden, yard; **____ d'enfants** kindergarten

le **jardinage** gardening

jardiner to garden

le **jardinier (la jardinière)** gardener

jaunir to turn yellow

jetable disposable

jeter to cast, throw; **____ un pavé dans la mare** to set the cat among the pigeons

le **jeu** game; **____ des acteurs** acting

jeune young; **les ____s** young people

la **jeunesse** youth

joindre to get in touch with

joli pretty

jongler to juggle

jouer to play; **____ le rôle** to play the part

le **joueur de foot** soccer player

jouir de to enjoy

le **jouisseur (la jouisseuse)** pleasure seeker

le **jour** day; **de tous les ____s** everyday

le **journal** newspaper; **____ intime** diary; **____ télévisé** television news

la **journée** day, daytime

joyeux (joyeuse) happy

le **judaïsme** Judaism

le **jugement** judgment, trial

juger to judge, try; to believe

le **jumeau (la jumelle)** twin

la **jupe** skirt; **la mini-____** miniskirt

jurer to swear

juridique legal, judicial

le **jus** juice

jusque, jusqu'à as far as, until; even; **jusqu'à ce que** until (+ clause)

juste right; to the point; well founded; *adv* rightly, precisely

K

le **kid** kid, adolescent

le **kilo (= kilogramme)** kilogram (2.2 pounds)

le **kilomètre** kilometer (.62136 mile)

le **kiosque** newspaper stand

le **krach (pétrolier)** oil crisis

L

là there; _____ -**bas** over there

laborieux (laborieuse) hard-working

lâche cowardly

lâché let loose

lâcher to let loose, give up

laïc (laïque) lay, secular

laid ugly

la **laideur** ugliness

la **laine polaire** polar wool

laisser to let; to leave; to lead; **le** _____-**aller** carelessness, lack of control, free-and-easiness

le **lait** milk

lambin _fam_ slow, a dawdler

lancer to launch, throw; **se** _____ to jump into

le **langage** speech, language

la **langue** language; tongue

le **lapin** rabbit

large broad, wide; big

la **larme** tear

la **lassitude** tedium

le **lauréat** winner, laureate

les **lauriers** _m_ laurels

laver to wash

le **lecteur (la lectrice)** reader; **le** _____ **de disque compact** CD player; **le** _____ **de disquette** disk drive

la **lecture** reading

léger (légère) light

légitimer to legitimatize

la **légitimité** legitimacy

léguer to transmit, bequeath

le **légume** vegetable

le **lendemain** next day

lent slow

la **lessive** laundry, laundry detergent

la **lettre** letter; _pl_ literature; _____ **de motivation** cover letter

lettré lettered, well educated

lever to lift, raise; **se** _____ to rise

la **liaison** linkage, connection

libéral liberal, radical

se **libérer** to free oneself

la **liberté** freedom

le, la **libraire** bookseller

la **librairie** bookstore

libre free

le **libre-échange** free trade

licencié fired

licencier to lay off

le **lien** tie, link, bond

lier to bind

le **lieu** place, location; **au** _____ **de** instead of; **avoir** _____ to take place; **en premier** _____ in the first place; **il y a** _____ **de** it is timely to

la **ligne** line

la **limite** limit; **à la** _____ in the most extreme case

lire to read (**je lis, nous lisons;** _pp_ **lu**)

la **liste d'attente** waiting list

le **lit** bed

le **litron** _fam_ bottle of wine

la **littérature** literature

le **livre** book; _____ **de poche** paperback

livrer to deliver

le, la **locataire** tenant

la **location** rental, rent

la **loge (d'un acteur, d'une actrice)** (actor's) dressing room

le **logement** housing, lodging; **obtenir un** _____ **à loyer modéré** to get a rent-controlled apartment

loger to accommodate

le **logiciel** software

la **loi** law, act (of legislature); rule

loin far

lointain far away

le **loisir**   leisure, free time; **centre** *m* **de**
_____ recreation area

long (longue)   long; **au** _____ **de**
during the whole course of (time);
le _____ **de** alongside

longtemps   a long time

le **look**   appearance

lors   then, at that time; _____ **de** at
the time of

lorsque   when

louer   to rent; to praise

louper *fam*   to miss

lourd   heavy

lourdement   ponderously

le **loyer**   rent, rental

ludique   relating to games, liking
games

luisant   shining, glowing

la **lumière**   light

le **lundi**   Monday

la **lutte**   struggle

lutter   to struggle

le **lutteur**   fighter

le **luxe**   luxury

le **lycéen (la lycéenne)**   student at a
lycée (secondary school)

M

la **machine à laver**   washing machine;
_____ **la vaisselle** dishwasher

le **magasin**   store; _____ **à grande surface** big supermarket; **grand** _____
department store

maghrébin   North African

magique   magical

le **magnétophone**   tape recorder

le **magnétoscope**   videocassette
recorder

maigre   thin, skinny

le **maillot de bain**   bathing suit

la **main**   hand

la **main-d'œuvre**   manpower, labor
force

maint   many

maintenant   now

maintenir   to uphold; to hold back

le **maire**   mayor

la **mairie**   town hall

mais   but

la **maison**   house; establishment; **à la**
_____ at home

le **maître (la maîtresse)**   master;
teacher; _____ **mot** defining word;
être _____ **de** to master, control

la **maîtrise**   mastery

maîtriser   to master

majeur   major, of age (legal)

mal *adv*   badly, ill; _____ **à l'aise** ill
at ease

le **mal**   evil, harm; ailment; _____ **du
pays** homesickness; **avoir du** _____
à faire quelque chose to have a
hard time doing something; **dire du**
_____ **de quelqu'un** to speak ill of
someone; **faire du** _____ to hurt,
harm

le, la **malade**   sick person

la **maladie**   illness, disease

le **malaise**   discomfort, uneasiness

le **malentendu**   misunderstanding

le **malfaiteur**   criminal

malgré   in spite of

le **malheur**   misfortune

malheureusement   unfortunately

la **malle**   trunk

la **mallette**   attaché case

malmené   mistreated

maltraité   ill-treated

manger   to eat

le **maniement**   handling

manier   to handle

la **manière**   way

la **manifestation**   street demonstration;
_____ **culturelle** cultural event

manifeste   obvious; **le** _____
manifesto

manifestement   obviously

manifester   to exhibit; to take part in a demonstration; to appear

le **mannequin**   model

le **manque**   lack

manquer   to miss; _____ **de** to lack

le **manteau**   coat

manuscrit   handwritten

maquillé   made up

maquiller   to disguise

maraîcher (maraîchère)   gardening for sale at a market

marchander   to bargain

la **marchandise**   goods, merchandise

la **marche**   step (of stairs); act of walking; **se mettre en** _____ to start

le **marché**   market, deal; _____ **aux puces** flea market; _____ **du travail** labor market; **bon** _____ cheap, inexpensive

marcher   to walk; to work; **ça marche** it works

le **mari**   husband

le **mariage**   marriage, wedding

se **marier**   to get married

la **marine**   navy

la **marmite**   stew pan; _____ **norvégienne** stockpot

marquant   important

la **marque**   stamp, mark; brand

marqué   indicated

marrant _fam_   funny

se **marrer** _fam_   to laugh

la **masse**   mass; **comme une** _____ like a log; **mouvement** _m_ **de** _____ mass movement

le **massif**   side, aspect

le **matelas**   mattress

la **maternelle**   nursery school; kindergarten

les **maths** _fam_ (= **mathématiques**) _f_ math(ematics)

la **matière**   subject matter, content of a course; _____**s grasses** fat; **en** _____ **de** concerning

le **matraquage**   beating, brainwashing

mauvais   bad; wrong; poor (quality, taste)

la **maxime**   motto

le **mécontentement**   dissatisfaction

le **médecin**   physician

la **méditation**   meditation

la **méfiance**   suspicion

méfiant   suspicious

se **méfier (de)**   to distrust, suspect

meilleur   better; **le, la** _____ **(e)** the better (of two), the best

le **mélange**   mixture

se **mélanger**   to mingle

se **mêler de**   to interfere with, meddle in

la **mélodie**   tune

le, la **mélomane**   music lover

le **membre**   member

même   same, very; self, _adv_   even; _____ **si** even if; **tout de** _____ even so

la **mémoire**   memory

le **ménage**   household; housekeeping; **faire des** _____**s** to work as a housekeeper; **faire le** _____ to do the cleaning; **scène** _f_ **de** _____ family quarrel

le **mendiant**   beggar

mendier   to beg

mener   to lead (**je mène, nous menons**)

mensonger (mensongère)   lying, deceptive

le **mensuel**   monthly magazine

la **mentalité**   turn of mind

mentir   to lie (**je mens, nous mentons**)

le **mépris**   scorn; **au** _____ **de** in defiance of, regardless of, at the cost of

méprisé   disregarded

la **merci**   mercy

le **mercredi**   Wednesday

la **mère**   mother; _____ **porteuse**   surrogate mother

mériter   to deserve

merveille: à _____   splendidly

merveilleux (merveilleuse)   wonderful, marvelous

la **messagerie**   electronic bulletin board

la **messe**   mass

la **mesure**   measure; **à** _____ **que** as, in proportion as, even as

mesurer   to measure

se **métamorphoser (en)**   to change completely (into)

la **météo(rologie)**   weather report

le **métier**   trade, craft, skill, job, profession

le **métis (la metisse)**   half-breed, person of mixed racial descent

le **mètre**   meter

le **métro**   subway

la **métropole**   mother country

le **mets**   dish (food)

le **metteur en scène**   (stage) director

mettre   to put, set, place; to wear **(je mets, nous mettons;** _pp_ **mis);** _____ **en lumière** to expose; _____ **en scene** to feature, to stage; _____ **les pieds** to set foot; **se** _____ **à** to start doing something

mi-clos   half-closed

le **micro-ordinateur**   personal computer (PC)

le **midi**   noon; south; **le Midi** the south of France

mieux _adv_   better; **le** _____ best

le **milieu**   middle; milieu, environment; **au** _____ **de** in the midst of

militaire   military

le, la **militant(e)**   supporter

militer   to be active (in a political party)

mille   (one) thousand

le **millénaire**   millennium

le **milliard**   billion

un millier de   a thousand or so

les **milliers** _m_   thousands

la **minceur**   slimness; scantiness

le **mineur**   minor (age); miner

le **ministre**   minister; secretary of state

le **Minitel rose**   erotic electronic bulletin board

minuté   timed; **l'emploi du temps** _____ tight schedule

la **mise à l'écart**   putting aside

la **mise en place**   setting, installation

la **mise en scène**   staging, direction

la **misère**   poverty

mi-sérieux   half-serious

le **mi-sourire**   half-smile

mi-temps: à _____   part-time

mitonner   to simmer

mixte   mixed, coed

le **mocassin**   loafer

moche _fam_   bad-looking, ugly

la **mode**   fashion (clothes), trend

le **mode**   way; _____ **d'emploi** instructions for use

le **modèle**   model

modéré   moderate

le **modernisme**   modernity

modeste   modest, unpretentious; mediocre

les **mœurs** _f_   mores, customs

moindre   lesser; **le** _____ the slightest

moins   less; _____ **de** less than; **à** _____ **que** unless; **au** _____ at least; **du** _____ at least; **le** _____ least; **tout au** _____ at the very least

le **mois**   month

la **moitié**   half; **à** _____ halfway

le, la **môme** _fam_   kid

le **moment**   moment; **en ce** _____ now

le **monde**   world; people; **du** _____ people; company; **mettre au** _____

to bring into the world; **tout le
_____** everybody

mondial   worldwide, universal

la **monnaie**   change (cash)

le **montage**   editing (of film)

le **montant**   sum

la **montée**   rise

monter   to go up, to walk up; **_____ à
Paris** to come to Paris (from the
provinces); **_____ au créneau** to be
involved in a cause; **_____ une
entreprise** to launch a business;
_____ un spectacle to stage,
produce a show

la **montre**   watch

montrer   to show

se **moquer de**   to make fun of, laugh at

la **morale**   ethics, morals; **faire la _____**
to moralize

le **morceau**   piece

mordant   caustic

le **moribond**   moribund

morne   monotonous

mort   dead; **la _____** death

le **mot**   word

motiver   to motivate

le **mouchoir**   handkerchief

la **moule**   mussel

le **moule**   mold

mourir   to die (**je meurs, nous
mourons, ils meurent;** *pp* **mort**)

la **moutarde**   mustard

se **mouvoir** (*pp* **ému**) to move, stir (emotionally)

moyen (moyenne)   average, medium

le **moyen**   means; **les _____s de transport** means of transportation

moyennant quoi   in return for which

muet (muette)   mute

municipal   local, of the town

mûr   ripe

le **mur**   wall

le **musicien (la musicienne)**   musician

la **musique**   music; **_____ de fond** background music

musulman   Moslem

N

nager   to swim

naguère   lately, formerly

la **naissance**   birth

naître   to be born (**je nais, nous nais-
sons;** *pp* **né**); **_____ sous une bonne
étoile** to be born under a lucky star

la **natation**   swimming

la **nationalité**   nationality

la **nature**   nature, kind; **en _____** in kind

naturel (naturelle)   illegitimate
(child)

nauséabond   stinking

naviguer l'Internet   to surf the
Internet

le **navire**   ship

navrant   sad, heartbreaking

né   born (*pp* of **naître**)

néanmoins   nevertheless

le **néant**   nothingness

nécessaire   necessary

la **nécessité**   need, necessity

négligé   careless, unkempt

négligeable   insignificant, negligible

négliger   to neglect

négocier   to negotiate

le **négotiateur (la négotiatrice)**   agent

le **néologisme**   neologism

le **nerf**   nerve

le **nettoyage**   cleaning

nettoyer   to clean

neuf (neuve)   new

neutre   neutral

le **nid**   nest

nier   to deny

n'importe quel(le)   any

n'importe qui   anybody

n'importe quoi   anything

le **niveau** level; _____ **de vie** standard
of living

la **noblesse** nobility

les **noces** *f* wedding

le **nœud-papillon** bow tie

noir black

le **nom** name; _____ **de famille** last
name; _____ **d'état** civil legal name;
au _____ **de** in the name of

le **nombre** number

nombreux (nombreuse) numerous

nommer to name, appoint; **se** _____
to be named, be called

le **nord** north

le **notable** VIP

notamment especially, among others

la **note** grade; bill

noter to observe, note; to grade

la **notoriété** notoriety, repute

nouer to tie (a knot); _____ **des connaissances** to make acquaintances

la **nouille** noodle

nourrir to feed

la **nourriture** food

nouveau (nouvel, nouvelle) new;
de _____ again

la **nouveauté** latest thing

nouvelle *f* short story; *pl* news

noyer to drown; **se** _____ to drown
(oneself)

le **nuage** cloud

nuancé with different shades of opinion, shaded, nuanced, subtle

nuisible harmful

la **nuit** night

nul (nulle) *fam* very bad

nullement not at all

le **numéro** number

O

obéir (à) to obey

l' **obéissance** *f* obedience

l' **objet** *m* object

l' **obligation** *f* **scolaire** compulsory
school attendance

obligatoire compulsory

obsédé obsessed

observer to observe

obtenir to obtain, get, secure; _____
un diplôme to graduate

l' **occasion** *f* opportunity; **d'**_____
second-hand

l' **occident** *m* West

occidental Western

occupé busy, occupied; employed

s' **occuper de** to take care of

octroyer to grant

l' **odeur** *f* smell

l' **œil** *m* (*pl* **yeux**) eye

l' **œuvre** *f* work (*esp* creative work)

offenser to offend

l' **office** *m* (religious) service

officier to officiate

l' **offre** *f* offer

offrir to offer

**Ofpra (= Office français de pro-
tection des réfugiés et apatrides)**
French Office for the Protection of
Refugees and Stateless Persons

l'oligo-élément *m* trace element

l' **ombre** *f* shadow

omettre to omit

l' **onde** *f* wave

onéreux (onéreuse) costly

l' **opérette** *f* light opera

opiniâtre obstinate

opposé opposite, contrary;
completely different

opposer à to pitch against; to
contrast with

or now; but, whereas

l' **or** *m* gold

oralement orally

l' **orchestre** *m* orchestra

ordinaire ordinary, common

l' **ordinateur** *m*   computer

l' **ordre** *m*   order; **dans cet** _____ **d'idées** in that line of thinking

l' **oreille** *f*   ear

l' **orientation** *f* **scolaire** tracking

orienter to direct; to track

l' **orifice** *m*   opening, aperture

l' **origan** *m*   marjoram

l' **orthographe** *f*   spelling

oser to dare; to venture

l' **otage** *m*   hostage

ôter to suppress; to remove

ou or

où where; **d'**_____ whence

l' **oubli** *m*   oblivion

oublier to forget

l' **ouest** *m*   west

l' **oukase** *m*   decree

l' **outil** *m*   tool

outre beyond; **en** _____ besides, furthermore; **territoire d'**_____-**mer** overseas territory

l' **ouverture** *f*   opening, gap

l' **ouvrage** *m*   work

l' **ouvrier (ouvrière)** *m, f*   manual worker, blue-collar worker; **classe** *f* **ouvrière** working class

ouvrir to open (*pp* **ouvert**)

P

le **pain** bread

paisible peaceful

la **paix** peace

le **palier** landing

le **palmarès** hit-parade, honors list

la **pancarte** sign

le **panneau** board

le **pantalon** trousers

la **pantoufle** slipper

le **papier** paper

le **paquebot** steamer

par by, through; _____ **ailleurs** in

other respects; _____ **le biais de** from the angle of; _____-**ci** _____-**là** here and there; _____ **hasard** by chance; _____ **rapport à** compared to; _____ **la suite** afterwards, later

le **paradis** paradise

paraître to seem, appear (**je parais, il paraît, nous paraissons;** *pp* **paru**)

le **parapluie** umbrella

le **parc** park

parce que because

parcourir to travel through

le **parcours** course

le **pardessus** coat

pardonner to forgive

pareil (pareille) similar; such

le **parent** parent; relative

la **parenté** kinship

la **paresse** laziness

paresseux (paresseuse) lazy

parfois sometimes

le **pari** gamble, bet

parisien (parisienne) Parisian

les **paritaires** *m*   advocates of parity

la **parité** parity

parlementaire parliamentary, congressional

parler to speak, talk

le **parleur** talker; **beau** _____ glib talker; **haut-**_____ loudspeaker

parmi among

la **parole** spoken word, speech; *pl* lyrics (of a song); **donner la** _____ **à** to give (someone) a chance to speak

le **parolier** writer of lyrics

parquer to put together

le **parrainage** sponsorship

la **part** share, part; **à** _____ except for, aside from, apart from; **d'une** _____ ... **d'autre** _____ on the one hand . . . on the other hand

partager to share; to divide

le, la **partenaire**   partner

le **parti**   (political) party

le **participe**   participle

le **particularisme**   particularism, sense of identity

particulièrement   particularly; **tout** _____ most especially

la **partie**   part; game; **faire** _____ **de** to belong to

partir   to leave, be off; **à** _____ **de** beginning with

partout   everywhere; _____ **ailleurs** anywhere else

parvenir à   to succeed at; to reach, get to; to achieve

le **pas**   step; _____ **contrôlés** measured steps

pas du tout !   out of the question!

le, la **passant(e)**   passerby

le **passé**   past, time past

le **passe-droit**   favor

passer   to pass; to spend (time); to accept; _____ **un examen** to take an exam; **se** _____ to occur, happen, take place; **qu'est-ce qui se** _____ **?** what's going on?

passionnant   thrilling, interesting

passionné   passionate, enthusiastic

se **passionner pour**   to become passionate about

le **pastis**   anise-flavored aperitif

les **pâtes** _f_   pasta

patienter   to be patient

le **patin à roulettes**   roller skate

la **pâtisserie**   pastry; pastry shop

le **patois**   regional dialect

patraque _fam_   in bad health, worn out

la **patrie**   homeland, motherland

le **patrimoine**   heritage

le **patron (la patronne)**   boss, employer

la **patrouille**   patrol

la **pause**   break

pauvre   poor

la **pauvreté**   poverty, scarcity

le **pavé**   paving stone

le **pavillon**   small house (generally in the suburbs)

payer   to pay

le **pays**   country

le **paysage**   landscape

le **paysan (la paysanne)**   peasant

le **péage**   toll, charge

la **peau**   skin

pêcher   to fish

pédant   pedantic

la **peine**   penalty; sorrow, difficulty; **à** _____ barely, hardly; **valoir la** _____ to be worth the trouble

le **peintre en bâtiment**   building painter

la **peinture**   painting

péjoratif (péjorative)   derogatory, depreciatory

le **pèlerinage**   pilgrimage, retreat

la **pelouse**   lawn, grass

pendant   during

pendre   to hang

le, la **pendu(e)**   person hanged

pénétrer   to enter, penetrate

pénible   hard, unpleasant

la **pensée**   thought

penser   to think

la **pension alimentaire**   alimony

le, la **pensionnaire**   boarder

percer   to reach the top

percevoir   to receive (money)

perçu   perceived

perdre   to lose; **se** _____ to get lost

perdu   wasted

le **père**   father

le **péril**   peril, danger

la **période**   period

la **périphérie**   outskirts (of town)

périphérique   peripheral

permanent   ceaseless, continuing

permettre   to permit, allow, make possible

le **permis de conduire**   driver's license

permissif (permissive)   permissive

le **personnage**   character, personality

la **personne du troisième âge**   senior citizen

le **personnel**   staff, personnel

la **perspective**   prospect

la **perte**   loss; waste

perturber   to disturb

peser   to weigh, _____ **de tout son poids** to weigh heavily

la **pétanque**   game of bowls

petit   small, little; **le** _____ **écran** television; **le** _____ **Larousse** French dictionary

le **pétrole**   oil

peu   little, not much; _____ **nombreux** rare; **à** _____ **près** approximately; **un** _____ **de** a little (bit of)

le **peuple**   people, nation; masses

peupler   to populate

la **peur**   fear; **avoir** _____ **de** to be afraid of

peut-être   perhaps

la **phrase**   sentence

le **phrasé**   phrasing

la **physique**   physics

pianoter   to key in (on a computer)

la **pièce**   piece; room; play (theater); **le deux-**_____**s** two-room apartment

le **pied**   foot

le **piège**   trap

la **pierre**   stone

le **pilier**   mainstay

piller   to loot

le **pilleur**   looter

le **pilori**   pillory

le **pilote d'essai**   test pilot

la **pilule**   pill

piocher   to pick; to take; to draw

le **pion**   pawn

la **piscine**   swimming pool

pis encore   worse still

la **piste**   track

le **pistolet**   gun

le **piston**   string-pulling; **avoir du** _____ to have friends in the right places; **utiliser le** _____ to pull strings

la **pitance**   sustenance

la **place**   space; place, room; position, job; public square

le **placement**   investment

la **plage**   beach

le **plaidoyer**   plea

plaindre   to pity; **se** _____ to complain

plaire   to please; to be agreeable; **ça me plaît** I like it

plaisanter   to joke

la **plaisanterie**   joke

le **plaisir**   pleasure

le **planqué** *fam*   risk-avoider

planté   placed

plat   boring; flat

le **plat**   dish, plate, course (of a meal)

plein   full; **à** _____ **temps** full-time; **en** _____ in the middle of

pleurer   to cry

pleuvoir   to rain

se **plier à**   to conform to

le **plombier**   plumber

la **pluie**   rain

la **plupart**   most, the greatest part

plus   more; **de** _____ furthermore; **jamais** _____ never again; **le** _____ most; **ne** _____ no more, no longer; **non** _____ (not) either

plusieurs   several, many

plutôt   rather

la **poche**   pocket; **en** _____ in hand

la **poêle** frying pan

la **poésie** poetry

le **poète** poet

le **poids** weight

la **poignée** handful; ____ **de main** handshake

le **point** point; ____ **de vue** point of view; **faire le** ____ to get oriented; **mettre au** ____ to perfect

pointer to punch in

la **pointure** shoe size

le **poireau** leek; **faire le** ____ *fam* to be kept waiting

le **poisson** fish

la **poitrine** chest

poli polite

le **policier** police officer

la **politique** politics; policy; ____ **migratoire** immigration policy

pollué polluted

le, la **Polonais(e)** Pole

la **pomme de terre** potato

le **pompier** firefighter

ponctuel (ponctuelle) topical; relevant

pondre to lay, produce

le **pont** bridge

la **porte** door

la **portée** reach; **à la** ____ **de** within reach of

le **porte-parole** spokesperson

porter to carry, bear; to wear; ____ **son attention sur** to pay attention to; ____ **un coup** to deal a severe blow; **s'en** ____ **plus mal** to fare the worse for it

porté sur prone to

la **portion** part

poser to put, place; to set down; to ask (a question); ____ **sa candidature** to apply (for a job)

posséder to own

le **possesseur** owner

la **poste** post office

le **poste** job, position; ____ **de télévision** television set

le **pot** pot; ____**-de-vin** bribe

le **potage** soup

le **potager** vegetable garden

le **potentat** potentate, magnate

la **poubelle** garbage can

le **poulet** chicken

la **poulie** pulley

le **pouls** pulse

pour for; ____ **autant** thereby, for all that; ____ **l'instant** for the moment

le **pourboire** tip

pourquoi why

pourri rotten

poursuivre to pursue, chase; to go on; to follow

pourtant however, though

pourvoir to provide

le **pourvoyeur** provider

pousser to push; to grow; **faire** ____ to grow

pouvoir to be able to, can (**je peux, nous pouvons, ils peuvent;** *pp* **pu**)

le **pouvoir** power; ____ **d'achat** purchasing power; ____ **politique** political power

le, la **pratiquant(e)** church-goer

pratique practical

la **pratique** practice; **en** ____ in practice, practically speaking

pratiquer to practice; to be familiar with

préalablement beforehand

précaire precarious

précédent preceding

préciser to specify; **se** ____ to take shape

préconiser (un moyen, un remède) to recommend (a means, a solution) la **préfecture**   prefecture (seat of government)

préférer   to prefer

le **préjugé**   prejudice

premier (première)   first

prendre   to take (**je prends, nous prenons, ils prennent;** *pp* **pris**); _____ **parti** to opt for; _____ **un pot, un verre** to go out for a drink; _____ **sa retraite** to retire; _____ **au sérieux** to take seriously

le **prénom**   first name

la **préoccupation**   concern

la **prérogative**   prerogative

près (de)   near, close (to)

présent   present; **à** _____ now

le **présentateur (la présentatrice)**   news commentator

présenter   to offer, present; **se** _____ to show up; to run for office

presque   almost, nearly

la **presse**   press

se **presser**   to hurry

la **pression**   pressure; **faire** _____ **sur** to influence; to intimidate

les **prestations** *f* **sociales** national insurance benefits

prêt   ready

le **prêt-à-porter**   ready-made clothes

prétendre   to claim

la **prétention**   pretentiousness, claim

prêter   to lend; **se** _____ **à** to lend oneself to

la **preuve**   evidence, proof; **faire** _____ **de** to give proof of, show

prévenir   to warn; to prevent

les **prévisions** *f*   prediction

prévoir   to foresee; to plan

prévu   expected

prier   to pray

la **prière**   prayer

la **prime**   bonus, prize

primer   to prevail

le **principe**   principle

le **printemps**   spring

la **prise**   hold, grasp; _____ **de bec** *fam* dispute, fight; _____ **de position** stand (on an issue); **être aux** _____**s avec** to be grappling with; **être en** _____ **avec** to be at grips with

privé   private; _____ **de** deprived of; **le** _____ private sector

le **privilège**   privilege

privilégié   privileged

le **prix**   price; prize, award

le **problème**   problem, issue

le **procédé**   procedure, process

le **processus**   course, process

prochain   next; neighboring

proche (de)   near, close (to)

proclamer   to proclaim, announce

le **prodige**   astounding feat

le **producteur**   producer

produire   to produce; **se** _____ to happen

le **produit**   product, produce

la **profession**   work; **les** _____**s libérales** the professions

profiter   to take advantage; to benefit; to thrive

profond   deep

profondément   deeply

la **progéniture**   offspring

la **programmation**   choice (of TV) programs

le **programme**   (school) curriculum; _____ **électoral** political platform

le **progrès**   progress

la **progression**   advancement

la **projection**   screening

le **projet**   plan

projeter   to plan; to screen

prolixe   talkative, productive

prolonger   to prolong

la **promenade** walk, stroll

se **promener** to go for a walk

promettre to promise

la **promotion** raise; graduating class;
en _____ on special (sale)

propager to propagate

propice favorable

le **propos** remark, words; **à** _____ **de** in
connection with, concerning

propre clean; own; _____ **à** peculiar
to, characteristic of

le, la **propriétaire** owner; landlord, landlady

la **propriété** property; ownership

le **prosaïsme** commonplace

protéger to protect

le **protestantisme** Protestantism

prouver to prove

provençal of Provence

provenir to come from

la **province** the provinces

provisoire temporary

provisoirement temporarily, for the
time being

la **proximité** proximity; **à** _____ **de** in
the vicinity of

la **prune** plum

le **pseudonyme** pseudonym, assumed
name

le **psychiatre** psychiatrist

la **psychologie** psychology

le **psychologue** psychologist

le **public** audience, public

publicitaire pertaining to advertising

la **publicité** advertising, commercials

publier to publish

la **puce** microchip

la **pudeur** modesty

puis then, afterwards, next

puisque since, seeing that

la **puissance** power, strength

puissant powerful

le **pull** pullover

punir to punish

pur pure

la **pureté** purity, clearness

purger une peine to serve a
sentence

Q

la **qualité** quality; good point

quand when

quant à as for

quarante forty

le **quart** quarter, one-fourth

le **quartier** section of a town, quarter,
ward

quasiment almost

quatre four

quel(le) what, which; _____ **que
soit** whatever (whichever, whoever)
. . . may be

quelconque any (whatever);
ordinary, commonplace

quelque some, any

quelquefois sometimes, occasionally

quelque part somewhere

quelqu'un someone, somebody

la **querelle** quarrel

la **question** question, issue; **il est** _____
de the issue is to, there is some
talk of; **pas** _____ ! out of the question!

la **quête** search, quest

la **queue** waiting line; **faire la** _____ to
wait in line

la **quinzaine** approximately fifteen

quitte à even if it means

quitter to leave

quoi: de _____ something

quoi que (+ *subj*) what(ever) . . .
may

quoique although, though, albeit

quotidien (quotidienne)   daily; **le** _____ daily paper

R

le **rabais**   discount

se **raccrocher à**   to hang on to

la **racine**   root

raconter   to tell, narrate

raffiné   refined, polished

rafistolé   patched up

le **ragoût**   stew

le **rail**   track

raison   reason, motive, justification; **à** _____ **de** at the rate of; **avoir** _____ to be right; to be justified; **se faire une** _____ to resign oneself

rajeunir   to rejuvenate

rajouter   to add

ralentir   to slow down

le **râleur (la râleuse)** _fam_   grumbler

ramasser   to pick up

ramener   to bring (someone) back; to repatriate

la **rancœur**   resentment

le **rang**   status, rank

rangé   orderly, well-ordered

ranger   to arrange; to put away; to rank; to tidy up

râper   to grate

rapide   swift

se **rappeler**   to remember, recall

le **rapport**   report; relationship; **par** _____ **à** with respect to, compared to

rapporter   to bring back; to fetch; to yield, bring in; **se** _____ **à** to refer to

le **rapprochement**   reconciliation, bringing together

rarement   rarely, seldom

rassembler   to gather, round up

rassurant   reassuring

rassuré   reassured

rater   to miss; **le, la raté(e)** failure (person)

se **rattacher à**   to be linked to

rattraper   to catch up

ravaler   to plaster

ravi   delighted

ravitailler   to supply

le **rayon**   department (in a store)

réagir   to react

le **réalisateur d'un film**   filmmaker

réaliser   to carry out; to make

la **réalité**   reality; **en** _____ actually

se **rebeller**   to rebel

rebours: à _____   in reverse

récemment   recently

le **récépissé**   receipt

le **récepteur**   (receiving) set (radio or TV)

la **recette**   recipe; box-office receipts, returns

recevoir   to receive, get; to welcome; to entertain (**je reçois, nous recevons, ils reçoivent;** _pp_ **reçu**)

la **recherche**   research, search; **à la** _____ **de** in search of

le **récit**   narrative, account

réclamer   to demand; to claim; to complain

récolter   to harvest

la **récompense**   reward

récompenser   to reward

reconnaissable   recognizable

la **reconnaissance**   recognition, acknowledgment

reconnaissant   grateful, thankful

reconnaître   to recognize; to acknowledge

le **recours**   resort, recourse

recruter   to recruit; **se** _____ to be recruited

recueillir   to gather; to shelter

recul: avec le _____   in retrospect

reculer to move back, delay; to decline

récupérer to fetch

se **recycler** to retrain oneself

le **rédacteur (la rédactrice)** editor (newspaper)

la **redevance** tax (for television)

redevenir to become again

redoubler to double, repeat (a year at school)

redouter to fear

la **réduction** discount

réduire to reduce

réellement actually, in reality, truly

refaire to remake, do over again

réfléchi serious, thoughtful, careful

réfléchir to reflect, think, ponder

refléter to reflect, mirror

refouler to turn back

le **refus** refusal

refuser to refuse

régaler to entertain; se _____ de to feast on

le **regard** look, glance; stare

regarder to look at, watch

la **régie** stage management

le **régime** diet; **être au** _____ to be on a diet

régir to govern

la **règle** rule; **en** _____ in order

réglé settled

le **règlement** regulation

régler to regulate, plan; to settle (bill, account)

le **règne** reign; *fig* incumbency, administration

régner to reign; _____ **en maître** to dominate

le **regroupement** regrouping

régularisé legalized

la **réincarnation** reincarnation

le **rejet** rejection

rejeter to reject, turn down

rejoindre to rejoin, join; to catch up

se **réjouir** to be pleased

relancer to propose anew

les **relations** *f* connections, friends

relégué exiled, confined

relever to pick up; to note; _____ **de** to be dependent on

relié linked to

la **reliure** (book) binding

remarquer to observe, notice, remark

rembourser to reimburse, pay back

remédier to remedy

remettre to hand over; to put back in

le **rempart** rampart, protection

remplacer to replace

rempli filled

remplir to fill

la **rémunération** payment, salary

renchérir to add

la **rencontre** encounter, meeting; **à la** _____ **de** in search of

rencontrer to meet, run across

le **rendement** output, productivity

rendre to give back, return; render (justice); _____ **service à quelqu'un** to do someone a favor; **se** _____ to go; **se** _____ **compte de** to realize

renfermer to contain

renforcer to reinforce

renier to deny, disclaim, reject

le **renoncement** sacrifice

le **renouveau** revival

renouveler to renew

le **renouvellement** renewal

le **renseignement** information, directions

renseigner to inform; **se** _____ to make inquiries

la **rentabilité**   return (on investment), applicability

rentable   profitable

la **rente**   (unearned) income

la **rentrée**   start of the term

rentrer   to go home

renverser   to upset; **être renversé par une voiture** to be run over by a car

le **renvoi**   cross-reference

renvoyer   to send back; to throw back; to dismiss

répandre   to spread out

réparer   to repair

le **repas**   meal

repasser   to iron

le **repère**   reference

repérer   to locate, spot

le **répertoire**   repertory

répéter   to repeat

la **répétition**   rehearsal

le **répit**   respite

répondre (à)   to answer, respond

la **réponse**   answer, response

se **reporter sur**   to transfer, shift

reposant   restful

reposer   to set down; **se _____** to rest

repousser   to push away

représentant   representing

la **représentation**   performance, show; **_____ paritaire** equal representation

réprimer   to repress, suppress

la **reprise**   resumption, return

reprocher (quelque chose à quelqu'un)   to blame (someone for something)

réputé   well-known

le **rescapé**   survivor

le **réseau**   network

la **réserve**   storeroom

réservé   reserved

réserver   to book

la **résidence**   building, construction, housing development

résister à   to withstand

résorbé   reduced, absorbed

résoudre (*pp* **résolu**)   to solve, resolve; **se _____ à** to bring oneself to

respirer   to breathe

la **responsabilité**   responsibility, liability

responsable   responsible; **le, la _____** person responsible for, person in charge

ressembler à   to look like

ressentir   to feel; to experience

resserrer   to tighten

ressortir   to go (come) out again; to stand out; to dig up

le **reste**   remainder, rest

rester   to stay, remain, be left

restituer   to reproduce, recreate

le **resto** *fam*   restaurant; **_____ du cœur** food kitchen for homeless people

les **restrictions** *f*   limitations, reservations

le **résultat**   result, outcome

résumer   to summarize

le **retard**   delay; **en _____** late, delayed

retenir   to retain; to remember

réticent   reticent, hesitant

se **retirer**   to withdraw

retomber   to fall back; to fall down again

le **retour**   return

le **retournement**   reversal

retourner   to return, go back; **s'en _____ chez eux** to go back home

la **retraite**   retirement, pension

rétrécir   to shrink

retrouver   to meet; to find (again); to rediscover; **se _____ d'accord** to find oneself in agreement

la **réunion**   meeting, gathering

réunir   to gather; **se** _____ to congregate

réussir   to succeed; to pass (an exam)

la **réussite**   success

la **revalorisation**   revaluation

revaloriser   to give a new value to

la **revanche**   revenge; **en** _____ on the other hand; **prendre sa** _____ to get even with someone

le **rêve**   dream

le **réveil**   (re-)awakening

révélateur (révélatrice)   revealing

se **révéler**   to reveal oneself as

la **revendication**   demand

revendiquer   to justify; claim, lay claim to

revenir   to come back

le **revenu**   income

rêver   to dream

le **revers**   reverse; _____ **de la médaille** other side of the coin

la **révolte**   rebellion

se **révolter**   to revolt

révolu   gone by

la **revue**   review; **passer en** _____ to review

le **rez-de-chaussée**   ground floor

ricaneur   sniggering, giggling

la **richesse**   wealth

le **rideau**   curtain

ridicule   ridiculous

rien   nothing; _____ **à voir** nothing to do; _____ **n'y fait** nothing works; _____ **que** merely, just; **en** _____ in no way

rigoler _fam_   to laugh

la **rigueur**   rigor, harshness; **à la** _____ if it comes to the worst

la **ripaille**   feast, pig-out

rire   to laugh; **le** _____ laughter

risquer   to take a chance

le **rite**   ritual

la **rive**   bank (of a river)

RMIste (qui reçoit le revenu minimum d'insertion)   person on welfare

la **robe**   woman's dress, gown

le **rocher**   rock

le **roi**   king

le **rôle**   role

le **roman**   novel; _____ **policier** detective story; _adj_ Romanesque (architecture)

le **romancier (la romancière)**   novelist

rompre (_pp_ **rompu**) to break

rond   round

la **ronde**   round

rosi   flushed

le **rossignol**   nightingale

le **rôti**   roast beef

rôtir   to roast

le **rouge-gorge**   robin

le **rouget**   mullet

rouler   to drive (along)

la **route**   road; **faire fausse** _____ to go in the wrong direction

rude   rough

la **rue**   street

se **ruer**   to pounce

ruiner   to ruin

S

le **sable**   sand

le **sac**   handbag, purse

saccager   to destroy

sacré   sacred

sage   wise, good

la **sagesse**   wisdom

sain   healthy, wholesome, sound

saisir   to seize, get hold of, grasp

la **saison**   season

le **salaire**   wages, salary

sale   dirty

salé   salted

salir   to soil, get dirty

la **salle** hall, (large) room; _____ **à manger** dining room; _____ **de bains** bathroom; _____ **de séjour** living room

le **salon** living room

le **samedi** Saturday

le **sang** blood

sangloter to sob

sans without; **le sans-papiers** illegal alien

la **santé** health; **la Santé** prison in Paris

le **sapin** Christmas tree

satané devilish, confounded

satisfaire to satisfy

sauf except

la **sauge** sage

sauté stir-fried

sauter to jump; to skip; **faire** _____ to blow up

sauvage savage, wild

la **sauvegarde** protection

sauver to save

savant learned, professional; **le** _____ scientist

la **saveur** flavor

savoir to know

le **savoir** knowledge, culture

le **savoir-faire** know-how

le **savoir-vivre** good manners, social conventions; good living

savonner to soap

savoureux (savoureuse) flavorful

le **scaphandrier** deep-sea diver

le **scénario** script

le **scénariste** script writer

la **scène** stage; scene; _____ **de ménag** family squabble; **mettre en** _____ t stage; **monter sur** _____ to step on stage

le **schéma** outline, blueprint

scolaire (of or relative to) school, schoolish

scolariser to provide education

le **scrutin** ballot

sec (sèche) dry

sécher (un cours) *fam* to cut (a class)

la **sécheresse** drought

secouer to shake

le **secteur** sector, area

séduire to captivate, to seduce

séduit fascinated

sein: au _____ **de** in the midst of

le **séjour** stay, residence; **carte** *f* **de** _____ resident's permit; **permis** *m* **de** _____ residence permit

selon according to; _____ **que** depending on whether

la **semaine** week

semblable similar

semblant: faire _____ **(de)** to pretend (to)

sembler to seem, appear

le **sénateur** senator

le **sens** sense, direction, meaning; **le bon** _____ common sense

sensé sensible

la **sensibilisation** sensitivity

sensible sensitive

sensiblement perceptibly

le **sentiment** feeling, sensation

sentir to feel; to experience; to smell; **se** _____ **bien** to feel good

séparer to separate

serein serene

la **sérénité** serenity

la **série** series, succession

serrer to clench; to tighten

le **serveur** (computer) server

le **serveur (la serveuse)** waiter, waitress

le **service** service, agency, division (in a bureaucracy); **chef** *m* **de** _____ division chief

servir to serve; **ne** _____ **à rien** to be of no use; **se** _____ **de** to use le **seuil**   threshold

seul   lonely, alone; single; only

seulement   only, except

sévère   strict, rigid

si   if; while; though; *adv*   so, so much; such; as

le **SIDA**   AIDS

le **siècle**   century

le **siège**   seat

siffler   to whistle; to boo

signaler   to make conspicuous; to point out; to signal

signer   to sign

significatif (significative)   significant

la **signification**   meaning, significance

signifier   to mean, signify

silencieux (silencieuse)   silent

singulier (singulière)   singular, peculiar, odd

sinistré   wrecked

sinon   if not, unless, or else

le **site**   site, spot

la **situation**   position, job

situer   to place, locate; **se _____** to be located; to stand

le **smicard**   person earning the SMIC (minimum wage)

la **SNCF (Société nationale des chemins de fer)**   French Railway

la **société**   company, firm; society, community

le **socle**   base, foundation

soi   oneself, himself, herself, itself

soigné   refined; polished; well-kept

soigner   to nurse, take care of

soigneusement   carefully

le **soin**   care

le **soir**   evening, nightfall, night

la **soirée**   evening; evening party, night out

soit... soit   either . . . or

le **sol**   ground, floor

les **soldes** *m*   sale(s)

le **soleil**   sun

solide   robust

solliciter   to invite; to stimulate

la **somme**   sum, whole; **en _____** in sum

le **sommeil**   sleep

sommeiller   to doze off; to lie dormant

le **sommelier**   wine waiter

le **sommet**   summit, peak

le **son**   sound

le **sondage**   poll, public opinion survey

sonder   to probe

songer   to think, consider; to dream

sonner   to ring the bell

sonore   high-sounding; **bande** *f* **_____** sound track

le **sort**   destiny, fate

la **sorte**   kind, species; **de toutes _____ s** of all kinds; **faire en _____ que** to see to it that

la **sortie**   coming out, going out, outing, night out; exit; **priver un enfant de _____ s** to ground a child

sortir   to go out; **_____ avec** to date, go out with; **_____ un livre** to publish; **s'en _____** to pull through

le **sou**   penny; **des _____ s** *fam*   money; **sans le _____** penniless

le **souci**   concern, worry; **sans _____** carefree

le **souffleur**   prompter

souffrir   to suffer, endure (*pp* **souffert)**

le **souhait**   wish

souhaitable   desirable

souhaiter   to wish

soulager   to soothe

se **soûler**   to get drunk

soulever   to lift (up); to raise (a problem)

souligner   to emphasize

soumettre   to submit; to subdue (*pp* **soumis**)

la **soumission**   subordination

soupçonner   to suspect

soupirer   to sigh

souple   flexible

sourd   deaf

le **sourire**   smile; _____ **en coin** half smile

la **souris**   mouse

sournois   underhanded

sous   under; _____ **l'égide de** under the aegis of

le **souscripteur (la souscriptrice)**   subscriber

le **sous-sol**   basement

le **sous-titre**   subtitle

soustraire   to hide; to screen

soutenir   to support

le **souvenir**   souvenir; memory

se **souvenir (de)**   to remember

souvent   often

se **spécialiser en**   to major in

la **spécificité**   specificity

le **spectacle**   show; **le monde du** _____ show business circles

le **spectateur (la spectatrice)**   spectator, member of the audience

la **spiritualité**   spirituality

spirituel (spirituelle)   spiritual

spontané   spontaneous

sportif (sportive)   athletic

le **spot publicitaire**   commercial

le **stage**   internship

stagner   to stagnate

la **standardiste**   switchboard operator

la **station-service**   gas station

le **statut**   status

stimulant   stimulating

le **stock**   supply

stocker   to stock, store

le **stress**   stress, fatigue

stressant   tiring, causing stress

stupéfait   astonished

le **styliste**   fashion designer

subitement   suddenly

subsister   to last

la **subvention**   subsidy, funding

subventionner   to subsidize

succéder à   to succeed, come after; **se** _____ to follow (one another) in succession

le **sucre**   sugar

le **sud**   south

suer   to sweat

suffire à   to suffice, be sufficient; **ça suffit** that's enough

suffisant   pretentious

le **suffrage**   vote

suggérer   to suggest

se **suicider**   to commit suicide

la **suite**   continuation, follow-up; series; **de** _____ consecutively; **tout de** _____ immediately

suivant   according to; *adj* next, following

suivre   to follow; to attend (a course) (**je suis, nous suivons;** *pp* **suivi**)

superbe   superb; haughty

la **supercherie**   trickery

superflu   superfluous

supérieur   higher, upper-ranking, superior

superposé   superimposed; **lits** *m* _____**s** bunk beds

supplémentaire   additional

supplier   to beg

supporter   to sustain, endure, withstand, tolerate

supposer   to assume

supprimer   to suppress; to cancel, eliminate

sur   on; _____ **soixante** out of sixty

sûr   secure, safe

surclasser   to bump up in class

le **surcroît**   addition, increase; **de** _____ in addition

la **surenchère**   outbidding

la **surface** surface area; **grande** _____ supermarket

surfer: _____ **sur l'Internet** to surf the Internet

les **surgelés** *m* frozen food

surgir to spring forth, dash; to emerge

surmonter to overcome

surprenant surprising

surtout above all, especially; _____ **pas** certainly not

survivre to survive

susciter to arouse

suspect suspicious, fishy

sympa *fam, inv* (**sympathique**) nice, pleasant, congenial

sympathiser to sympathize

le **syndicat** labor union

T

tabasser *fam* to punch someone

la **table** table; _____ **ronde** panel; **se tenir bien à** _____ to have good table manners

le **tableau** board; chalkboard, painting

le **tablier** apron

la **tache** spot, stain

la **tâche** task

la **taille** height, size; **de** _____ **à** capable of

tailler to prune, cut

se **taire (je me tais, nous nous taisons)** to be silent

le **tamarinier** tamarind tree

tandis que while, whereas

tant de so much, so many; **tant mieux !** so much the better! **tant pis !** too bad! **tant que** as much as, as long as; **tant qu'à faire** might as well

taper (à la machine) to type; _____ **sur la touche** to hit a key

tard late

tarder to delay, be long in

tardif belated

le **tas** heap; **des** _____ **de** *fam* lots of

le **taux** rate

la **taverne** bar, tavern

teinté tinted

tel (telle) such, like; **tel que** such as

le **télé-achat** telemarketing

la **télécommande** remote control

télégénique who looks good on TV, telegenic

téléphobe hostile to television

le **téléspectateur (la téléspectatrice)** television viewer

le **téléviseur** television set

la **télévision** television

tellement so (to such a degree)

le **témoignage** testimony

le **témoin** witness

le **tempérament** character

le **temps** time; weather; **à mi-**_____ part-time; **à plein** _____ full-time; **au** _____ **de** in the days of; **de** _____ **en** _____ from time to time; **en même** _____ at the same time; **tout le** _____ all the time

la **tendance** tendency

tenir to hold; to keep (**je tiens, nous tenons, ils tiennent;** *pp* **tenu**); _____ **à** to value; to insist on; to be due to; _____ **de** to take after

la **tentation** temptation

la **tentative** attempt, experiment

tenter to try, attempt

la **tenue** attire; **en** _____ in uniform

tergiverser to hesitate

le **terme** word; expression

terminer to finish, complete

le **terrain** piece of land, field; **sur le** _____ at the grassroots level

la **terre** soil, earth; **par** _____ on the floor, ground; _____ **à** _____ down to earth; **lopin** *m* **de** _____ plot of land

terrible awful, dreadful

le **territoire** territory

le **terroir** country; soil

tête head; **avoir en** _____ to have in mind; **n'en faire qu'à sa** _____ to do as one pleases, go one's own way

le **théâtre** theater

le **tiers** third

timide shy

tirer to throw; to draw, withdraw; to shoot; _____ **profit de** to benefit from

le **tiroir** drawer

le **tissu** material, fabric

le **titre** title; _____ **de séjour** temporary resident permit; **au même** _____ **que** at the same level as; **les gros** _____s big headlines

le **titulaire (d'un permis)** holder (of a permit)

la **toile** canvas; web

le **toit** roof

la **tolérance** tolerance

tolérer to tolerate

tomber to fall; _____ **sous le coup de** to be a statutory offense

le **ton** tone; **sur ce** _____ in this (that) tone of voice

tondre (la pelouse) to mow (the lawn)

les **tontons** _m_ **macoutes** Haitian militia

tôt early; **le plus** _____ **possible** as soon as possible

la **touche** key

toucher to get (a salary), earn

toujours always; ever, still

la **tour** tower

le **tour** turn, spin; round; _____ **à** _____ in turn; **faire un** _____ to go for a ride

le **tournage** shooting (of a film)

le **tournebroche** roasting jack

la **tournée** (theatrical) tour

tourner to turn; to mill around; to cir-cumvent; to shoot (a film); **se** _____ to turn back

la **tournure** turn

la **Toussaint** All Saints' Day

tousser to cough

tout(e), tous, toutes _adj_ any, every, all, whole; **tout** _adv_ all; **tout, tous, toute(s)** _pron_ all; _____ **aussi** every bit as; _____ **en** while; **en** _____ **et pour** _____ all in all

tout-puissant almighty

le **trac** stage fright

tracé marked out

traduire to translate; to express

le **trafic ferroviaire** railway traffic

le **trafiquant de drogue** drug dealer

train train; pace, mood; _____ **de vie** way of life; **être en** _____ **de** to be in the process of (doing something)

la **traîne** train (robe); **être à la** _____ to lag behind

traîner to hang around

le **trait** feature

la **traite** installment

le **traité** treatise

le **traitement de faveur** preferential treatment

le **traitement de texte** word processing

traiter to treat; to handle, deal with

le **traiteur** caterer

le **trajet** journey, ride; route

la **tranche d'âge** age group

trancher to slice; to decide abruptly; to cut in bluntly

tranquille quiet, still

transport _m:_ _____ **routier** trucking company; _____s **en commun** public transportation

traquer to track down

traumatiser to traumatize

le **travail** work, labor; **les travaux** construction work; chores; **les travaux ménagers** household chores

travailler to work, labor; _____ **au noir** to work illegally

travailleur (travailleuse) hard-working; **le, la** _____ working person; **les** _____**s** workers, the working class

travers: à _____**, au** _____ **de** through

la **traversée** crossing

traverser to cross

très very

la **tribu** tribe

tricher to cheat

le **tricot** sweater

trimer _fam_ to work hard

le **trimestre** term

tripoter to finger, handle

triste sad, deplorable; unsavory

la **tristesse** sadness

le **troc** barter

trois three

troisième third

tromper to fool; to betray, cheat; **se** _____ to make a mistake

la **tronçonneuse** chain saw

le **trône** throne

trôner to sit proudly

trop too, too much, too many; **de** _____ in excess, superfluous

le **trottoir** sidewalk; **faire le** _____ to be a streetwalker

le **trou** hole; _____ **de mémoire** memory lapse

troubler to disturb

la **troupe** group, body; theater company

le **troupeau** herd

la **trouvaille** find, discovery

trouver to find; **se** _____ to be located; to find oneself (condition), feel; **se** _____ **d'accord** to find oneself in agreement

le **truc** _fam_ thing

la **truffe** truffle

truffer to stuff

le **tube** _fam_ song on the hit parade

tuer to kill

tutoyer to address someone as **tu** (showing either familiarity or lack of respect)

le **type** _fam_ guy

U

s' **unifier** to become unified

uniforme solid, lacking in variety

unique only; **enfant** _____ only child

s' **unir** to unite, join forces

l' **universalisme** universalism (political principle based not on the idea of differences but on universal values)

les **uns** _m_ some (people)

Untel: Monsieur, Madame _____ Mr., Mrs. So-and-So

l' **urbaniste** _m, f_ city planner

l' **usage** _m_ use (of something); usage, custom

l' **usager** _m_ user (of a public utility)

user to wear out; wear down; _____ **de** to make use of

l' **usine** _f_ factory, industrial plant

usité in use

utile useful

l' **utilisateur (utilisatrice)** _m, f_ user

utiliser to use, utilize

V

les **vacances** _f_ holidays, vacation

le **vacancier** vacationer

la **vache** cow

la **vague** wave

vaillamment valiantly

vaincre to overcome, conquer, defeat (**je vaincs, il vainc, nous vainquons;** _pp_ **vaincu**)

le **vaisseau** vessel, ship

la **vaisselle** dishes, crockery; dishwashing; **faire la** _____ to do the dishes

valable valid, sound

la **valeur** value, asset

valoir to be worth; to deserve (**je vaux, il vaut, nous valons, ils valent;** _pp_ **valu**); _____ **la peine** to be worthwhile; **faire** _____ to point out; **il (ça) vaut mieux** it is better

varié diverse, varied

les **variétés** _f_ variety shows

le **veau** calf

vécu (_pp_ **vivre**) lived

la **vedette** star

le **végétarien (la végétarienne)** vegetarian

la **veille** day before, eve

veiller to be on watch; _____ **à** to see to

la **veine** luck

le **vélo** bicycle

le **velours** velvet; corduroy

le **vendeur (la vendeuse)** salesperson

vendre to sell

venir to come (**je viens, nous venons, ils viennent;** _pp_ **venu**); _____ **de faire quelque chose** to have just done something

le **vent** wind; **du** _____ ! _fam_ beat it!

la **vente** sale; _____ **en gros** wholesale trade

le **ventre** belly, stomach

la **verdure** greenery

véritable real, genuine

véritablement truly

la **vérité** truth

vermoulu decayed

vernir to varnish

le **vernis** varnish

le **verre** glass; **prendre un** _____ to have a drink

la **verrue** wart

vers toward

vert green

la **verve** animation; good spirits

la **veste** jacket

le **vestiaire** cloakroom

les **vêtements** _m_ clothes

vêtir to clothe (_pp_ **vêtu**)

le **veuf (la veuve)** widower, widow

la **viande** meat

vide void, lack

vider to empty

la **vie** life; _____ **active** real world, working population; **à** _____ for life; **train** _m_ **de** _____ standard of living; **mode** _m_ **de** _____ way of life

le **vieillard** old man

vieillir to grow old

vieux (vieil, vieille) old

vif (vive) alive; vivid, sharp; **sur le** _____ live, from life; candid

la **vigne** vineyard, grape vine

le **vigneron** winegrower

vilipender to vilify

le, la **villageois(e)** villager, village resident

la **ville** city, town

le **vin** wine

la **vingtaine** approximately twenty

le **violon** violin, fiddle

le **virement** transfer of funds

la **virgule** comma

la **virulence** aggressiveness

le **visage** face

viser to aim, take aim

la **vitamine** vitamin

vite quickly

la **vitre** window

la **vitrine** store window

vivement que _fam_ how I wish

vivre to live (**je vis, nous vivons;** _pp_ **vécu**); **faire** _____ to support

le **vœu** wish

voguer to sail

la **voie** way, track

voilé   veiled

voir   to see (**je vois, nous voyons;** *pp* **vu**); _____ **midi à sa porte** to see things one's own way

voire   even

le **voisin**   neighboring, next door

le **voisinage**   neighborhood

la **voiture**   car; carriage

la **voix**   voice; vote; **à haute** _____ aloud

le **vol**   flight; theft

la **volaille**   poultry, fowl

voler   to fly; to steal; _____ **de ses propres ailes** to stand on one's own two feet

le, la **volontaire**   volunteer; *adj* deliberate

la **volonté**   will

volontiers   willingly, readily

volubile   talkative

voué à   devoted to, dedicated to

vouloir   to want, wish (for) (**je veux, nous voulons, ils veulent;** *pp* **voulu**); **en** _____ **à quelqu'un** to have a grudge against someone

le **voyage**   trip, journey

voyager   to travel

voyant   garish

vrai   real, true

vraiment   really

la **vue**   view: **en** _____ in the public eye, prominent

W

wallon (wallonne)   Walloon

la **Wallonie**   French-speaking part of Belgium

le **w.c. (water closet)**   toilet

X

xénophobe   xenophobic

Y

y *pron*   to it, of it, to them, in it, etc.; **j'** _____ **pense** I'm thinking of it; *adv* there; _____ **compris** including; **vous** _____ **êtes** you've got it (*lit.* you are there)

les **yeux** *m*   eyes (*pl* of **œil**); _____ **écarquillés** eyes wide open

Z

le **zappeur**   channel surfer

le **zapping**   act of changing TV channels rapidly

la **zone** *fam*   ghetto

zut !   darn it!

Literary Credits

Dorothée Werner, "Génération Kleenex" from *Elle*.
François Dubet, "Les Lycéens" from *Les Lycéens*, © Editions du Seuil.
Martine Valo, "Enquête sur les lycéens" from *Le Monde de l'Education*.
Gérard Courtois, "La Crainte du chômage" from *Le Monde—Dossiers et documents*.
Odile Cuaz, "L'Angoisse des élèves de prépa" from *Le Nouvel Observateur*.
Catherine Vallabrègue, "Les Distractions des étudiants" from *La Condition étudiante*, © Payot, Paris.
Gilbert Tarrab, Jacques Salzer, "Interview avec Hélène Strohl" from *Voix de femmes*.
Josyane Savigneau, "Un Enfant pour elles toutes seules" from *La Société française en mouvement*.
Martine Turenne, "Pitié pour les garçons" from *L'Actualité*
Evelyne Sullerot, "La Transformation de la famille traditionnelle" from *L'Ane*.
Raymonde Carrol, "Parents/Enfants" from *Evidences invisibles*.
Claire Bretécher, "Corinne" from *Les Frustrés*.
Christiane Rochefort, "Naître ou ne pas naître" from *Les Petits Enfants du siècle*, © Editions Bernard Grasset.
Robert Solé, "La Vie et ses banlieues" from *Le Monde—Dossiers et documents*.
F. Gaussen, "Les Jeunes de la galère" from *Le Monde—Dossiers et documents*.
René Goscinny, "Le Chouette Bol d'air" from *Le Petit Nicolas*, © Editions Denoël.
Drawing by Sempé for "Le Chouette Bol d'air" from Le Petit Nicolas, © Editions Denoël.
Stéphanie Chayet, "La Dame de cœur" from *Le Point*.
Thierry Mantoux, "Portraits de BCBG : Charles-Henri et Isabelle" from *BCBG : Le Guide du bon chic bon genre*,
    © Editions Hermé.
Natacha Tatu, Sara Daniel, "La France des passe-droits" from *Le Nouvel Observateur*.
Alain Kimmel, "Tendances de la société française" from *Le Français dans le monde*.
Elisabeth Badinter, "Nous ne sommes pas une espèce à protéger" from *Le Nouvel Observateur*.
Liliane Delwasse, "Chef d'entreprise à vingt ans" from *Le Monde de l'Education*.
Guy Nevers, "Les Premières Choses qui vous viennent à l'ésprit..." from *Les Français vus par les Français*,
    © Editions Bernard Barrault.
Marcel Haedrich, "Elle disait..." from *Coco Chanel secrète*, © Editions Robert Laffont.
Fabien Gruhier, "Nourriture et santé : le vrai, le faux, l'idiot," "Le «French Paradox»" from *Le Nouvel Observateur*
Gilbert Charles, "La galère ordinaire d'un sans-papiers" from *L'Express*.
Assia Djebar, "Mon Père écrit à ma mère" from *L'Amour, la fantasia*, © Editions Jean-Claude Lattes.
Yves Beauchemin, "Comment mon âme canadienne est morte" from *L'Actualité*.
Agnès Baumier, "Les Nouvelles Façons d'apprendre" from *L'Express*.
Ariane Bonzon, "Les Sans-télé" from *Le Monde*.
Frédéric Lenoir, "La Vague bouddhiste", from *L'Express*.
Catherine Degan, "L'Acteur est un scaphandrier de l'âme" from *Le Soir*.
Jérôme Garcin, "La Lecture à la tronçonneuse" from *L'Express*.
Olivier Todd, "Jacques Brel, l'homme et ses chansons" from *Jacques Brel, une vie*
Gilles Médioni, "MC Solaar : le rap a une conscience" from *L'Express*.
Phillippe Goldmann, "Entretien avec François Truffaut" from *Les Cahiers du cinéma*

Photo Credits

Page 3, © Bassignac-Turpin/The Liaison Agency. **Page 4,** © Alexis Duclos/The Liaison Agency. **Page 10,** © Peter Menzel. **Page 18,** © Peter Menzel/Stock Boston. **Page 27,** © Durand Florence/SIPA Press. **Page 30,** © Jim Whitmer/Stock Boston. **Page 36,** © Mark Antman/The Image Works. **Page 47,** © David Frazier. **Page 55,** © Ulrike Welsch. **Page 62,** © Owen Franken/Stock Boston. **Page 69,** (bottom) © Thomas Hurst, (top) © Le Segretain/SIPA Press. **Page 70,** © Arthur Hustwitt/Leo de Wys Inc. **Page 73,** © Beryl Goldberg. **Page 74,** © J. Pavlosky/SYGMA. **Page 79,** © Michael A.Dwyer/Stock Boston. **Page 89,** (bottom) © Hugh Rogers/Monkmeyer Press, (top) © Michael A. Dwyer/Stock Boston. **Page 91,** © J. Y. Rabeuf/The Image Works. **Page 99,** © Peter Menzel. **Page 106,** © Owen Franken/Stock Boston. **Page 113,** © Hillary Kavanaugh/Tony Stone Images. **Page 116,** © Christian Vioujard/The Liaison Agency. **Page 125,** © Bassignac-Merillon-Simon/The Liaison Agency. **Page 132,** © Thomas Hurst. **Page 137,** (left) © Stuart Cohen/COMSTOCK, (right) © Peter Menzel. **Page 139,** Courtesy of Air France. **Page 141,** © Historical Pictures/Stock Montage. **Page 147,** © Hulton/Corbis-Bettmann. **Page 151,** © Hugh Rogers/Monkmeyer Press. **Page 155,** © Geoffrey Nilsen/Tony Stone Images. **Page 161,** © Beryl Goldberg. **Page 166,** © Michael A. Dwyer/Stock Boston. **Page 171,** © Hugh Rogers/Monkmeyer Press. **Page 175,** © Peter Menzel. **Page 185,** © Stuart Cohen/COMSTOCK. **Page 188,** © David Simson/Stock Boston. **Page 199,** © Robert Fried. **Page 205,** © Monkmeyer Press. **Page 209,** © Tirage Archive/Magnum Photos. **Page 215,** © Hugh Rogers/Monkmeyer Press. **Page 221,** © Florence Durand/SIPA Press. **Page 226,** Courtesy of the French Film Office. **Page 229,** © The Liaison Agency. **Page 235,** Courtesy of the French Film Office.